LE CHARTRIER

DE

LA DURBELIÈRE

PAR

J. SALVINI

ARCHIVISTE DE LA VIENNE

SOCIÉTÉ DES ARCHIVES HISTORIQUES DU POITOU

(ARCHIVES DE LA VIENNE, POITIERS)

—

1926

SOCIÉTÉ

DES

ARCHIVES HISTORIQUES

DU POITOU

1

LISTE DES MEMBRES

DE LA SOCIÉTÉ DES ARCHIVES HISTORIQUES DU POITOU

ANNÉE 1925.

MM.

Audouin (Edouard), professeur à la Faculté des Lettres, 45 *bis*, rue des Carmélites, Poitiers.

Aymer de La Chevalérie (Cte Jehan), château de la Planche, par Vivonne (Vienne).

Beauchamp (Pierre Robert de), 72, rue Carnot, Poitiers.

Beauchet-Filleau (Paul), à Chef-Boutonne (Deux-Sèvres).

Béguin (Maurice), archiviste des Deux-Sèvres, Niort.

Berrenger (Henri de), archiviste de la Creuse, Guéret.

Boissonnade (Prosper), doyen de la Faculté des Lettres, 18, rue de l'Est, Poitiers.

Cathelineau (Léonce), 14, rue Saint-Gelais, Niort.

Célier (Cte Léonce), archiviste aux Archives nationales, 70, avenue de Breteuil, Paris-7e.

Cesbron (Paul), à Breuil-Chaussée, par Bressuire.

Chapeau (abbé), curé de Chaunay (Vienne).

Chauvet (Gustave), notaire honoraire, 30, rue du Jardin-des-Plantes, Poitiers.

Chevallier-Rufigny .(Colonel), 4, rue du Lycée, Poitiers.

Chevrier (Edmond), 24, rue de la Marne, Poitiers.

Cressac (Vte de), 1 *bis*, boulevard de Verdun, Poitiers.

Deliquet (commandant Théodore), 12, rue Le Cesve, Poitiers.

Desmarest (Pierre), notaire, 10, rue du Lycée, Poitiers.

Dez (Gaston), professeur au Lycée, 35, rue des Feuillants, Poitiers.

Dubois (Auguste), professeur à la Faculté de Droit, 3, rue de la Boivre, Poitiers.

Dubreuil (Firmin), instituteur honoraire, 10, rue Sainte-Croix, Poitiers.

Eygun (François), élève de l'Ecole des Chartes, 12, rue Théophraste-Renaudot, Poitiers.

Fort (Cte Galbaud du), château du Vergier, par Richelieu (Indre-et-Loire).

Garaud (Marcel), professeur à la Faculté de Droit, 8, rue des Grandes-Ecoles, Poitiers.

GINOT (Emile), conservateur de la Bibliothèque municipale, 16, rue de la Tranchée, Poitiers.

GRANDMAISON (Louis LOIZEAU DE), ancien archiviste de l'Indre-et-Loire, 13, rue Emile-Zola, Tours.

GRIMAUD (Marcel), banquier, 44, rue du Louvre, Paris-1er.

GRIMOUARD (Vte Henri DE), château de Brassioux, par Vouneuil-sur-Vienne (Vienne), et 17, rue Monseigneur Augouard, Poitiers.

HÉRAULT (Alfred), premier président honoraire de la Cour des Comptes, 154, boulevard Haussmann, Paris-8e.

HIPAULT (Octave), clerc de notaire, 11, rue du Palais, Saint-Maixent (Deux-Sèvres).

HORRIC DE LA MOTTE-SAINT-GENIS (Mls), château de Goursac, par Chasseneuil (Charente).

HUGUES (Pierre), substitut à Saintes.

JOANNIS (lieutenant Jean DE), 9, rue de la Marne, Poitiers.

LA BOUILLERIE (Vte Henri DE), château de Messémé, par Loudun.

LA LANDE-LAVAU-SAINT-ETIENNE (Vte DE), château de Neuvillars, par Saint-Bonnet-Briance (Haute-Vienne).

LA MARQUE (baron DE), château de la Baron, par Vendeuvre (Vienne).

LA MARTINIÈRE (Jules MACHET DE), archiviste du Morbihan, 29, rue Thiers, Vannes.

LA MÉNARDIÈRE (Camille DE), professeur honoraire à la Faculté de Droit, 1, rue Riffault, Poitiers.

LA TOUCHE (Raymond DE), sous-archiviste de la Vienne, chemin Haut-des-Sables, Poitiers.

LECOINTRE (commandant Cte), 17, rue du Pont-Neuf, Poitiers.

LELONG (Eugène), professeur honoraire à l'Ecole des Chartes, 59, rue Monge, Paris-5e.

LEVIEIL (André), professeur au Lycée, 13, rue Bernard-d'Agescy, Niort.

LOIRETTE (Gabriel), archiviste de la Haute-Garonne, 12, rue Deville, Toulouse.

LUSIGNAN (cte Hugues DE COUHÉ DE), 13, rue de la Marne, Poitiers.

MASCUREAU (Mls DE), 43, rue de la Marne, Poitiers.

MONTARDY (Jean DE), 2, rue Piorry, Poitiers.

MONTARDY (Joseph DE), château de Blanchecoudre, par Bressuire.

MONTENON (colonel Louis GEAY DE), 12 *bis*, rue Emile-Faguet, Poitiers.

MONSABERT (le R. P. dom GOISLARD DE), curé de Croutelle, par Poitiers.

MORANVILLÉ (Henri), bibliothécaire honoraire à la Bibliothèque nationale, 112, boulevard Pereire, Paris-17e.

MURARD (Cte Louis DE), château du Bierson, par Marçay (Vienne).

MUSSET (Georges), conservateur de la Bibliothèque municipale, rue Gargoulleau, La Rochelle.

PALLU DU BELLAY (Joseph), 10, rue Saint-Denis, Poitiers.

PENIN DE LA RAUDIÈRE (Pierre), inspecteur des finances, 161, boulevard Haussmann, Paris-8e.

PIERREDON (Cte Michel DE), château de la Roche, par Gençay (Vienne).

PLATTARD (Jean), professeur à la Faculté des Lettres, 49 *bis*, boulevard Pont-Achard, Poitiers.

POULIOT (Maurice), 6, rue Saint-Denis, Poitiers.

RAISON (Edouard), conservateur honoraire des hypothèques, 22, rue de Bellefonds, Cognac.

RAMBAUD (Pierre), pharmacien en chef de l'Hôtel-Dieu, 14, rue d'Alsace-Lorraine, Poitiers.

RAVEAU (Paul), 22, rue Saint-Hilaire, Poitiers.

REAU (Cte Henri DU), 9, rue Saint-Louis, Poitiers.

RICAUMONT (baron DE), chef d'escadron en retraite, 4, rue Riffault, .Poitiers.

SAINT-SAUD (Cte D'ARLOT DE), château de Clisson, par Bressuire ; et château de la Valouze, par la Roche-Chalais (Dordogne).

SALVINI (Joseph), archiviste de la Vienne, 12, rue d'Alsace-Lorraine, Poitiers.

SAUZÉ DE LHOUMEAU (Charles), ancien magistrat, château de Ferrières, par Bouillé-Loretz (Deux-Sèvres) ; et 49, rue du Docteur-Blanche, Paris-16e.

TOURNEUR-AUMONT (Jean), professeur à la Faculté des Lettres, 2, rue Jacques-de-Grailly, Poitiers.

VIGUÉ (chanoine Paul), professeur au Séminaire Saint-Sulpice, 6, rue du Regard, Paris-6e.

VINCENT (Dr Jean-B.), médecin principal de la Marine en retraite, 3, rue Cloche-Perse, Poitiers.

Correspondant étranger : .

M. C.-E. LART, 2, Whitehall Court, S.-W., London, Angleterre.

Bureau :

MM.

SALVINI, président ;
DUBOIS, secrétaire ;
DELIQUET, trésorier ;
GINOT
DE LA MÉNARDIÈRE } membres du Comité.
RAMBAUD
RAVEAU

EXTRAIT

des Procès-Verbaux des séances de la Société des Archives

PENDANT LES ANNÉES 1923 A 1925

La Société des Archives s'est réunie les 19 janvier, 19 avril et 25 octobre 1923 ; 10 janvier, 3 avril. 10 juillet et 9 octobre 1924 ; 22 janvier, 2 avril, 13 juillet et 12 novembre 1925.

Ont été admis les membres suivants : MM. Penin de La Raudière (19 janvier 1923), Eygun, Garaud, le colonel de Montenon et Plattard (19 avril 1923), Levieil et Hipault (25 octobre 1923), Chevrier et Cathelineau (10 octobre 1924), le baron de Ricaumont (3 avril 1924), le Dr Vincent et Dez (10 juillet 1924), de Berrenger (9 octobre 1924), Jean et Joseph de Montardy (22 janvier 1925), l'abbé Chapeau et Raison (12 novembre 1925).

La Société a perdu MM. Desmier de Chenon et Génin, décédés en avril 1923 et mars 1924.

Le 22 janvier 1925, l'article 3 des statuts a été modifié comme il suit : « La Société compte un nombre illimité de membres... ».

La Société a reçu plusieurs dons de documents : le 29 septembre 1924, de M. de Font-Réaulx, archiviste de la Drôme, la copie des anciennes chartes de l'abbaye de Nouaillé par Maurice Rouxin, élève de l'Ecole des Chartes, tué à l'ennemi le 28 septembre 1915. — Le 10 octobre 1924, de M. Chevrier, les papiers de la maison noble de Leugny (commune de Saint-Jean-de-Sauves, Vienne). — Le 20 mai 1925, de M. le marquis de Mascureau, le terrier de la seigneurie du Bou (commune de Rom, Deux-Sèvres), de 1773, avec pièces annexes.

LE CHARTRIER

DE LA

DURBELIÈRE

INTRODUCTION

HISTORIQUE DU CHARTRIER

En 1793, le château de la Durbelière (commune de Saint-Aubin-de-Baubigné, Deux-Sèvres), résidence traditionnelle de la famille du Vergier de La Rochejaquelein, dont le chef était alors M. Henri, le généralissime des armées vendéennes, fut trois fois incendié et devint la ruine qu'il est encore (1). Tout le passé dont son chartrier conservait la trace eût été à jamais aboli pour nous si ce dernier ne s'était trouvé alors déposé non pas au château, mais dans une tour sud-ouest de l'enceinte, ignoré de tous, échappant aux dévastations des hommes sinon aux injures des intempéries.

C'est là que l'abbé Pasturault, curé de la Chapelle-Saint-Laurent, le découvrit vers 1820 et se mit à le classer. Il s'y trouvait encore en 1827 quand le même curé, « dans la poussière jusqu'au col », continuait à en « vérifier les titres, se disputant avec les souris et les oiseaux de proie » (2).

Un peu plus tard, un autre ecclésiastique curieux, l'abbé Gabard, curé de Saint-Aubin-de-Baubigné, reprit ce dépouillement et rédigea, en 1884, un inventaire souvent très détaillé des principaux titres, en 285 pages restées manuscrites, dédié au marquis de La Rochejaquelein.

Le chartrier de la Durbelière (autrement dit les archives de la famille du Vergier de La Rochejaquelein) est aujourd'hui la propriété de M. le comte d'Arlot de Saint-Saud, membre de notre Société, qui l'a étudié et reclassé avec Dom Beauchet-Filleau il y a 20 ans, et a bien voulu nous autoriser à le présenter au public savant.

GÉNÉALOGIE DE LA FAMILLE
DU VERGIER DE LA ROCHEJAQUELEIN (3)

I. JEAN I (1275, m. av. 1330), ép. Agnès Chabot, dont :

II. JEAN II (n. ap. 1254, 1275, 1351, m. av. 1365), ép. Eustasse, dont : 1° Jean, qui suit ; — 2° Catherine (1340), ép. Emery Marvilleau; — 3° Jeanne, (m. av. 1351), ép. Jean Daviet.

(1) On trouve des vues du château dans *Paysages et Monuments du Poitou*, par Robuchon, t. VIII, livraison de *Châtillon*, 1884, in-4°.

(2) Sa lettre à la marquise de La Rochejaquelein, 2 août 1827.

(3) Les dates qui ne sont accompagnées d'aucune indication sont les dates extrêmes auxquelles mention de chaque personnage a été trouvée dans le chartrier.

III. Jean iii (m. 1406), ép. :

en 1356, Jeanne Bouquin, dont : Nicolas (1364, m. 1392), chef de la branche aînée ;

en 1364, Jeanne Massoteau, dont : 1º Christophe, qui suit ; — 2º Jean, (1392, m. 1448).

IV. Christophe (1392, 1410, m. av. 1437), ép. Marie de Champ-de-Fain, dont : 1º Pierre, qui suit ; — 2º Catherine (m. av. 1454), ép. Sauvestre Bouju.

V. Pierre (1424, m. 1476), ép. :

av. 1440, Jeanne de La Chaussée, dont : Marie (1440, 1473, m. av. 1524), ép. Germond de La Roche ;

av. 1440, Jacquette de La Forêt, dont : 1º Georges, qui suit ; — 2º Jacques (1473, m. vers 1518), ép. en 1474 Louise Blanc ; — 3º Jean (1473, 1487, m. av. 1502) ; — 4º Jeanne (1450, 1490, m. av. 1527), ép. Louis de Terves ; — 5º Perrette (1473, 1479).

VI. Georges (1473, m. 1485 ou 1486), ép. en 1479 Louise de L'Es-peronnière, dont : 1º Guy, qui suit ; — 2º Jacques ; — 3º François (1487, 1508) ; — 4º Jean (1487), ; — 5º Jacquette (1487) ; — 6º Jeanne ; — 7º Anne (1487, 1516), ép. Olivier Gendronneau.

VII. Guy (1487, m. 1534), ép. en 1506 Renée Le Mastin, dont : 1º Jacques (n. vers 1507, m. vers 1563) ; — 2º Christophe (n. vers 1511, 1564, m. av. 1570), ép. Louise de La Forêt ; — 3º François, qui suit ; — 4º Marie (n. vers 1516, m. av. 1534) ; — 5º Jeanne (n. 1523, m. av. 1534) ; — 6º Louise (n. 1525, 1548) ; — 7º Claude (n. 1526, m. av. 1534).

VIII. François (n. vers 1514, m. 1566 ou 1567), ép. Renée de La Forêt, dont : 1º Louis, qui suit ; — 2º Christophe (m. en bas âge av. 1600).

IX. Louis (1578, m. 1625), ép. :

av. 1598, une nommée Masson ;

en 1598, Anne Viault, dont : René, qui suit ; — 2º Charles (1613, m. 1660) ; — 3º Simon (n. vers 1602, 1634) ; — 4º Louis (1613, 1625) ; — 5º Anne (m. 1664 ou 1665), ép. en 1625 François Gentet ; — 6º Françoise (1612, 1617).

X. René (m. 1665), ép. en 1634 Jacqueline Ménant, dont : 1º Armand-François, qui suit ; — 2º Jean-Baptiste (1660, 1702, m. av. 1707) ; — 3º René-Charles (1665, 1705) ; — 4º Marie-Anne (m. vers 1702), ép. en 1673 Louis de Meulles ; — 5º Françoise (1665, 1682).

XI. Armand-François (m. 1709), ép. :

en 1674, Catherine Landerneau ;

en 1679, Madeleine-Th. Richeteau ;

en 1686, Marie-E. de Caumont, dont : 1º Philippe-Armand, qui suit ; — 2º Jean-Baptiste-Jacques (n. 1695, 1661, m. av. 1679) ;

— 3º René-Louis (n. 1699, m. vers 1745), ép. Marguerite du Vivier ; — 4º Françoise-Armande (n. 1687), ép. Georges-G.-L. du Fay ; — 5º Marie-Henriette-Elisabeth (n. 1693, 1745, m. av. 1779) ; — 6º Marie-Louise (n. 1697, 1721, m. av. 1745).

XII. Philippe-Armand (n. 1692, m. 1760), ép. :

en 1716, Marie-E. Taveau, dont : 1º Georges-Armand (1720, m. av. 1734) ; — 2º Henri-Jean-Armand (1720, m. 1743) ;

en 1743, Hardouine-H.-S. de Granges, dont : 1º Alexis-Armand-François (n. 1744, m. 1767) ; — 2º Charles-Henri-Jacques-Armand-André (m. 1763) ; — 3º Henri-Louis-Auguste, qui suit ; — 4º Anne-Henriette (n. 1749, m. 1808) ; — 6º Sophie-Marie-Agathe (n. 1753, m. 1810).

XIII. Henri-Louis-Auguste (n. 1749, m. 1802), ép. Lucie-B.-C. de Caumont, dont : 1º Henri (n. 1772, m. 1794) ; — 2º Louis, qui suit ; — 3º Auguste (n. 1784, m. 1868), ép. en 1819 Félicie de Duras ; — 4º Constance-Henriette-Louise (n. 1770, m. 1827), ép. 1790 Louis de Guerry ; — 5º Anne-Louise (n. 1774, m. 1804), ép. M. de Beaucorps ; — 6º Louise-Joséphine (n. 1780, m. 1847) ; — 7º Lucie (n. 1788, m. 1862), ép. 1822 M. Rieux-Songis.

XIV. Louis (n. 1777, m. 1815), ép. en 1802 Victoire de Donissan, veuve de Lescure, dont, entre autres, Henri (n. 1805, m. 1867), père de Julien-Marie-Gaston (n. 1833, m. 1897), dernier du nom.

LA FAMILLE DU VERGIER DE LA ROCHEJAQUELEIN DANS L'HISTOIRE

Le nom de la famille lui vient de la principale seigneurie qu'elle posséda jadis : le Vergier, qui se transmit dans la branche aînée.

La branche cadette, dont le chef est Christophe, et que représente le chartrier de la Durbelière, eut pour principal fief Ridejeu, puis, depuis Jacques, au début du xviᵉ siècle, la Rochejaquelein.

Dès lors, le nom de La Rochejaquelein se substitue peu à peu, dans l'usage, au nom patronymique pour désigner l'aîné de la famille. A partir de 1634, on le trouve dans ce cas précédé du titre de baron, et à partir de 1686 de celui de marquis. Depuis 1710 on trouve le titre de comte de La Rochejaquelein attribué au fils aîné du vivant même de son père. Les cadets eux-mêmes sont appelés chevaliers de La Rochejaquelein depuis 1745, et le nom patronymique n'est à peu près plus du tout usité.

L'habitation ordinaire de la famille se déplaça avec les seigneuries dont elle porta le nom : le Vergier, Ridejeu, la Rochejaquelein. Cependant, à la fin du xviiᵉ siècle, elle se fixa à la Touche-Beugnonet, et depuis 1703 à la Durbelière. Le genre de vie devait être assez rural, ainsi qu'en témoigne l'ordonnance des maisons nobles du

Vergier, de la Rochejaquelein et de la Durbelière, qui sont, suivant l'ancien usage, plutôt disposées comme des centres d'exploitation agricole.

Il est intéressant de signaler aussi l'usage de « ligences » ou de pied-à-terre dans les bourgs : l'hôtel du Vergier à Bressuire aux xv⁰ et xvi⁰ siècles, résidence fréquente du chef de famille ; les ligences du Frêne-Chabot à Argenton-Château et de la Durbelière à Mauléon ; les maisons du Palais à Nueil-sous-les-Aubiers et du Rabot à Saint-Aubin-de-Baubigné, au xviii⁰ siècle.

La famille du Vergier personnifie assez bien l'ancienne noblesse d'épée provinciale : notre chartrier s'ouvre sur le décor des croisades, Emery du Vergier étant à Damiette (1246) ; et le dernier titre de famille met en scène Henri de La Rochejaquelein, le futur héros de la Vendée, qui doit rejoindre son poste de sous-lieutenant dans la cavalerie de la garde avant le 1ᵉʳ janvier 1792.

Quelques du Vergier se rallièrent à la Réforme et furent certainement protestants jusqu'au début du xvii⁰ siècle. Louis du Vergier fut un franc compagnon d'Henri IV, près duquel il fut blessé à Arques.

INTÉRÊT DU CHARTRIER DE LA DURBELIÈRE

Le chartrier de la Durbelière est l'un de ces chartriers seigneuriaux laïques restés entre les mains des familles, dont si peu ont échappé aux vicissitudes du temps.

Trois en Poitou ont été analysés : ceux de la Barre (1), pour la région de Ménigoute ; de Sainte-Verge (2), pour la région au nord de Thouars ; et de Saint-Loup (3), pour la baronnie de Bressuire ; sans compter celui de Thouars, dont M. Samaran prépare la publication.

Celui de la Durbelière intéresse aussi la région de Bressuire, mais particulièrement le triangle Châtillon-Argenton-Bressuire. Il est caractérisé par sa grande homogénéité : une famille le domine d'un bout à l'autre et en constitue la trame.

Son intérêt intrinsèque est moyen. Mais il contribue à suppléer à la disparition des archives anciennes des Deux-Sèvres à la suite de l'incendie de 1805, et constitue peut-être la seule source importante actuellement connue pour l'étude historique du Bocage vendéen, dont le passé n'est pas encore fouillé, malgré la puissante originalité de cette région de granit, dont les fils furent successivement

(1) Alfred Richard. *Inventaire analytique des archives du château de la Barre*, 1868, 2 vol. in-8°.

(2) Marquis de L'Estourbeillon. *Inventaire des archives du château de Sainte-Verge*, 1895, in-8°.

(3) *Inventaire des archives des Deux-Sèvres, série E, art. 1219-2119*, 1920, in-4°, p. 1 à 141.

les exaltés des guerres religieuses du XVIe siècle, les géants de la résistance vendéenne et les obstinés tenants de la Petite-Eglise.

Ce chartrier a toutefois été déjà compulsé par les érudits bénédictins dom Fonteneau et le R. P. Beauchet-Filleau.

Voici l'indication de quelques matières sur lesquelles il sera utilement consulté, avec renvoi aux numéros des articles :

MÉTHODE

L'objet du présent travail est la présentation des papiers qui furent trouvés vers 1820 dans la tour de la Durbelière, auxquels on a adjoint ceux qui, s'en étant trouvés séparés au moment de la Révolution, s'y rattachent normalement. L'année 1793 est donc notre point d'arrêt. J'ai toutefois laissé de côté les papiers qui ne figuraient dans le chartrier que d'une façon accidentelle et n'intéressent ni la famille du Vergier ni celles qui lui furent alliées.

La présentation (analyse ou copie intégrale) a été plus ou moins développée suivant l'intérêt que les pièces peuvent avoir pour la majorité des chercheurs ; les documents formant un ensemble homogène ont été considérés comme plus riches d'enseignement que des documents dispersés. Parfois aussi j'ai analysé plus copieusement les pièces de conservation difficile, comme les papiers moisis qui tombent en poussière. Trop souvent, l'état de mutilation des pièces, qui ont souffert, les unes du séjour prolongé dans un lieu essentiellement malsain, les autres de l'emploi maladroit d'un réactif, a été cause de mon silence ou de mon laconisme.

Les transcriptions de textes *in extenso* ont été imprimées en gros caractères romains (corps 10).

L'orthographe des noms propres est celle des documents eux-mêmes. On pourra donc suivre l'évolution des formes. L'orthographe usuelle moderne se retrouvera seulement dans les titres et dans les articles de la table des matières. Il n'a été fait exception à cette règle qu'en ce qui concerne les prénoms et les noms de villes importantes, qui ont toujours reçu leur forme actuelle dans les analyses.

Les documents perdus et connus seulement par des mentions, analyses ou copies insérées ailleurs ont été présentés aux endroits où devraient être les originaux ; ils ont alors été crochetés, et quand ils constituaient à eux seuls un article, le numéro de celui-ci a reçu un exposant (*bis*, *ter*, etc.).

Tous les documents sont des originaux et écrits en français, sauf spécifications contraires.

Les dates ont toutes été réduites au style actuel (le style employé en Poitou au Moyen Age étant celui du 25 mars).

Depuis le xvie siècle, les actes notariés ont été suivis de la mention des notaires ou au moins de celui qui a la minute, afin de permettre leur consultation dans les minutiers.

Les sommes sont toutes en monnaie tournois.

Je dois, maintenant, faire ressortir toute la part qui revient dans le présent travail à de précieuses collaborations. Je cite en première ligne M. le comte d'Arlot de Saint-Saud, qui, pour faciliter la tâche, a mis en œuvre plus que je ne saurais dire sans blesser sa modestie ; il a fourni l'analyse de beaucoup de pièces et prêté le concours de ses vastes connaissances généalogiques. Le R. P. de Monsabert, MM. de La Touche et Raveau, membres de la Société des Archives, ont aussi collaboré au travail d'analyse. MM. Bondois et Isnard, bibliothécaires à la Bibliothèque nationale, ont fourni des renseignements bibliographiques ; MM. le marquis de Chabrillan et Deloche m'ont documenté sur les familles de Vignerot et de Richelieu ; MM. A. Dubois et Garaud, professeurs à la Faculté de Droit de Poitiers, sur l'histoire du droit ; M. C. Puichaud, sur la s^te de la Forêt-Montpensier ; M. Samaran, archiviste aux Archives nationales, sur les La Trémoille et le chartrier de Thouars ; M. le vicomte de Grimouard m'a ouvert ses archives de famille. Enfin, le Conseil général des Deux-Sèvres a bien voulu reconnaître par une subvention extraordinaire l'intérêt de l'ouvrage pour l'histoire du pays.

BIBLIOGRAPHIE

Chev. DE COURCELLES. *Généalogie de la maison du Vergier de La Rochejaquelein, à laquelle ont été annexées celles de Donnissan et de Lescure* (extr. du t. X de l'*Hist. généal. et hérald. des pairs de France*, etc.). Paris, 1829, in-4º.

Théodore COURTAUX. *Histoire généalogique de la maison de L'Esperonnière*. Paris, 1889, in-8º.

Les fiefs de la vicomté de Thouars d'après l'inventaire de J.-F. Poisson en 1753, publ. par le duc DE LA TRÉMOILLE et H. CLOUZOT. Niort, 1893, in-4º.

Ch. FIERVILLE. *Documents inédits sur Philippe de Commynes*, [sr d'Argenton-Château]. Paris, 1881, in-8º.

H. FILLEAU. *Dictionnaire... des familles de l'ancien Poitou*, t. II, 1840-1854, in-8º, art. *du Vergier*.

Abbé Ch. GABARD. *Histoire de la paroisse de Saint-Aubin-de-Baubigné*. Saint-Maixent, 1908, in-8º.

Abbé Th. GABARD. *Monographie de la paroisse de Nueil-sous-les-Aubiers*, dans *Semaine relig. du dioc. de Poitiers*, 1901, p. 199, 221 et 239.

Abbé J. GABILLY. *Montravers autrefois et aujourd'hui.* Paris, 1910, in-8º.

Abbé G. MICHAUD. *Saint-Clémentin*. Parthenay, 1904, in-8º.

Cte Alfred DE RORTHAYS. *Recueil de documents... sur la maison de Rorthays*. 1910, lithographié.

ABRÉVIATIONS

boiss. : boisseau.
bord. : borderie.
d. : denier.
de : dame.
dem. : demeurant.
déshéb. : déshébergé.
ép. : époux.
f. : feuille.
Font. : collection Fonteneau, à la Bibliothèque de Poitiers.
héb. : hébergé.
homm. pl. : hommage plain.
l. : livre.

m. j. : même jour.
me : maître.
mar. : mariage.
mes. : mesure.
mut. : mutilé.
not. : notaire.
or. : original.
p. : page.
par. : paroisse.
pl. et. ch. de serv. : plaid et cheval de service.
s. : sou.
set. : setier.

A. — LA FAMILLE DU VERGIER

1. — Ap. 1749. — « *Sommier ou état indicatif des pièces contenues* » *dans une liasse du chartrier.*

Les pièces disparues sont mentionnées au cours du présent ouvrage.

4 f.

2. — 1820. — « *Sommier des titres du château de la Durbelière* » (2 exemplaires).

Dressé probablement par l'abbé Pasturault, curé de la Chapelle-Saint-Laurent, au moment de la découverte du chartrier.

3 et 3 f.

3. — 1682, 15 mai. — « *Mémoires pour faire la généalogie de Mrs du Vergier.* (1) »

Jean du Vergier l'aîné... fut fils d'un autre Jean du Vergier..., dont les contrats de mariage et autres papiers concernant la branche des aînés... sont au trésor du Verger de Beaulieu...

Ledit Jean... épousa deux femmes, la première desquelles fut Eutesse (2)..., dont il eut Nicolas..., qui demeura seigneur du Vergier, comme il se justifie par un contrat de partage... de... 1392... Tous les biens que ledit Jean... donne en partage à Christofle et Jean..., ses enfants du 2e lit, sont demeurés dans la maison jusqu'à...

---

(1) Les passages essentiels de ces notes généalogiques ont été reproduits ici comme offrant un raccourci commode de l'histoire de la famille. Tous les détails inconnus ailleurs ont été reproduits aussi. Le début, entièrement erroné, a été omis ; les quelques menues erreurs ont été rectifiées en notes.
(2) Erreur : ce fut Jeanne Bouquin.

Louis..., grand'père de M^{rs} de La Rochejaquelein, qui s'en défit de la plus grande partie.

Ce Nicolas... épousa Isabeau Routarde..., dont il eut Jean, Guillaume, Thibaud et Nicolas..., qui moururent... sans enfans, excepté Thibaud, qui laissa... Louis et Marie...

De ce Louis..., seigneur du Vergier..., sont issus ceux qui ont continué la branche des aînés... jusqu'au commencement de ce siècle, qu'elle est tombée en quenouille et fondue dans celle de La Haye-Monbaut, seigneur de la Dubrie, de la manière qu'il sera dit cy-après, quand on aura retiré les papiers que feu M. de La Rousselière-Bois-Davi fit mettre à part... en faisant faire inventaire au Vergier, après la mort de feu M. de La Dubrie, premier seigneur du Vergier depuis que la susdite branche... est tombée en quenouille.

Ledit seigneur de la Dubrie mourut en 1669 ou 1670...

Marie du Vergier, sœur dudit Louis, fut mariée à Me Jean d'Olbeau...

Ledit Jean du Vergier l'aîné... épousa en secondes noces, en 1364, Jeanne Massotelle, dame du Plessis-Tristan, dont il eut le susdit Christofle et Jean du Vergier le jeune...

Christofle du Vergier..., premier seigneur de Ridejeu, qui fut... le commencement de la branche des cadets, épousa Marie de Champ-de-Fain, dont il eut Pierre et Catherine... Jean..., son frère cadet, qualifié bachelier, fut curé de Saint-Nicolas de Bressuire.

Catherine..., fille dudit Christofle..., fut mariée à Sauvestre Bouju, duquel mariage vint Jacques..., éc., s^r de la Menorlie (ou Menorère), Jean et Jeanne... qui fut mariée à Jean de Nozillac, dont sont descendus du côté des femmes ceux de ce nom, dont est issu aujourd'hui M^r de La Saminière...

Ledit Pierre du Vergier eut deux femmes. De la première, nommée Jeanne de La Chaussée, il n'eut qu'une fille... Marie..., qui fut mariée à... Germon de La Roche de Maurepas, seigneur dudit lieu (...7 janvier 1439).

La 2e femme dudit Pierre... fut Jaquette de La Forêt, lille de Jean,... écuyer, seigneur de Beaurepaire, dont il eut Georges, Jacques et Jehan..., Jeanne et Perrette, qui moururent tous sans enfans, excepté :

Jeanne..., qui fut mariée à Louis de Terves (...28 juillet 1450).

Georges..., aîné..., fut marié à Louise de L'Espronnière, fille de Jean,... (23 janvier 1478).

De ce Jean de L'Espronnière... sont descendus ceux de ce nom qui sont aujourd'hui M^{rs} le marquis de La Roche-Bardoul, baron de Vry, son frère cadet, de La Haye-Monbaut, leur sœur, mère de Mrs de Monbaut, du Teil, capitaine de vaisseaux, et le chevalier de Monbaut.

Jacques du Vergier, frère... dudit George, fut marié avec Louise Blanche... (pénultième jour de décembre 1474) et n'eut point d'enfans...

Mre Jean du Vergier, frère aussi... dudit George, fut prêtre et curé de Saint-Nicolas de Bressuire, et Perrette, leur sœur, mourut sans être mariée.

Ledit George... eut de ce mariage... Gui, Jean, Jacques et François..., Anne, Jehanne et Jacquette..., dont il n'y eut que Gui et Anne... de mariés.

Anne... fut mariée à Olivier Gendronneau..., seigneur de la Barillière...

Me Gui du Vergier... épousa Renée Le Mastin... (24 janvier 1505) (1).

De ce mariage... vinrent... Jacques, Christophle et François... et Louise..., qui fut religieuse à Bersuire ; l'aîné desquels... Jacques, ...seigneur de Ridejeu, de la Roche-Jaquelin et de Boisnyard,... mourut sans enfans.

Le 2e,... Christophle..., fut marié à Louise de La Forêt, dont il n'eut point d'enfans.

Cette Louise de La Forêt fut mariée en secondes noces à Bonaventure Chateigner, seigneur de la Billouoire, dont sont issus aujourd'hui Mrs de Tennesue...

François du Vergier..., frère puîné desdits Jacques et

---

(1) 1506 nouv. st.

Christophle..., épousa Renée de La Fourest..., dont il eut Christophle et Louis...

Christofle... mourut en bas âge,... Louis... devint l'aîné et épousa en premières noces [*2 cm. en blanc*] Masson, héritière avec une autre sœur de l'illustre maison de Reaumur, qui tomba en quenouille entre leurs mains et dont est venue de l'autre sœur... la marquise de La Flocellière d'aujourd'hui ; ladite... Masson, première femme de Louis du Vergier, mourut en couche ; mais son enfant eut vie quelques jours, au moyen de quoi ledit Louis... en fut héritier des meubles.

Ledit Louis... épousa en secondes noces Anne Viault... (7 octobre 1598).

De ce mariage sont issus... René, Louis, Simon et Charles..., Françoise et Anne...

Les deux premiers cadets Simon et Louis... furent faits chevaliers de Malthe... (preuves... de Simon,... 1614 ; ...dudit Louis,... 1625)...

Charles,... écuyer, seigneur de la Pilière, fut capitaine de chevau-légers, et ensuite de galères, et mourut sans enfans en 1660.

Françoise... mourut sans être mariée.

Anne... [fut mariée] à René (1) Gentet..., dont sont issus plusieurs enfans.

René..., fils aîné dudit Louis..., épousa en 1634 Marie-Jacqueline Menant...

De ce mariage sont issus... Armand-François, Jean-Baptiste et René-Charles... et... Marie-Anne et Françoise. Cette dernière est religieuse à Bersuire.

Marie-Anne... est mariée présentement à Mre Louis de Meulle... Lesdits de Meulles sont il y a plus de quatre cens ans sortis cadets de la maison d'Argenton, anciens seigneurs d'Argenton-Château. On leur donna pour apanage la ville de Meulle, dont ils prirent le nom,... et retinrent seulement les armes d'Argenton... (2).

---

(1) Erreur, pour *François*.
(2) Ce n'est pas prouvé.

Jean-Baptiste... est dans le service depuis 1664, que René du Vergier, seigneur de la Roche-Jaquelin, étant mort au commencement de l'année, il fut en Portugal sous M. de Chombert. Il... est présentement capitaine dans le régiment de Navarre et n'est point marié.

René-Charles..., abbé de La Rochejaquelin, est aumônier de Madame la Dauphine et prieur de Sorbonne, où il est près de prendre le bonnet de docteur, nommé par Sa Majesté à l'abbaye de Saint-Polycarpe en Languedoc, est présentement à servir son quartier.

Armand-François..., fils aîné..., avoit épousé en premières noces Catherine Landerneau, fille de Pierre..., seigneur du Vergier de Basoge,... sorti cadet des Landerneaux de Bretagne, qui se prétendent... avoir eu, ladite ville de Landerneau... pour leur apanage, dont effectivement ils prirent le nom et retinrent seulement les hermines de Bretagne pour leurs armes.

Ladite dam^{elle} Catherine Landerneau... mourut en 1676 en couche, et son fils en même tems.

Ledit Armand-François... a épousé en secondes noces ...Magdeleine-Thérèse Richeteau, fille de Jean,... doyen de M^{rs} les conseillers du Présidial de Poitiers... (3 mai 1679). Il n'a point encore d'enfants de ce second mariage..

Ces mémoires ont été copiés sur un autre original conservé au... château de la Durbelière.

Copie contemp.

4. — *1249, nov., Damiette.* — *Emery du Vergier reconnaît avoir reçu pour sa part 30 l. dans un emprunt collectif contracté par 42 chevaliers et valets sous la garantie du comte Alphonse de Poitiers* (1).

Memoriale sit quod ego Odi Pancia nomine societatis meæ de mutuo tradidi et complevi domino Hemerico de

---

(1) On trouve le texte d'un acte de même nature, en castillan, daté également de Damiette, novembre 1249, dans Delley de Blancmesnil, *Notice sur quelques anciens titres, suivie de considérations sur les salles des croisades au Musée de Versailles*, 1866, p. 141. Autre encore, de Damiette, nov. 1249, dans P. Roger, *La noblesse de France aux croisades*, 1845, p. 116.

Viridario valeto quantitatem **XXX** lb. t. pro quibus dictus dominus garantizatus est in quibusdam litteris garandie pro **XLII** militibus et valetis per illustrem dominum Alfonsum, comitem Pictaviensem, communiter datis, de quibus **XXX** lb. t. prefatus dominus H. contentus est et pro parte sua me quictat. In cujus rei testimonium signo suo se subscripsit.

[*Seing manuel d'Emery du Vergier.*]

Actum apud Damyetam anno Domini M°CC°XL°IX, mense novembris, in presencia dominorum Guillelmi Maengoti, G. de Lavau, militum, R. de Crema, L. de Zucha:

·[*au dos* :] H. de Viridario.

Parch. (h. 63 mm. ; larg. 42 mm.).

5. — 1249, nov., Damiette. — *Pierre de Agia, valet, reconnaît avoir reçu pour sa part 25 l. dans l'emprunt collectif dont il est question dans l'article précédent.*

Emery du Vergier est l'un des témoins.

Memoriale sit quod ego Od. Pancia nomine societatis mee de mutuo tradidi et complevi domino Petro de Agia, valeto, quantitatem **XXV** lb. t. pro quibus dictus dominus garantizatus est in quibusdam litteris garandie pro **XLII** militibus et valetis per illustrem dominum Alfonsum, comitem Pictaviensem communiter datis, de quibus **XXV** lb. t. prefatus dominus P. contentus est et pro parte sua me quictat. In cujus rei testimonium signo suo se subscripsit.

[*Seing manuel de Pierre de Agia.*]

Actum apud Damyetam anno Domini M°CC°XLIX°, mense novembris, in presencia dominorum H. de Viridario et T. de Lantigne, valetorum, Raf. de Crema, Ant. de Flacono.

Parch. (h. 53 mm. ; larg. 42 mm.).

6. — 1261, 16 fév., Saintes. — *Le commandeur du Temple de la Rochelle approuve une vente faite par Henri du Vergier,*

précepleur de Dompuho, *de divers immeubles que son cousin Emery du Vergier lui avail cédés pour extinction d'une
delle.*

Universis presentes litteras inspecturis, frater Petrus,.
domus milicie Templi de Rupella capellanus et preceptor,
salutem... Cum dudum religiosus et honestus vir nobis in
Christo carissimus frater Henricus de Viridario, preceptor
baillivie seu preceptorie religionis nostre de Dompuho, ac-
quisierit nomine suo privato et pro ipso quasdam hereditates
titulo empcionis seu solucionis sibi facte per nobilem virum
Haimericum de Viridario, armigerum, consanguineum suum,
qui sibi in pluribus pecunié summis ex causa... mutui tene-
batur, quas hereditates... idem frater Henricus nuper ven-
didit Johanni de Aurifolio, armigero, de...licencia nostra
speciali. Hinc est quod nos... vendicionem ut premittitur
factam de fratrum nostrorum consilio et assensu pro nobis
et ordine nostro laudamus... et ...sub testimonio sigilli
preceptorie nostre confirmamus...

7. — 1275, 29 juillet. — *Codicille au testament de Jean
du Vergier.*

...Johannes de Viridario, valetus, et Agnes ejus uxor,
filia condam domini Richardi Chaboeti deffuncti, salutem
in Domino. Noveritis quod ego dictus valetus, mea tantum
spontanea voluntate ad hoc inductus visaque et considerata
salute anime mee et utilitate mea, codicillando ratificavi
...testamentum meum seu ultimam voluntatem meam a
me... factum... anno Domini M°CC°LXX° tercio, sigillo
quoque autenticali quo utitur in archipresbiteratu de Sa-
vigniaco et de Gencayo sigillatum. Volens nichilominus
...quod predictum testamentum meum et contenta in eo-
dem, nichil addito nichilque remoto nisi tamen meliorando,
per dictam Agnetem dilectam uxorem meam, si contingat
ipsam post me supervivere,... exequcioni debite deman-
dentur et integre compleantur. Item volo... quod si contingat me premori seu decedere ante prefatam dilectam

uxorem meam..., quod ipsa dilecta habeat... balhium, tutelam, curam et administracionem Johannis filii nostri quousque ipse filius ad etatem pervenerit debitam ac perfectam. Volens insuper... quod ipsa dilecta... et sui... teneant [et] possideant totam terram... et possessiones quascumque prefati Johannis... et de omnibus hiis... faciant fructus suos et suam voluntatem quousque ipse filius, ut premittitur, ad etatem pervenerit debitam... Item volo... quod si contingat, quod absit, predictum filium nostrum decedere... antequam ad etatem perveniat legitimam et perfectam, quod hoc non obstante predicta dilecta uxor mea et sui... teneant, possideant et explectent predictam terram dicti filii nostri ac omnia alia... eidem spectancia ac si eciam ipse viveret... per tantum videlicet temporis spacium quod posset juste dici ipsum filium ad etatem perfectam et debitam pervenisse si tunc temporis esset vivens. De hiis vero omnibus... que circa complementum dicti testamenti mei contigerint predictam dilectam uxorem meam qualitercumque facta aut ordinata esse, nolo... quod ipsa alicui... nisi soli Deo computum aliquod... reddere teneatur, neque sui heredes sive successores hoc eciam aliquatenus facere teneantur...

8. — 1275, 18 nov. — *Emery du Vergier, au nom et comme tuteur de Pierre Asceron, donne à l'abbaye de Maillezais des terres sises à Marans.*

Universis presentes litteras inspecturis, Aymericus de Vergerio, miles, tutor seu curator Petri Asceron, filii defuncti Johannis Asceron, salutem in Domino. Noveritis quod ego Aymericus prædictus, nomine... dicti Petri..., tradidi religioso viro domino Radulfo,... abbati Malleacensi, ad colendas omnes terras quas habeo apud Maraam ratione dicti Petri, exceptis terris illis quas tradidi ad colendum priori Sancti Stephani de Maraanto,... ita tamen quod ad dictas terras colendas aut seminandas nichil mittant, et de ipsis terris prædictis quæ franchæ sunt mihi ratione dicti Petri..., tertiam partem, et de terris illis prœdictis de quibus

decima reddi debet, mihi quartam partem ratione dicti
Petri reddere... tenebuntur dictus dominus abbas vel ejus
mandatum quamdiu dictus Petrus erit in tutelá mea...

*Copie XVII*e *s. d'ap. l'or. des arch. de la cathédr. de la Rochelle.*

[**8** *bis*]. — 1305. — *Deux contrats passés par Jean du*
Vergier, valel, de la par. de Beaulieu.

D'ap. la mention faite dans l'art. 55 ci-après.

[**8** *ter*]. — 1330. — *Contrat passé par Jean du Vergier,*
fils de feu Jean, valel (même source).

9. — 1340, 6 mars. — *Jean du Vergier et Euslasse, sa*
femme, font une donation à leur fille Catherine et à son mari
Emery Marvilleau, à l'occasion de teur mariage.

Sachent touz présens et avenir que en notre court Loys,
viconte de Thouars, personament establiz Jehan du Verger, cler, fil jadis de fchu Jehan du Verger, de la parroisse
de Beaulieu, valet, et Eustasse, sa femme autorizée suffizamment dodit son seigneur, d'une partie, et maistre Aymeri
Marvyllea, clerc; et Catherine, sa femme, fille desdiz Jehan
et Eustasse, autorizée suffizamment dodit maistre Aymeri,
son seigneur, d'autre partie ; lesquaus diz Jehan et Eustaisse... confessent... eoux avoir donné... a touz jours...
ausdiz maistre Aymeri et Catherine et a leurs hoirs... a
procréer... en la prolocucion do mariage... et pour cause
et en faveur de celuy mariage : c'est assavoir toutes... les
rentes en deniers, chappons, gelines, dismes, terrages de
blez, de roys, de lins, de cherves, dismez de bestez, qu'il
avoyent... a Moncostant..., sauve et retenu audit Jehan...
une planche... de cortil appelée la planche des Aygans et
deuz sestiers de segle a la mesure de Bersuire d'anuau rente
que Guillaume Rossea de Larglaudère doit audit Jehan.
Item ont doné... auzdiz maistre Aymeri et Catherine... un
homage d'une borderie de terre appellée la Boerie, que Guillaume de Brachechen tient doudit Jehan. Item un autre

homage d'une borderie de terre appelée Boy-Blanc, que les hoirs fehu Sicart de Boy-Blanc tenent doudit Jehan ; et un autre homage d'une borderie de terre assize en la parroisse de Flazes que Guillaume Ferré, de Mauléon, tient par raison de sa femme doudit Jehan ; et un autre homage d'un carteron de terre assis a Puy-Souanet en la paroisse de Terve, que le priouz de la Mote-de-Beamont tient doudit Jehan ; et un autre homage d'un carteron de terre appellé la Bertonère, que le hériter Mons. Nicholas Bea deffunz tient doudit Jehan. Lesquaus chouses dessus dites ledit Jehans tient dou seigneur de Bersuire a homage lige... ensemblement o les chouses et rentes que ledit Jehan avet... a la Bloynère et environ et o Guillaume Roussea de Larglaudère, lesquaus chouses et rentes de la Bloynère et de Larglaudère sunt et demorent... mes audit Jehan... Item ont donné... ausdiz maistre Aymeri et Catherine... cinc sestiers de seille a la mesure de Bersuire d'anuau et perpétuelle rente et les sanzées et un charrei de bien d'un jour et un petit boys tenans près desdites sanzées, qu'il avent a la Gueygnonère et ens appartenances o Lucas Gueygnon et o ces personers, et touz le droit que il aveint en dit lieu de la Gueygnonère... Item treis sextiers et dime de seigle a ladite mesure que Johane Deguerpie fahu Joffroy Maroyllea et ces enfans devent chascun an d'anuau rente audit Jehan... Item un sextier de seigle d'anuau rente que il aveint a ladicte mesure o les Coillans de Chavrelou et un autre sextier de seille d'anuau rente que il aveint o les Barbez en la paroisse de Boismé et sus lour bens. Item cinc sestiers de seille de rente que Perre Audoyn de Laureire devent chascun an audit Jehan a ladite mesure. Item une pèce de vigne assize près de gué de Vaulubine tenans au chemin de la Chaussée et au vignes Massé, de la grève de Chillo, et une autre pèce de vigne assize près de la vigne dessusdite tenans a la vigne Jehan Savorant et a la vigne au enffans fahu Drenot Meynart, et une autre pèce de vigne qui fut Colin Conil, de Colunges, et a sa feme, tenans a la veie par laquau l'on vait de Vaulubine a Missé, et une autre pèce de vigne appellée la Rechignée, assize près do Poiz, de trois tenans au vignez

Guillaume Greffer, et une autre pèce de vigne assize en Champ-Pimes, tenans a la vigne Colin Guygnet d'Avanlon et a'u clozea Perrot do Chillo ; et une moison et doues pèces de cortil assizes a Tiors que Pernelle Mancelle, mère de ladite Eustasse, soloit tenir... Item ont encore donné ...auzdiz maistre Aymeri et Catherine... une maison et le verger d'ycelle assize a Bersuire en laquelle demeuret ladite Pernelle Mancelle,... sauve que lesdiz Jehan et Eustasse et lours hoirs... demorrent possesseurs de ladite maison et doudit verger :..juquex duz meys emprès la mort de ladite Pernelle, ...laquelle... tendra et explectera ladite maison et ses appartenances, son viage nonobstant ladite doneison... Item fut parlé et accordé que ledit Jehan do Verger et ses enffanz males et les lour tendrant dodit maistre Aymeri par reison de sadite feme et des lour lesdites rentes que ledit Jehan ha a la Bloynère et environ et lediz cortil des Aygans et lesdiz duz sextiers de seille de Larglaudère a unz esperon blans... par tout devoir... sanz foy et sans homage, renduz lesdiz esperons ...auzdiz maistre Aymeri et ausouz toutefoyz que foy changera par la mort dodit maistre Aymeri ou des souz qui seront en la foy et l'omage do seigneur de Bersuire... Encore est parlé et accordé que lezdiz Jehan et Eustaisse et les lour guarront ledit maistre Aymeri et Catherine et les lour de dous sextiers et deme de seille que les hoirs de la Deguerpie fau, Jehan Marsaut aveent sus lesdites chouses de Moncostant... Encores est parlé que il sera regardé et enquis ou les sagez si lesdiz Jehan et Eustaisse seront tenuz a souppleyr audit maistre Aymeri et Catherine en tant comme les chouses de Moncostans dessus dites tenues a homage lige vaudrant mens par raison de l'année qui cherra en rachaz...

[**9** *bis*]. — 1350. — *Arrentement fait à Jean du Vergier, valet, paroissien de Beaulieu.*

D'ap. la mention faite dans l'art. 55 ci-après.

10. — 1351, 4 septembre. — *Jean du Verger, clerc, s^r du Verger en la par. de Beaulieu, et sa femme Eustaisse donnent* *une assiette à une rente qu'ils doivent à Jean Daviet, de Colonges, en raison de son mariage avec feue Jeanne du Verger, leur fille.*

Texte partiellement effacé.

11. — 1356, 18 févr. — *Contrat de mar. de Jean du Verger, fils et principal héritier de Jean et d'Heulaysse, avec Jeanne Bouquin, fille de Jean, s^r de la Borderie, par. de la Vérie, et de feue Bienvenue de La Dérie.*

Jean Bouquin donne à sa fille 25 l. de rente à asseoir sur des immeubles en la châtellenie de Mauléon, moitié en blé, moitié en deniers, plus 200 écus.

Expéd. du 3 juillet 1363.

[11 bis]. — 1357, 1366, 1370. — *Trois contrats passés par Jean du Vergier, valet.*

D'ap. les mentions faites dans l'art. 55 ci-après.

12. — 1365, 30 décembre. — *Houtesse, veuve de Jean du Verger, liquide par avance, en faveur de sa petite-fille Jeanne Daviet, mariée à Jean Chiché, sa part dans la succession de ses grands-parents.*

...Comme feu Jehan du Verger, clerc, en temps qu'il vivoyt, et Houtesse sa femme [*tache*] par mariage Jehanne leur fille a Jehan Daviet... et entre ses autres chouses en la proloqution du mariage dessusdit et en favour d'iceluy, lesdiz conjongs eussent voulu... que emprès le déceps d'eulx que ladicte Jehanne [*tache*] succession... d'eulx conjongs un autre de leurs anffans nonobstant tout noble governement [*tache*] celle ou conférant et contribuent les chouses que lesdits conjongs avoyent donné ou promis audit Jehan [*tache*] en mariage... Ladicte Houtesse [*tache*]... et Jehan Chiché et Jehanne, sa femme, fille de Jehan Daviet et de Jehanne jadis sa femme..., personnèllement établiz... en la court de Bersuyre ; ladicte Houtesse, ou l'assentement... dudit Jehan son filx... baillet... a ladicte Jehanne et audit

Jehan a causè d'elle pour tout le droit eulx appartenens...
en la succession... desdiz Jehan du Verger deffunt et de
ladicte Heutesse, c'est assavoir : un leur hébergement...
apellé la Roche... avecq le boys de Puy-Aguyllon, estans
lesdictes chouses en la parroiche de Boismé ; et une housche
tenant d'une part au chemin pour lequel l'on vait de Bersuyre a Chiché, et d'autre a l'osche dudit Jehan Chiché a
cause de sa femme. Et en oultre demourent ausdiz Jehan
et Jehanne a cause d'elle par la cause que dessus les desmez
des Rochez-Guiton, qui furent a ceulx de Torigné, dont
ledit Jehan Chiché est en homage vers le seigneur de Ney-
reterre. Et pour ce que lesdiz Jehan et Jehanne... disoyent
que neuf sexters et demy de seille de rente a la mesure de
Bersuire, lesquelx avoyent autrefoiz ésté assis audit Jean
Daviet comme tuteur de ladicte Jehanne sa fille... o Guillaume Boussiron, de Mon-Poncer, et sur ses biens, avoient
esté mains suffisamment assis, lesdiz Houtesse et chacun
d'eulx promettent... paier perpétuellement a ladicte Jehanne et Jehan a cause d'elle et a lours hoirs... neuf sextiers et demy de seille a la mesure de Bersuyre chacune
feste de Nativité-Notre-Dame... a la ville de Bersuyre a la
maeson dudit Jehan et de sa femme jucquez a tant que
lesdiz Houtesse et Jehan... ayent assis... en blé de rente
ou en domaynez non terragés, non quarters, non tercerés,
avaluez selon la coustume du pais, osté vignez et maisons.
Et parmi ce demorront lesditz neuf sexters de seille de rente
perpétuellement audit Jehan du Verger et essiens... Et
aussi demourent audit Jehan du Verger et a ses hoirs...
tout le droit de ladicte succession desdiz fehu Jean du Verger et de ladicte Houtesse ; a laquelle sucession lesdiz Jehanne et Jehan Chiché... renuncient de tout en tout ; si
n'estoit a deffaut que ledit Jehan du Verger n'eust hoirs
procroyez de sa char et de mariage, esquelx cas ladicte
Jehanne ou ses hoirs... seroyent recehus a ladicte succession... ; et demouret a perpétuité audit Jehan et a ladicte
Jehanne... comme paravant cest acord toutes les chouses
qui furent données à sadicte mère en mariage, sauve lesdiz
neuf sextiers de rente de Mon-Pancer, qui demourent a

perpétuité audit Jehan du Verger et essiens... Et suplient lesdiz Houtesse et Jehan du Verger, son filx, qu'il le recevent a la foy et homage dudit vilage apellé la Roche... Et volirent ledit Jehan Chiché et sadicte femme et ledit Jehan du Verger... si'il avenoit que ladicte Jehanne, femme dudit Jehan Chiché, moroyt sans hoirs de sa char, que... la Roche, ensemble ou toutes les appartenances dessusdites, demorront a ladicte Houtesse son viage tant solemcnt en cas que ladicte Jehanne Chiché n'en avroyt ordenné...

Expéd. du 3 févr. 1407. Sceau aux contrats de la chatellenie de Bressuire, cire brune.

[**12** *bis*]. — 1368. — *Contrat passé par Jean du Vergier, comme administrateur de Nicolas, éc., son fils.*

D'ap. la mention faite dans l'art. 55 ci-après.

[**12** *ter*]. — 1371. — *Arrentement à Jean du Vergier, éc., fils et héritier principal de Jean* (même source).

[**12** *quater*]. — 1385. — *Transaction par Nicolas du Vergier, valet* (même source).

[**12** *quinquiès*]. — 1387. — *Contrat de mar. de Nicolas du Vergier, fils aîné de Jean, avec Isabeau Roularde, fille aînée de Jean Routart, valet* (même source).

[**12** *sextiès*]. — 1392. — *Partage par Jean du Vergier, éc., entre Jean, Thibaud et Guillaume, fils de feu Nicolas, son fils aîné, et ses autres enfants* (même source).
« Les hostels et préclostures soient laissées aux enffeys dudict Nicollas... »

[**12** *septiès*]. — 1399. — *Transaction entre fr. Guillaume Lingouner et Jean du Vergier* (même source).

[**12** *octiès*]. — 1400. — *Testament de Jean du Vergier* (même source).

13. — 1401, 3 févr. — *Jean Jay, « garde de la jusridiction de chastellain de Bersuyre », mande à Jean Ferrant, notaire de la cour dudit châtelain, de « mettre par écrit en forme ordonnée » un certain nombre d'actes passés naguères au profit de Jean du Verger aîné ou de ses auteurs par les notaires prédécesseurs dudit Ferrant, mais non encore « mis par écrit en forme ordonnée ».*

[**13** *bis*]. — 1408. — *Accord passé par Jean du Vergier, valet, fils aîné de feu Nicolas et petit-fils de feu Jean.*

D'ap. la mention faite dans l'art. **55** ci-après.

14. — 1409, 18 août. — *Jean du Verger, fils de feu Nicolas, s^r du Verger, tient quittes Jeanne Massolele, veuve Jean du Verger, éc., s^r du Verger, ainsi que Christophe et Me Jean du Verger, leurs enfants, de toute action à raison de la succession dudit feu Jean.*

15. — 1414, 23 févr. — *Testament de Jeanne Massolelle, veuve Jean du Vergier.*

Voici les clauses lisibles de cette pièce en très mauvais état :

Pour le paiement de ses dettes, chaque créancier sera cru sur serment jusqu'à 5 s., et au-dessus sur justes preuves. Elle sera ensevelie en l'église des Frères mineurs de Bressuire. Chacun des chapelains qui viendront chanter à ses services d'enterrement, de sepme et d'annau, auront pour une grand'messe, 2 s. 6 d., et pour une messe basse, 2 s. 1 d., s'ils sont forains, et 20 d. s'ils sont de la ville ou des faubourgs. Chaque pauvre recevra à chacun de ces services 2 données de pain. Elle lègue au curé de Notre-Dame de Bressuire 20 s., non compris les 8 s. 4 d. qu'il a coutume de percevoir comme droit de mortuage à la mort de tout chef d'hôtel de sa paroisse ; aux Frères mineurs de Bressuire, 100 s. pour l'édification de leurs église et couvent.

Elle demande une messe quotidienne pendant un an et une vigile de 9 leçons ; chaque chapelain recevra pour ce service 13 écus 7 s. 6 d. Elle établit pour exécuteurs testamentaires ses fils, messire Prigancreau (?), prêtre, et Thibaud Aubin.

[**15** *bis*]. — 1421. — *Contrat de mar. de Thibaud du Vergier avec Marguerite de Mauzon.*

D'ap. la mention faite dans l'art. **55** ci-après.

[15 *ter*]. — 1422. — *Lettres royaux « prises... par Thi-. baud du Vergier »*, éc., *comme frère et hér. principal de Jean du Vergier*, éc., *« décédé sans hoirs »* (même source).

16. — 1424, 27 oct. — *Le sénéchal de Thouars nomme Olivier Chomart et Jean du Vergier curateurs de Thibaud du Vergier, fils de Nicolas et mari de Marguerite Chomarde, reconnu « de petit gouvernement, prodigue et insensé ».*

...Aujourd'hui se sont comparuz ...par devant nous Jehan Barret, licencié en loys, senneschal de Thouars pour ...Monseigneur d'Ambaise, viconte dudit lieu de Thouars, conte de Benaon, seigneur de Chalemond et commissaire du Roy nostre sire en cette partie : noble homme Olivier Chomart, père de Margarite Chomarde, femme de Thibauld du Vergier, et Pierre Anchier, procureur... de maistre Jehan du Vergier, licencié en droit canon et civil, oncle paternel dudit Thibauld, lesquelx... nous ont requis l'entérignement et acomplissement de certaines lettres royaulx par eulx impétrées, et que, moyennant certains commandemens... a nous faiz par Jean Bernart, sergent du Roy nostre sire..., nous voulissons nous informer deuement du petit gouvernement [*l. ou*]... dudit Thibauld du Vergier [*etc.*], ...desquelles [lettres royaulx]... la teneur s'ensuit :

« Charles par la grace de Dieu roy de France, au premier nostre sergent qui sur ce sera requis, salut. De la partie de Jehan du Vergier l'aisné, oncle de Thibauld du Vergier, demourans audit lieu du Vergier, et de Olivier Chomart, père de Margot, femme dudit Thibauld, et des autres parens et amis d'icculx Thibauld et sa femme..., nous a esté exposé que ledit Thibauld est nobles homs, venu et extrait de noble ligne et d'anxien aage, qui despiéça fut conjoinct par mariaige avec ladite Margot, fille dudit Olivier, duquel mariaige sont venuz et issuz plusieurs enfens, ou mariage duquel Thibauld et de ladite Margot faisant par icellui Olivier fut donné a sadite fille la somme de quarante livres tournoys de rente pour estre propre héritaige pour ladite Margot et sesdits enfens... et cincq cens livres

tournoys en argent... Et si estoit au temps d'icellui mariaige
ledit Thibauld moult riches homs et possédoit de moult
belles terres..., en espécial ès lieux et hostieulx du Vergier,
de la Routardère et Mazèrez, desquelx hostieulx et de la
revenue de chacun d'iceulx ung gentilhomme se souloit
bien thenir et avoir son estat. Et nonobstant lesquelles
choses icellui Thibauld, pour la vie dissolue qu'il a mené
et mène de jour en jour et par son non-sens et petit gouvernement, a dissipé... plusieurs de sesdiz héritaiges et rentes
avec lesdites cincq cens livres tournoys et oultre la revenue de sesdites terres. Et combien que ses amis... l'eussent
de ce blasmé..., icellui Thibauld ne s'en veult départir...
Pour ce est-il que nous... te mandons ...que au... senneschal... des lieux soubz quelle juridiccion ledit Thibauld est
demourant... tu fàces commandement ...que s'il lui appert.
de l'insensibilité... et petit gouvernement dudit Thibauld...
il pourvoie a icellui Thébauld... de curateur... Donn! a
Saint-Florant le cincq jour de septembre l'an de grace
mil CCCC vint et quatre... »

Par vertu desquelles lettres royaulx... nous avons donné
en commandement... a tous... les sergens de mondit s' de
Thouars de adjourner par devant nous ...a cestui pr sent
jour, heure de dix heures, Jehan Chiché l'aisné, Jehan Chiché le jeune, Jehan Savari, frère François Monnoyer, Jehan
Bouxiron, sire d'Aubert (?), Jehan Robin, touz prouches
parens, amis et voysins dudit Thibauld et de sadite femme...,
appellé... avec nous Pierre Brimaud, nottaire et greffier de
la court... de Thouars ; ...l'enqueste... par nous deuement
sur ce faicte,... disons et déclarons... ledit Thibauld du
Vergier estre de petit gouvernement, prodigue et insencé
tant et tellement que provision de curateur lui doit estre
faite avecques interdiccion de aliénacion de biens... en dé-
fendant a touz que avec ledit Thibauld ilz ne contraient...
sans auctorité de ses curateurs... Et... parce que... nous
avons trouvé ledit Olivier Chomart et aussi ledit maistre
Jehan du Vergier estre bons... pour avoir la curatelle dudit
Thibauld et de ses biens, iceulx... avons déclairé... curateurs dudit Thibauld et de ses biens ; c'est assavoir ledit

maistre Jehan en la personne dudit Ancher, son procureur, a ce présent et consentens,... et ledit Olivier semblablement présent... ont prins le faiz et la charge de ladite curatelle et administration, promis et juré icelle bien traicter..., fere... inventaire de tous les biens dudit Thibauld et en rendre... compte..., et a ce faire ont obligié, c'est assavoir ledit Anchier les biens de sondit maistre..., et ledit Olivier touz... ses biens..., et a ce a donné pleige ledit Bouxiron d'Aubert... Et en oultre pour voir fere ledit inventaire... avons commis a Jehan Sicaut, de Bersuyre, Pierre Brimaud, Nicolas Dolbeau et maistre Guillaume Janousseau ou a deux d'eulx, pourvu que ledit Brimaud sera touz jours l'un ; auxquels... nous avons donné povoir ... de fere ledit inventaire... et d'en bailler ausdits curateurs et chacun d'eulx ung original et en retenir autant par devers eulx pour la court, pour en respondre ...ausdits commissaires ou a deux d'eulx...

[**16** *bis*]. — 1432, 1439, 1468. — *Contrats entre Pierre du Vergier, chev., et Louis du Vergier, éc., fils de Thibaud, « sur leurs parlages aultreffois faicte entre leurs prédécesseurs ».*

D'ap. la mention faite dans l'art. 55 ci-après.

[**16** *ter*]. — 1434. — *Testament de Thibaud du Vergier* (même source).

17. — 1439, 5 nov. — *Nomination par le sénéchal de Poitiers d'Olivier Chomart comme curateur des biens sis en Anjou, de Louis du Vergier, mineur, son petit-fils, fils de feu Thibaud et de Marguerite Chomarde, remariée à Jamet de Champignelles.*

Marie, sœur de Louis, n'a plus besoin de curatelle, étant mariée à Jean Dolbeau ; mais le tiers de ses terres est réservé pour le douaire de Marguerite, qui y est compris par indivis. Les biens de Louis sis en Anjou sont, d'après la coutume de cette province, sous l'administration de Jamet de Champignettes. Olivier Chomart est dit de Bretagne et n'avoir rien en Poitou. Ont été consultés Hardy Savary, chev., et Gillette Routarde, parents des mineurs.

18. — 1440, 7 janv. (1). — *Contrat de mar. de Germond de La Roche avec Marie, fille de Pierre du Vergier, chev., s^r de Ridejeu, et de feue Jeanne de La Chaussée.*

Pierre du Vergier donne, entre autres, à sa fille 6 royaux d'or de rente, l'hôtel de Luygné et les biens de sa mère. Parmi les témoins : Renaud de Meules, s^r du Fraysgne. Autres noms : Jacquette de La Fourest, seconde femme de Pierre du Vergier.

Très mutilé.

19. — 1441, 28 janv. — *Amortissement par Pierre du Vergier, chev., moyennant 66 royaux d'or et 20 s. pour le principal, plus 24 royaux pour les arrérages, d'une rente de 6 royaux qu'il avait donnée en dot à sa fille Marie à l'occasion de son mar. avec Germond de La Roche, éc.*

Cette rente avait été achetée par Pierre du Vergier de Jean de La Fourest, éc., [s^r de la] Guionnère, pour 10 marcs d'argent ouvrés en tasses d'une valeur de 66 royaux et 20 s. avec faculté de retrait pendant 4 ans, faculté dont ledit Jean a usé le jour même du présent amortissement.

[**19** *bis*]. — 1441. — *Saisie des biens laissés par feu Thibaud du Vergier à ses enfants « pour n'avoir par leur curateur envoyé pour eulx en l'armée droissée contre les Anglois ».*

D'ap. la mention faite dans l'art. 55 ci-après.

20. — 1443, 8 déc. — *Quittance donnée par Jacques de La Fourest à Pierre du Vergier, chev., s^r de Ridejeu, de 12 l. en 8 pièces d'or pour amortissement d'une rente d'un set. de seigle.*

Très effacé.

21. — 1448, 20 juin. — *Assignation aux assises de la châtellenie de Bressuire de Pierre du Verger, chev., requérant*

---

(1) Quantième mutilé, fourni par l'art. 3 ci-dessus

contre André Robin, prieur de Sainte-Catherine près Bressuire.

Jean, aïeul de Pierre, mari de Jeanne Massotelle, avait légué au prieuré de Sainte-Catherine, Philippe Puilot étant alors prieur, une rente de : 1° 2 set. 1/2 de seigle, mes. de Bressuire, èt 5 s. sur Emery du Pont, s^r de la Rouellère, par. de Beaulieu ; 2° 2 set. 1/2 de seigle, même mes., sur divers ; 3° 9 s. sur une ouche sise entre le chemin de Bressuire à Pintigné (?), et celui de Bressuire à la Croys-du-Guesdau ; 4° 12 d. sur une ouche sise sur le chemin du moulin de Veillateau. Ce legs était fait à charge pour le prieuré d'une messe hebdomadaire qu'on a cessé de dire depuis un an et dont Pierre du Vergier demande la continuation.

22. — 1448-1452. — *Procès entre Marie et Louis du Vergier, fils de Thibaud, demandeurs, et Pierre du Vergier, fils de Christophe, défendeur, au sujet de la succession de Jean, leur aïeul commun (3 pièces).*

1448, 9 avril. — Sentence du sénéchal de Poitou au profit de Pierre.

Pierre de Brézé,... conseiller et chambellan du Roy nostre sire et son senneschal en Poictou. A tous ceulx qui ces présentes lettres verront, salut. Comme plait et procès fust ja piéça assis par devant le Conservateur des previlèges royaulx de l'Université d'Angiers entre maistre Jehan Dolbeau et Marie du Vergier, sa femme, à cause d'elle, et aussi entre iceluy Dolbeau comme ayans l'administracion de la tutelle de Louys du Vergier, mineur d'ans, frère de ladicte Marie, demandeurs, d'une part, et Messire Pierre du Vergier, chevalier, deffendeur, d'autre. Lequel procès, par vertuz de certaines lettres royaulx obtenues... de la partie dudit deffendeur, ait puis esté dévolu ...en la court de céans, en laquelle de la partie desdits demandeurs eust esté dit... que feu Jehan du Vergier l'aisné... fut deux foiz conjoinct par mariage et que dudit premier mariage estoit nés et yssu Colas du Vergier... et de son second mariage feu Christofle et maistre Jehan du Vergier..., et que durant ledit second mariage, en l'an mil trois cens quatre vings et trois, ledit du Vergier l'aisné avoit transporté en propriété audit Co-

las, son filz aisné, plusieurs de ses héritages en... recompen-
sation des... revenues de la terre escheue audit Colas de
la succession de sa mère, laquelle ledit du Vergier l'aisné
avoit levé par plusieurs années ; et avec ce que en l'an mil
trois cens quatre vings et sept on contraict du mariage
faisant d'entre ledit Colas et de feue Ysabeau Rotarde iceluy
du Vergier l'aisné avoit ratiffié ledit transport et... promis
...qu'il ne aliéneroit... a aucuns de ses enffans puysnesz
aucuns de ses héritages en quoy ledit Colas luy deust succéder par la coustume du pais d'entre la Saevre et la Dyve,
ou sesdits héritages estoient assis, par laquelle coustume
tous les héritages nobles et anciens entre personnes nobles
devoient demourer et retourner au filz aisné, et n'en povoit
le père faire a ses enffans puysnesz ne a autres aucun transport en plus qu'ilz ne lui doyvent succéder. Et disoient
lesdits demandeurs que ledit Colas paravant l'an mil trois
cens quatre vings et douze estoit alé de vie a trespas, délaissé
ladite Ysabeau, sa femme, et Jehan et Thibaut, ses enffans
mineurs et soubz bas aage, lesquelz lesdits Louys et Marie
du Vergier, demandeurs, représentoient par la représen-
tation dudit Thibaut, leur père. Et par ainsi disoient lesdits demandeurs que a iceulx Louys et Marie... apparte-
noient par les moyens que dessus tous les héritages trans-
portez audit Colas par ledit du Vergier l'aisné avecques
tous les héritages nobles dont icelui du Vergier l'aisné estoit
vestu et saisi au temps du mariage susdit dudit Colas et
de ladicte Rotarde ou au moigns au temps de son décès,
et que ce nonobstant ledit deffendeur et Jehan de Nozillac
s'estoient ensaisinés de plusieurs de ses héritages tant dudit
transport que de ladicte succession dudit du Vergier l'aisné,
qui se montoient cent livres de rente ...ou environ..., soubz
umbre de ce qu'ilz disoient que ond. an mil trois cens quatre
vings douze led. du Vergier l'aisné, contre... les coustumes
dessusdites, amprès le décès dudit Colas et durant la minorité desd. Jehan et Thibaut..., avoit fait certains partages par lesquelz il avoit baillé ausd. Jehan et Thibaut
leur porcion de sond. héritage et aud. Christofle et maistre
Jehan lesd. autres héritages, qui valoient comme dit est

cent livres de rente ou environ, et avoit icelui du Vergier
l'aisné voulu... que lesd. partages eussent lieu amprès sa
mort..., et... s'estoit icelui du Vergier l'aisné obligé a les
tenir et fait obliger lad. Ysabeau Rotarde comme tuteresse... desd. Jehan et Thibaut et Jehan Rotart, père d'icelle
Ysabeau,... ; et... que, en l'an mil quatre cens et six environ, lequel temps led. du Vergier l'aisné estoit alé de vie a
trespassement, ja soit que lesd. Christofle et maistre Jehan
eussent par ledit partage trois foiz plus de l'éritage de leurd.
père que... de raison..., néantmoings... s'estoient traictz
pardevers lesd. Jehan et Thibaut..., mineurs, et avoient
tant fait eulx et leurd. mère que... iceulx dits Jehan et
Thibaut... avoient baillé a iceulx Christofle et maistre
Jehan plusieurs héritages qui valoient de rente... douze ou
quinze livres... ; et... que en l'an mil quatre cens et neuf,
au pourchaz... desd. Christofle et maistre Jehan, led.
Jehan..., frère aisné dudit Thibaut, qui encore estoit mineur ou prouche de son jeune aage et sans ce qu'il...
sceut cognoistre la... malices desd. Christofle et maistre
Jehan obstant son jeune aage et que en son temps il avoit
esté tenu prodigue notoirement, avoit quitté... ausd. Christofle et maistre Jehan... toutes les accions... en quoy ilz
lui povoient estre tenu... ; et... que lesd. Christofle et
maistre Jehan... et depuis leur décès led. deffendeur et de
Nozillac avoient tenu lesd. choses jusques a... l'impétra-
cion de... lettres royaulx que avoient... obtenues lesd. demandeurs, lesquelz disoient... que les partages susd. avoient
esté faiz contre les coustumes... et que led. lapz de
temps auroit couru pareillement durant la minorité et pro-
digalité desd. Jehan et Thibaut et aussi durant la minorité desd. Louys et Marie, enffans dudit Thibaut, lequel
dès seze ou dix-sept ans paravant lesd. lettres obtenues...
avoit... pour ses prodigalitez... esté en la curatelle dudit
maistre Jehan... ; pour lesquelles causes... le Roy... eust
mandé au premier huissier de son Parlement ou autre...
sergent... qu'il feist... commandement... aud. deffendeur
et de Nozillac... que... ilz... vuydassent... de la détencion...
desd. choses... appartenans ausd. demandeurs...; a quoy

led. déffendeur se fust opposé, et pour ce... lui eust esté baillé... assignacion pardevant led. conservateur... ; pendant laquelle chose led. deffendeur... eust obtenu certaines lettres par lesquelles... le procès... eust esté renvoyé en la court de céans ; a laquelle narracion... lesd. demandeurs eussent prins leurs conclusions a ce qu'il fust dit... qu'ilz avoient droit... d'avoir tous les héritages... nobles dont estoit mort vestu... ledit Jehan... l'aisné assis entre... Saivre et... Dive, tous les acquests que avoit fait led. feu Colas... et sond. père et tous les acquests faiz par led. feu maistre Jehan... assis entre... Saevre et... Dyve et la moytié des autres acquests dudit feu maistre Jèhan... Contre lesquelles choses... eust esté dit... de la partie dud. deffendeur plusieurs... raisons... en présupposant pour l'éminance d'icelle plusieurs coustumes du pais de Poictou, et premièrement que en fait de succession représentacion a lieu in infinitum tant que le lignage se puit précompter ; item que quant une succession vient a plusieurs héritiers et [si] a l'eure que la succession exchoit l'ung des héritiers du deffunct délaisse plusieurs enffans tous les enffans ne sont que ung chief ; item que homme et femme mariez sont communs en biens meubles et acquests dès ce que le mariage est fait, et y a la femme la moytié laquelle est censé son acquest, tout ainsi comme si elle-mesmes avoit fait led. acquest ; item que doneson faicte du père au filz estans en sa puissance est révocable a nutum adeo que si le père amprès la doneson par lui faicte d'aucune chose a sond. filz ordonne d'icelles choses en autre manière par testament ou autrement, ladite doneson est eo ipso révoquée ; item que quant homme noble et de noble gouvernement a plusieurs enffans masles au temps de son trespas, le filz second nés amprès la mort de son frère aisné retient et recueilt sa vie durant tous les biens immeubles nobles et noblement tenuz de sond. père assis entre lesd. rivères de la Saevre et de la Dyve et en use et puit user et en fait les fruiz siens comme de son propre domaine et héritage, ait sondit frère aisné enffans ou non ; item et amprès la mort dudit filz second, recueilt, a et tient semblablement icelles dictes choses sa vie durant

l'autre frère puysnés, et ainsi des autres si plus en y a ;
item et si led. frère aisné est mort avant le père, le second
frère incontinent après la mort de sond. père recueilt lesd.
choses et les tient sa vie durant et non pas les enffans du
filz aîsné si aucuns en y a ; item et au regart des choses
roustières chacun des enffans succède a son père soit noble
ou rousturer par esgal porcion et n'y ont point davantage
l'ung sur l'autre... ; item que quant aucun noble qui a terre
et choses immeubles nobles entre lesd. rivères de la Saevre
et de la Dyve vait de vie a trespassement et délaisse enffans masles et filles, si le frère aisné en baille par partage
a sesd. seurs a toutes ensemble aucune chose et l'une desd.
seurs, les choses estans encores entre elles par indivis ou
qu'elles les eussent depuis party et divisé, vait de vie a
trespassement, sa part et porcion acroist a ses seurs et n'y
a riens led. frère aisné... ; item... si et quant il y a plusieurs
frères et le frère aisné, pour exchiver que ses frères puysnesz
ne veignent amprès sa mort au retour de la terre d'entre
lesd. rivères et aussi pour exchiver la provision que led.
frère aisné est tenu fere a sesd. frères puysnez, s'acordent
entre eulx tellement que led. frère aisné leur en baille par
partage ou autrement aucune chose a leur vie ou a perpétuité ou le père durant sa vie du consentement de son filz
aisné, si la chose est baillée ausd. puisnesz a tous ensemble
et, icelle estans encores comune et par indivis ou qu'ilz l'eussent depuis divisé, l'ung d'eulx vait de vie a trespassement,
l'aisné frère ne prandra riens et reviendra sa partie et porcion es autres frères puisnesz, lesquels sont les héritiers
quant a ce... ; item quant il y a plusieurs frères dont les
aucuns sont frères de père et de mère et les autres de père
ou de mère seulement, si l'ung d'eulx va de vie a trespassement, ses meubles et acquests, et n'eust-il autre chose,
sont et appartiennent a celui ou ceulx qui sont ses frères
de père et de mère ou qui les représentent, lesquelz sont
ses héritiers et lui succeddent quant a ce comme ses plus
prouches et n'y ont riens les autres qui ne sont frères que
de père ou de mère seulement ; item que entre les nobles
ung enffant masle filz de famille pour estre marié ne pour

demourer hors de l'oustel de son père n'est point hors de
la puissance de sondit père s'il n'est émancipé expressé-
ment, mais est et demeure en la puissance de sond. père,
lequel fait les fruiz siens de la terre et des biens de sond.
filz tant qu'il est en sa puissance... ; item que ung enffant
masle qui a quatorze ans et a touché le quinziesme est hors
de tutelle et a vingt ans et aagé du tout et en parfait aage
...pour faire toutes choses tout ainsi qu'il seroit de raison
escripte s'il avoit vingt et cincq ans ; item et si aucun tient
et explecte aucuns biens immeubles a tiltre de partage ou
par autre juste tiltre auable a transporter seignourie et a
bonne foy, les possède par dix ans paisibles et continuez
entre les présens et par vingt entre les absens, il les puit
tenir et s'en deffendre par prescription contre tous autres
qui les vourroient demander... ; item, présupposé ce que
dit est, disoit led. deffendeur que led. Jehan... l'aisné...
n'avoit pas grans héritages anciens, mais... avoit fait de
grans... acquests durant le mariage de lui et de Jehanne
Massotelle, mère dudit maistre Jehan et Christofle..., père
iceluy Christofle dudit deffendeur, esquelz lad. Massotelle,
qui avoit esté conjoincte par mariage avec led. du Vergier...
dès l'an mil trois cens soixante et quatre... avoit la moytié
de son chief ; item et que led. Jehan... l'aisné avoit fait
...partage... a ses héritiers de plusieurs... immeubles...,
ouquel... avoit... comprins le tout dès acquests... et... l'oustel et grant gaignerie du Plaisseis-Tristant et partie de la
petite gaignerie dudit lieu, qui estoit l'éritage de lad. Massotelle... ; item que par led. partage avoit esté dit qu'en cas
que led. maistre Jehan iroit de vie a trespassement sans
hoirs de sa char... led. Christofle seroit tenu de bailler ausd.
Jehan et Thibaut... deux septiers et demy de seigle de rente...
ou le tiennement de la Vrignoys-Barbarea... ; item que
tantost après led. Jehan... l'aisné estoit alé de vie a trespas,
après lequel... procès avoit esté... a l'occasion dudit partage entre led. Christofle et maistre Jehan, demandeurs,
et lesd. [Jehan et] Thibaut o l'auctorité de Jehan Chiché,
leur curateur, deffendeurs... ; item et que... lesd. parties
en l'an mil quatre cens et six... avoient fait... accord par

lequel lesd. Jehan et Thibaut... avoient délaissé... ausd. Christofle et maistre Jehan... certaines choses... ; savoir faisons que... nous... déclarons... que indeuement... lesdiz demandeurs ont fait faire aud. deffendeur les commandemens dont mencion est faicte... et... avons... iceulx condempnez en ses despens...

A la fin de l'acte l'annotation suivante a été ajoutée :

Presens processus... receptus est ad judicandum an bene vel male fuerit appellatum... Actum in Parlamento quarta die marcii M°CCCC°XLVIII° (1).

1452, 1er févr. — Arrêt du Parlement de Paris confirmant le jugement du sénéchal de Poitiers.

1452, 12 avril. — Accord entre Louis du Vergier et Jean Dolbeau, époux de Marie du Vergier, d'une part, et Pierre du Vergier, d'autre part; fixant à 750 l., sous forme d'une rente de 75 l., les dépens auxquels lesdits Louis et Jean ont été condamnés envers ledit Pierre, et les arrérages de la rente de 12 l. et de 12 setiers de seigle dont ils ont été condamnés à lui continuer le paiement.

23. — *1449, 8 mars.* — *Sentence du sénéchal du Poitou déboutant Jean Dolbeau au nom de sa femme Marie du Vergier, de sa demande d'évocation au Conservateur des privilèges de l'Université d'Angers de la cause intentée entre Pierre du Vergier, d'une part, et Olivier Chomart, naguères curateur de Louis du Vergier (dont le curateur actuel est Hardy Savary, chev.); et ledit Dolbeau, d'autre part, en revendication de certaines rentes à payer par ledit Pierre.*

Louis est héritier pour 3/4 de feu Thibaud, son père, et de feu Jean, frère dudit Thibaud.

J. Dolbeau requiert cette évocation à titre d' « escolier » à l'Université d'Angers. Le sénéchal le conteste, car il est « de longtemps licencié en loys, marié et demeurant au plat pais, chargé de pluseurs séneschaucées et autre fait de judicature ».

Très effacé.

---

24. — 1450, 28 juillet. — *Contrat de mar. de Louis de Terves, éc., s^r de Beauregart près le Puy-Notre-Dame, avec Jeanne du Vergier, fille de Pierre, s^r de Ridejeu, et de Jacquette de La Fourest.*

Ceux-ci s'engagent à bailler aux futurs époux 20 l. de rente, qu'ils pourront asseoir, jusqu'à concurrence de 60 s., « en rentes de blez et de deniers en deux ou troys lieux ».

25. — [1454] (1), 11 sept. — *Accord entre les héritiers de feue Catherine du Vergier, femme de feu Sauvestre Bouju.*

Elle laisse plusieurs enfants, dont Jacques et Jeanne, mariée à Jean de Nouzillac.

Très mut.

26. — 1454, 6 nov. — *Concession par Pierre des Loges, fils de feu Pierre, marchand à Bressuire, à Pierre du Vergier, chev., s^r de Ridejeu, du droit de retrait et amortissement pendant trois ans d'une rente de 15 écus d'or qu'il a constituée au profit dudit P. des Loges moyennant 150 écus.*

Les écus en question sont du poids de Florence, d'une valeur de 27 s. 6 d. chacun.

Fragment de sceau de la cour de Bressuire.

27. — 1456, 7 août. — *Sentence de la cour de Saint-Aubin-du-Plain portant ajournement du procès intenté par Pierre du Vergier, chev., s^r de Ridejeu, contre Louis du Vergier, éc., concernant la propriété d'une pièce de bois tenant à la charrière qui va du village de la Jauzelière à Bertignole, et du gros bois tenant au gros bois de la Faye et à un bois dudit Louis.*

Le demandeur prétend à la possession de ces bois en vertu d'un partage fait jadis entre Jean du Vergier, valet et sa femme Jeanne Rivière, d'une part, et Isabeau Routarde, au nom de ses enfants Jean, Guillaume, Thibaud et Nicolas, d'autre part ; il demande, en outre, la restitution de 100 charretées de bois, d'une valeur de

---

(1) Millésime donné par l'inventaire Gabard.

50 l., coupées par Louis. Le défendeur soutient être seigneur du tiers de ces bois par indivis avec le demandeur, en vertu d'un état de fait de plus de 40 ans.

A la fin, mention d'un accord passé entre les parties en la même cour le 15 avril 1458.

[**27 bis**]. — 1461. — *Contrat de mar. de Jean du Vergier, éc., fils aîné de feu Innocent, s^r de Béchignon, et neveu de Jacques du Vergier, éc., s^r de Béchignon, avec Flaive de Pennevayre, fille de Léonel, chev., s^r de Saint-Martin-Lars et de l'Espau, et de Marguerite de Vivonne.*

D'ap. la mention faite dans l'art. 1 ci-dessus.

28. — 1462, 3 août. — *Vente par Jean de Montlouis (?), éc., à Jacques Bernier, de Bressuire, d'une rente de 15 s. due par Pierre du Vergier, chev., et Louis du Vergier, éc., s^r du Vergier de Beaulieu.*

Très effacé.

[**28 bis**]. — 1469. — *Contrat passé par Hardouine Carrionne, femme de feu Louis du Vergier, comme garde-noble de leur fils Hardy.*

D'ap. la mention faite, dans l'art. 55 ci-après.

29. — 1473, 1^r oct. — *Testament de Pierre du Vergier.*

...Je Pierre du Vergier, chevalier, seigneur de Ridejeu, ...me recommande a Dieu mon benoist créateur et rédempteur, a la benoiste Vierge Marie, sa glorieuse mère, et a tous les Saincts et Sainctes de paradis. Item, je veulx et ordonne que mes amandes soient faictes et mes debtes poiées a tous justement complaignans de moy et qu'ilz en soient creuz a leur simple serment jucques a la somme de cinq sols tournois, et que les rentes de bletz qui le temps passé m'ont esté demandées et lesquelles je n'ay voulu paier pour certainnes causes ad ce me mouvans qui me sembloient et semblent estre bien raisonnables, si l'on trouve que selon Dieu... elles soient... deues, que elles soient paiées... Item, je eslis ma sépulture en l'église parrochialle de Sainct Christofle de Beaulieu, près et au dessoubz de celle de feu Christofle du Vergier, mon père... Item, je veulx... que pour l'ame de moy après mon décès soient faitz troys services généraulx, savoir est ung au jour de mon obit ou enterrage, septisme et annau, et que a chacun d'iceulx soient receuz tous chapellains qui vouldront célébrer... messe en ladite église..., et que a chacun desdits services soit mis pour tout luminaire... vingt cincq livres de cire... Item... ou cas que après mondit décès... Perrete..., ma fille, ne vouldroit demourer avecques Georges... son frère,... je donne... a ladite Perrete pour... porcion héréditaire... dix sextiers de seigle, mesure de Bersuire pour en joir par chacun an sa vie durant et estre a elle paiez par la main dudit Georges..., quatre livres... que les héritiers feu Jehan Boilland, de Bersuire, me doyvent... par chacun an... pour raison de certaines maisons situées en la ville de Bersuire qu'ilz tiennent de moy..., de laquelle elle joyra durant sa vie..., et vieulx que après son décès lesdites choses reviengnent... audit Georges... Toutesvoies si elle aymoit mieulx se tenir à son droit successif, je veulx que elle y soit receue... Item donne plus a ladite Perrete ung lit garny. Item je donne... a Jacques... mon filz le lit garny qu'il a par devers lui a Poictiers. Item je loue... le don... que autreffoiz feiz esdits Jacques et Jehan du Vergier des livres des droitz canon et civil, tant textes que traictés de docteurs, qui estoient en ma maison et qu'ilz ont par devers eulx... Item je institue... mon héritier principal Georges... mon filz aisné, auquel... je donne... tous... mes biens meubles, actions mobiliaires et choses censées par meubles aultres que ceulx dont j'ay par dessus ordonné, et avecques ce... tous... mes acquestes immeubles, conquestz et couvrances... Item je fois... exécuteurs de ce... testament lesdits Georges et Jehan,... mes enffans. Item vieulx... que tant pour moy acquitter envers maistre Jehan Sicaut, de Bersuire, de certaine quantité de blé que lui ay vendu que de toutes autres mes debtes... que aussi pour moy bienfaicter emprès mon décès ainsi que dessus ay ordonné et mieulx si faire se puet icellui Georges,... comme

exécuteur de... mondit testament,... lève emprès mon décès par l'espace de neuf ans... tous... les fruiz... de tous...
mes dommaines... anxiens... et les... revenues... a moy
obvenuz... de mes prédécesseurs..., sans ce que durant le
temps desdits neuf ans... ledit Georges... soit tenu... fere
partage de mesdits... héritages anxiens a sesdits frères
puisnez ne d'iceulx... héritages anxiens supploier le partage
de Marie et Jehanne... mes filles ne leur bailler aucunes
choses... oultre ce que a chacune d'elles ay baillé en leurs
mariages ou depuis iceulxdits mariages, ne après ledit temps
desdits neuf ans... leur fere restitucion de ce desdits fruitz
qui durant icellui leur pourroit compecter... Item pour
l'exécucion duquel... testament... je baille dès a présent
la possession et saisine de tous... mes biens... a mes exécuteurs dessus nommez... Et nous, Jacques Ferrand et Jehan
Tuffeau, prebtres jurez et notaires de la cour de... Mons* le
doien de Bersuire, icellui chevalier testateur, de son consentement et a sa requeste, de tenir et garder toutes... les
choses dessus dites avons jugé et condempné par le jugement et condempnacion de ladite court...

30. — Ap. 1473, 13 mars. — *Accord entre Georges du
Vergier, éc., et sa sœur Perrette, pour le règlement de la succession de feu Pierre, leur père.*

Très mut.

31. — 1474, 30 déc. — *Contrat de mar. de Jacques du
Vergier, fils de feu Pierre, s* de Ridejeu et de la Buzalère,
et de feue Jacquette de La Fourest, avec Louise Blanche, veuve
René Chiché, demeurant à Bressuire, fille de Jean Blanc,
demeurant à Fontenay-le-Comte, et de feue Marguerite Gas-
telle.*

Georges, s* de Ridejeu et de la Buzatère, frère aîné de Jacques,
promet de partager avec ses puînés Jean, prêtre, et ledit Jacques,
les biens nobles échus de la succession de leurs père et mère suivant
la coutume d'entre Sèvre et la mer, à moins qu'ils préfèrent les recevoir à titre de simple provision.

En cas de décès de Jacques avant Georges et Louise, celle-ci jouira sa vie durant, à titre de douaire, des hôtel et terroir de la Jacquelinère (alias Mosquesouriz) et des terres des Grolères et des Pressours, en la par. de Saint-Porchaire, ainsi que du domaine de la Vrignaye-Barbereau, près le village de Chaillou, par. de Nueyl ; tous biens venant de la succession de Pierre.

En cas de décès de Georges avant Jacques, Louise aura le douaire à prendre, suivant la coutume, sur les successions de ses beaux-parents.

Dans les biens cédés comme il est dit ci-dessus par partage ou provision est compris l'hôtel du Vergier, avec ses vergers, sis à Bressuire, rue du Temple, au coin de la rue qui va du porteau de Juilleau au château.

Si Jacques meurt sans avoir fait le partage, ses enfants recevront en héritage définitif les immeubles ci-dessus, sauf l'hôtel de Bressuire.

Le survivant des époux conservera tous les meubles.

Louise héritera de ses père et mère suivant la coutume, en rapportant à la succession ce qu'elle a reçu par contrat de son premier mariage.

32. — Ap. 1474, 28 juill. — *Accord entre Georges du Vergier et ses frères et sœur Jacques, Jean et Perrette, au sujet de la succession de leur père.*

Georges cède des biens à Jacques et Jean à titre de provision et d'autres à Perrette à titre de partage perpétuel.

Mut.

33. — 1479 [23 janvier]. — *Contrat de mar. de Georges du Vergier avec Louise de L'Esperonnière, fille de Jean, s^r de la Roche-Bardoul, et de feue Isabeau Floury (1).*

Très mut.

[**33** *bis*]. — 1479, 13 mars. — *Partage entre Georges du Vergier, éc., s^r de Ridejeu, et Perrette, sa sœur.*

D'après la mention faite dans l'art. 134 ci-après (procès-verbal, p. 33).

34. — 1483, 15 févr. — *Transaction entre Jean de L'Esperonnière, éc., s^r de la Roche-Bardoux, d'une part, et Georges*

____

(1) Le nom de celle-ci est fourni par l'art. 134 ci-après (procès-verbal..., p. 33).

du Vergier, éc., s^r de Ridejeu, pour lui et sa femme Louise, fille dudit Jean et de feue Isabeau Florie, d'autre part, à la suite d'un procès engagé en la cour de Thouars, au sujet de l'exécution du contrat de mariage du Vergier.

Jean garantit aux époux du Vergier : 1° un certain nombre de rentes faisant au total 18 l., 28 set. de froment et 3 de seigle (mes. de Thouars) et une certaine quantité de poulailles ; 2° le tiers des fruits (à titre de complant) de certaines vignes sises au Puy-N.-D., données à Jean par Isabeau ; 3° une rente de 100 s., nonobstant un premier contrat fait à ce sujet avec François, s^r de la Sorinère, fils aîné de Jean, présent et consentant ; 4° deux lits garnis de couëttes, coussins, couvertes et 6 draps chacun, pour les meubles jadis donnés à Louise par feue Françoise de Meules, veuve de Pierre Fleury, chev., aïeule de ladite Louise.

35. — 1484-1502. — *Accord relatif à l'hôtel familial de Bressuire* (2 pièces).

1484, 22 oct. — Accord, en la châtellenie de Bressuire, entre Jacques du Vergier et Louise Blanche, sa femme, d'une part, et Georges, s^r de Ridejeu, et Jean, ses frères, d'autre part.

Georges a naguères baillé à Jacques, entre autres choses, pour sa provision sur les immeubles nobles de la succession de feus Pierre du Vergier, chev., et Jacquette de La Forest, leurs père et mère, « partie de l'ostel ancien ou ledit chevalier fasoit sa demourance en la ville de Bersuyre... et ou demourent a présent ledit maistre Jacques... et... sa femme, savoir est la sale et cours d'icelle avecques le celier et planché estans par dessus devers le vergier et les chambres haultes et basses estans sur la rue et le puys envers la poullaiglerie et appentiz estans contre les greniers dudit hostel, lesquelles choses ledit maistre Jacques et Loyse... ont tenu depuis leur mariage. Et soit ainsi qu'ilz aient... rédiffié de nouvel ledit planché... et fait en icelui hostel plusieurs autres réparacions et augmentacions en l'acquisicion faicte par ledit maistre Jacques de la maison et vergier estans sur la rue de Papault ou feu Jehan Finault... fasoit une affesterie, en laquelle maison ilz ont fait faire une cheminée et oudit vergier ung vivier pour faire et laver les buhées..., et encores ait ledit maistre Jacques intencion de reffaire et bastir a neuf ladite sale et une chambre et garde-robe par le bas et au dessus ung grenier a planché dès le pignon du verger jucques au pignon estans sur ladite rue (1) ».

____

(1) Voir une autre description du même hôtel aux Arch. des Deux-Sèvres, E 1297, f. 14 v°.

Par le présent accord Jacques unit à l'hôtel ancien ses nouvelles acquisitions, lesquelles sont chargées d'une rente de 8 s. envers le s^r de Noirchenau, vendeur. De plus, si Jacques meurt avant sa femme, celle-ci conservera sa vie durant l'usufruit de l'hôtel, après quoi ce dernier reviendra aux héritiers de Jacques.

Expéd. du 8 juillet 1502. Sceau de la chatellenie de Bressuire.

1502, 23 juin. — Le châtelain de Bressuire mande à Hilaire Grenon, notaire de la châtellenie, de faire l'expédition ci-dessus pour Guy du Vergier, éc., bach. en dr.

Jacques du Vergier et Louise Blanche, sa femme, habitent encore l'hôtel de Bressuire.

[**35** *bis*]. — 1485. — *Testament de Jean de Pennevaire, éc., fils de Léonet.*

Exécuteurs : François de Pennevaire, éc., son frère aîné, et Jean du Vergier, éc., s^r de Béchignon.

D'ap. la mention faite dans l'art. 1 ci-dessus.

36. — 1487, 16 juin. — *Transaction par-devant les cours de Thouars et de Bressuire en fin de procès entre Louise de L'Esperonnière, veuve Georges du Vergier, éc., s^r de Ridejeu, en son nom et comme tutrice de Guyard, François, Jean, Anne et Jacquette, leurs enfants mineurs, d'une part, et Jacques du Vergier, éc., frère puîné dudit Georges, d'autre part.*

D'après la coutume du pays, la veuve a droit, sa vie durant, à titre de douaire, au tiers des héritages nobles anciens et à la moitié des roturiers. En ce qui concerne les acquêts, elle en retient une moitié en propriété et l'autre en usufruit. Les enfants mineurs et leur oncle Jean, second puîné, ont droit à une provision des 2/9 de la succession.

Pour régler ces divers droits, Jacques, qui tient la succession par droit de retour, cède à la veuve et aux mineurs :

1º L'hôtel noble du Plesseys-Tristan, avec la grande et la petite métairie ;

2º Les métairies de Baudonnière (?), de la Roche-Baudin et de la Surrelière ; le tènement des Massoteleries ; les bois de la Combe et aux Bouchets ; la vigne de la Perriaudière ; les maisons et vignes de Luzay (la moitié de la pièce de vigne du Pineau étant réservée à Jacques) ; diverses rentes montant à un set. de seigle, un set. de froment (mes. de Bressuire) et 12 s. ; le tènement de la Vergnaye-

Barbereau ; le pré du Clodeys, contenant 3 journaux, sis près la Chavrunière ; le droit à prendre sur l'hôtel de la Pépinière.

Partage sera fait de tous ces biens entre la veuve et les mineurs par les soins de Jean de L'Esperonnière, s^r de la Roche-Bardoul, son fils François et Jacques et Jean du Vergier.

La veuve jouira, en outre, des acquêts, sauf de ceux de la métairie de Ridejeu, qui demeureront unis à l'hôtel de Ridejeu.

Tout le reste de la succession reviendra à Jacques pour qu'il en jouisse par droit de retour, sauf son droit de réclamer sa part légitime dans les biens roturiers provenant de ses père et mère à la majorité desdits mineurs.

Jacques cède, de plus, à ladite veuve 90 l. à employer aux réparations du Plesseys-Tristan, sauf à lui en reverser le reliquat.

Jacques consent à ce qu'elle habite l'hôtel de Ridejeu jusqu'à la prochaine Pentecôte.

Elle fera faire avant deux mois l'inventaire de la succession, puis remettra tous les titres à Jean pour qu'il les range dans un coffre à deux serrures dont l'une des clés restera entre les mains dudit Jean et l'autre en celles de la veuve.

Mut.

37. — 1488 (21 août)-1489 (28 août). — *Deux pièces de procédure en une instance entre Louise de L'Epronière, veuve Georges du Vergier, demanderesse, et Guillaume Estable, défendeur, par-devant la cour de Bressuire.*

Louise est dite en 1489 dame de Plessis.

38. — 1490, 24 déc. — *Ratification en la cour de Ferrières par Louis de Terves, éc., s^r de Beauregard, comme mari de Jeanne du Vergier, fille de feu Pierre et de Jacquelle de La Forest, de la transaction intervenue en la cour de Bressuire le 8 nov. précédent entre Pierre, leur fils et procureur, d'une part, et Louise de L'Esperonnière comme tutrice de ses enfants mineurs, d'autre part.*

Louis avait réclamé quatre ans d'arrérages d'une rente de 20 l. à lui assignée par ses parents en vertu de son contrat de mariage ; il se disait, de plus, lésé dans la succession de ses dits parents.

Jacquette lui avait accordé par cette transaction : 1° 50 l. pour les arrérages ; 2° pour complément de part de succession une rente de 5 setiers de seigle (mes. de Bressuire) à asseoir sur un ou des biens-fonds.

[**38** *bis*]. — 1491. — *Contrat de mar. de Hardy du Vergier, fils de Louis, avec Anne de La Jarrie, fille de François, éc.*

D'ap. la mention faite dans l'art. 55 ci-après.

[**38** *ter*]. — 1492-1494. — *Partages entre Hardy du Vergier, fils de Louis, et ses puînés.*

1492. — Les puînés ne jouiront des biens nobles sis en Anjou que par usufruit leur vie durant.

1494. — Ils « renoncent au droict du retour des biens nobles sis en Poictou ».

D'ap. les mentions faites dans l'art. 55 ci-après.

39. — 1506. — *Mariage de Guy du Vergier, éc., lic. en droit, s^r du Plesseys, fils aîné de feu Georges du Vergier et de Louise de L'Esperonnière, avec Renée Le Mastin, fille aînée de Jacques, éc., s^r de la Rochejacquelin, et de feue Catherine Vernon (fille elle-même de Jacques, chev., s^r de Mons-treuil-[Bonnin], et de Périnelle de Liniers) (2 pièces).*

1506, 24 janv. — Contrat de mar., passé « ès cours de Bersuyre et doyen dudit lieu », fort mutilé, dont voici les clauses lisibles.

La « pourparlée » [aura aussitôt son mariage la jouissance de la succession de sa mère (1)]. En cas de prédécès du « pourparlé », elle « prandra son douaire coustumier en et sur les biens immeubles dont il... sera saisy au temps de son décès et aussi sur ceulx qui luy seront après iceulx obvenus par le décès de maistre Jacques du Vergier, a présent s^r de Ridejeu, son oncle, et de dame Loyse de L'Esperonnière, sa mère ». François de L'Esperonnière, éc., s^r de la Rochebardoul et de la Sorinière, se porte garant de ce douaire.

Hardouin Le Mastin, fils aîné de Jacques, approuve toutes les clauses de ce contrat.

1506, 28 janvier. — Ratification du contrat par Louise de L'Esperonnière.

40. — 1516, 9 mai. — *Partage entre Guy du Vergier, éc., d'une part, et Olivier Gendronneau, s^r de la Barillière, tant*

____

(1) Passage lu par Gabard.

pour lui que pour Anne du Vergier, sa femme, sœur de Guy,
d'autre part, de la succession immobilière de feus Georges du
Vergier, éc., s^r de Ridejeu, et Louise de L'Esperonnière,
père et mère de Guy et d'Anne.

L'original étant fort mutilé, les renseignements ci-dessus sont
surtout extraits des art. 1 et 134 (procès-verbal, p. 32).

Sceau de la cour de Bressuire.

41. — 1517-1518. — *Dispositions testamentaires de Jacques*
du Vergier, s^r de Ridejeu (2 pièces).

1517, 6 déc., Bressuire. — Testament.

Il demande à être inhumé à Notre-Dame de Bressuire, « devant
l'autier Sainct Thomas le Martyr, au lieu et spélunque où aucuns
de mes prédécesseurs ont esté enterrez », sinon en l'église de Beaulieu, où ont été inhumés son père et Georges, son frère aîné. Règlement des obsèques : 15 torches d'une livre, 7 s. 6 d. aux porteurs ;
2 aunes et demie de drap à 15 pauvres pour prier à l'intention de ses
parents et amis et « feue Loyse Blanche, ma femme ». Dix trentains
de messes basses à dire par « Pierre Muret, organiste, et Françoys
Racaud, prebtres ». Ses neveux Guy du Vergier, s^r du Plessis, lic.
en droit, et François du Vergier, bach. en droit canon, sont constitués héritiers de ses meubles et de ses acquêts immeubles, les deux
tiers au premier et le reste au second.

Not. : Regnou et Racaud, de Bressuire.

1518, 26 févr. — Déclaration de ses meubles par Jacques du Vergier.

« Bledz et vins en pippes ou bussars, or et argent monnoyé et à
monnoyer, livres, linge, longe, litz et vaisselle d'argent, d'estain, d'airain et de potin..., coffres, bancs et tables..., ustensiles ; et mesmement troys tessus d'argent, l'un pers, l'autre roze ou courvoysy, et
l'autre vert, bien garniz de boucles et mordans et de barres, le tout
bien doré » ; et la rente de 21 setiers de blé ou seigle, mes. de Saint-
Clémentin, rachetable à 300 l. — Les « meubles à mouvoir sont beufx,
vaches, bestes à corne et... à laynne, chevaulx et mules ».

42. — 1523, 28 décembre, Bressuire. — *Donation mu-*
tuelle entre Guy du Vergier, s^r de Ridejeu et du Plesseis, et
sa femme Renée Le Maslin, dame de la Rochejacquelin, de
leurs biens meubles, leurs acquêts immeubles et du tiers de

leurs « *propres héritages* » ; *ledit tiers sera remplacé, au gré des héritiers, par la jouissance viagère de la totalité de ces* « *propres héritages* ».

Cet acte est le renouvellement d'un autre semblable du 24 octobre 1508, mentionné dans le préambule (Guy n'y était pas encore s^r de Ridejeu, ni Renée dame de la Rochejaquelein).

Très mut.

43. — 1524-1525. — *Succession de Jacques du Vergier* (5 pièces).

Les héritiers de feue Marie du Vergier, sœur aînée consanguine de Jacques, réclament la cinquième partie du tiers des immeubles roturiers anciens de ce dernier, à l'encontre de Guy et François du Vergier, ses neveux. Ceux-ci allèguent que Jacques n'avait joui desdits immeubles que « par retour et usufruict comme les aultres héritages... nobles,...scelon... certaine transaction... passée entre damoyselle Loyse de L'Esperonnière, velve de feu Georges du Vergier..., come tuteresse desdits deffendeurs et aultres ses enffans..., d'une part, et ledit maistre Jacques du Vergier, frère puisné dudit Georges, d'autre ».

Guy et François, finalement, transigent de la sorte :

1° Avec Marguerite de La Roche, veuve Pierre Napton, éc., s^r du Chaigne, fille de Marie du Vergier, en lui cédant les deux tiers d'une rente de 2 sel. de seigle, mes. de Bressuire, à eux « appartenans par don testamentaire... faict par ledit feu maistre Jacques du Vergier de tous... ses acquests immeubles, auquel maistre Jacques... René Napton, escuier, s^r du Chaigne, filz de ladite de La Roche, les avoit dès le vingtiesme jour d'apvril mil cinq cens vingt et ung... constitués ». En conséquence, René Napton paiera à l'avenir le tiers de cette rente aux défendeurs, et les deux tiers à sa mère (accord du 24 octobre 1524, en la cour de Bressuire).

2° Avec Joachim de La Roche, éc., s^r de Landrayre, représentant Marie du Vergier, son aïeule paternelle ; avec Jean Garnier, éc., s^r de la Coinderie, et Mathurine de La Roche, sa femme, fille de ladite Marie ; avec René Napton et Marie de La Roche, sa femme, dame de la Joussandière et de la Roche-Morpas, celle-ci représentant ladite Marie, son aïeule paternelle ; et avec Marie de La Roussière, représentant la dite Marie du Vergier, son aïeule maternelle ; en cédant à chacune desdites parties la somme de 20 l. (accords des 22 juillet, 7 et 24 août et 3 nov. 1525, en la cour de Bressuire).

44. — 1527-1528. — *Succession de Renée Le Maslin, décédée le 9 sept. 1526* (4 pièces).

1527, 18 juin, Paris. — Le Roi mande au sénéchal de Poitou de faire nommer un tuteur et curateur aux huit enfants que la défunte laisse à Guy du Vergier, s^r de Rydejeu, son mari, pour l'exécution de la donation mutuelle de 1523 (art. 42 ci-dessus).

Ces enfants, tous mineurs, sont : Jacques (20 ans), Christophe (16 ans), Françoise (15 ans), François (13 ans), Marie (11 ans), Jeanne (3 ans et demi), Louise (2 ans 5 mois) et Claude (13 mois). Il s'agit de nommer un curateur à ceux qui ont atteint l'âge de puberté (fils d'au moins 14 ans et filles d'au moins 12) et un tuteur aux plus jeunes.

1527, 16 sept., sénéch. de Poitiers. — Procès-verbal du conseil de famille, auquel ont été convoqués les parents et amis des enfants et les deux fils en âge de puberté. Présents personnellement ou par procureurs : Guy du Vergier ; Tristan des Nouhes, éc., et Marie Le Mastin, sa femme ; Gilles Rigault, éc. ; Jacques et Christophe, fils pubères. Défaillants : Louis de Barro, éc., s^r de la Frebaudière, et sa femme ; François Suryete, éc., s^r de la Vallinière ; Françoise du Vergier.

Gilles Rigault, désigné tuteur et curateur par les présents, refuse, alléguant l'absence de nombreux parents qu'il faudrait convoquer, à savoir : François du Vergier, oncle paternel des enfants ; le s^r de Montreuil-Bonnin (1) ; le s^r de Grassay ; Hugues Le Mastin ; René Le Mastin, s^r de la Favrière ; Louis de Linyers, éc., s^r d'Avraillon (?) ; Gilles de Linyers, baron d'Ayrvau ; le s^r de la Roche-Bardoul (2).

Le procureur de Guy du Vergier réplique que la présence de Tristan des Nouhes et de sa femme est suffisante pour la validité de la délibération, car ils seraient actuellement les plus proches héritiers des mineurs.

Néanmoins, la décision est ajournée à une réunion suivante, où les parents ci-dessus seront convoqués.

1527, 6 nov., sénéch. de Poitiers. — Procès-verbal du conseil de famille. — Présents : les mêmes que le 16 septembre, plus : Antoine de L'Esperonnière, éc. ; Hugues Le Mastin ; Anne Gouffier, comme tutrice des enfants qu'elle eut de son feu mari Raoul Vernon, chev., représentée par procureur, étant domiciliée « au chasteau de Blays, comme ayans la charge de Mons. d'Angoulesme » ; Louise de Beauvau, comme tutrice des enfants qu'elle eut de son feu mari Philippe Vernon ; François du Vergier, éc.

Gilles Rigault est nommé tuteur et curateur, avec, sur sa requête, comme conseillers salariés, Yves Vernon, d^r en droit, Maurice Vernon, James de Lauzon et René Berthelot.

---

(1) Probablement le fils de Raoul Vernon.
(2) François de L'Esperonnière ?

1528, 8 janv., sénéch. de Poitiers. — Gilles Rigault consent à l'exécution de la donation mutuelle et à ce que, en conséquence, Guy du Vergier aie la jouissance perpétuelle des meubles et acquêts immeubles de sa femme et la jouissance viagère du tiers de ses héritages propres anciens (1), à condition d'entretenir ces héritages « comme bon père de famille » et de « nourrir et allimenter sesdits enffans et les entretenir de toutes choses a eulx nécessaires et mesmement les enffans masles a l'estude ou a la court scelon leur estat, et les filles en quelque honneste maison pour estre instruites en bonnes meurs ».

45. — *1527, 19 juin, cour de Bressuire.* — *Parlage entre Guy et François du Vergier, frères germains, des « portions à eux appartenant des ...immeubles... des successions paternelles, maternelles et collatérales et des acquêts à eux donnés par Me Jacques du Vergier, leur oncle, et de l'acquêt par eux fait des héritiers de feu Marie et Jeanne du Vergier, leur tante paternelle, par lequel parlage il paroît que ledit Guy... a pris les deux tiers dans tous lesdits héritages et acquêts nobles ».*

L'original étant fort mutilé, les renseignements ci-dessus sont surtout extraits de l'art. 134 ci-après (procès-verbal, p. 32).

46. — *1534-1539.* — *Succession de Guy du Vergier* (2 pièces, un cah., un reg.).

1534, 10 nov. — Accord entre Jacques du Vergier, éc., fils de Guy, tant en son nom que comme tuteur de sa sœur Louise et curateur de ses frères Christophe « escollier », et François, d'une part, et François du Vergier, éc., frère puîné de Guy, d'autre part, au sujet de la succession dudit Guy.

Très effacé.

1537, 22 sept. et jours suiv. — Partage entre Jacques du Vergier, s^r de Ridejeu (au même nom que ci-dessus), d'une part, et Pierre des Nouhes, éc., s^r de la Tabaryère, comme curateur de Pierre des Nouhes, s^r du Palleys, et Jean des Nouhes, fils de feu Marie Le Mastin, d'autre part, de la succession de Jacques Le Mastin, à la suite d'un procès débattu successivement en la sénéchaussée de Poitou et au Parlement de Paris.

____

(1) Sur ce dernier point, différence avec l'acte original et avec les clauses rappelées dans les lettres royaux du 18 juin 1527.

La famille Le Mastin s'étant éteinte à la mort de Jacques Le Mastin, ses biens reviennent aux enfants de ses deux filles Renée et Marie, c'est-à-dire aux du Vergier et aux des Nouhes.

Aux du Vergier reviennent, entre autres :

1° La Rochejaquelein, dont l'hôtel et la métairie sont estimés 830 l. ; — 2° le Boisnyart (hôtel et s^te) ; — 3° la moitié de la forêt de Chassiport ; — 4° les métairies du Grand-Soulier et du Grand-Bois, près les Herbiers ; — 5° la Girardière, par. des Aubiers, contenant 134 arpents.

Dans le partage du mobilier de la Rochejaquelein et du Boisnyart, il est tenu compte des circonstances particulières qui ont suivi la mort d'Hardouin Le Mastin, frère aîné de Renée et Marie, et dont voici l'exposé.

Fr. René Le Mastin, religieux, autre frère d'Hardouin, « à présent prisonnier à Poictiers pour les ravissemens par luy faictz des biens de la succession dont est question (1) », tenta de détourner à son profit le mobilier du Boisnyart. Dans cette occurrence, feu Tristan des Nouhes, époux de Marie Le Mastin, avait, d'après Mathurin Grosleau, prêtre, receveur du Boisnyart, fait transporter du Boisnyart au Palleys, du consentement de feu Guy du Vergier, « grande partie des meubles y estans, comme linge tant ouvré que plein et sans ouvraige, comme linseulx, nappes et touailles larges de cinq quarts, serviettes ouvrées et non ouvrées..., et aussi... de la vaisselle d'estaing la quantité de quarente-troys pièces... ou soixante-et-troys..., deux tappys de Turquye..., un bancher blanc à mettre sur ung bancq,... quatre couettes garnyes de traversains et de couvertures ». Jean Rivière, l'un des métayers du Boisnyart, se souvient avoir vu Tristan « prendre du linge dedans ung coffre et le mettre dans une charrette, et dict qu'il y avoyt plusieurs charrettes chargées tant de bledz que d'autres choses, et croyt qu'il y en avoyt quatre charrettes ». Pierre des Nouhes, s^r du Palleys, dépose que les meubles apportés par Tristan, son père, du Boisnyart au Palleys « sont ung grant coffre près la porte de la salle, soixante-quatre linceulx, six touailles grosses et délyées, une pièce de serviettes, neuf escheveaulx de testes, sept serviettes et quatre scielz de toille, neuf courtines,... huit couettes et six couvertes de layne et douze traversiers ».

D'autre part, Pierre des Nouhes réclame le partage du mobilier demeuré à la Rochejaquelein, entre autres, « calices, reliquaires enchassez en argent et ornemens de la chappelle,... parce que dès incontinant après le décedz dudict feu Hardouyn, feu Guy du Ver-

---

(1) Sur les agissements de ce religieux qui, pour succéder, jeta le froc, voir : Noguès, *l'Abbaye de Saint-Séverin-sur-Boulonne*, dans *Rec. de la Commission des arts de la Char. Inf.*, 1888, p. 246.

gier... et... Renée Le Mastin... se sont emparez dudit hostel et lieu noble de la Roche où estoient lesdictz meubles ». Les du Vergier allèguent, par contre, que des meubles « ont estés prins et enlevez dudit lieu à force et viollance par ung nommé Le Cadet, serviteur du seigneur de Sausey, allyé de frère René Le Mastin ». Finalement, il est décidé, entre autres, que le mobilier de la chapelle y restera.

Reg. de 174 f., rendu à peu près illisible par l'humidité. La fin manque.

2 mars 1536 — 19 avril 1539. — Compte des avances faites par Christophe du Vergier à Poitiers, dans le procès contre ses cousins des Nouhes.

Jacques est à Paris et en correspondance fréquente avec son frère. L'envoi d'un messager de Poitiers à Paris coûte généralement 20 d.

Un cah. de 8 f. qui a dû être précédé d'un autre disparu.

47. — 1535, 19 nov. — *Contrat de mariage de Joachim du Vergier, éc., fils de Guillaume, éc., s^r du Plessis-Béchinon, avec Jacquette de Préhec, fille de feus François, éc., s^r de Quéray, et Catherine Orry.*

Not. : Brisseau et Girard, de la cour épiscopale de Luçon.

48. — 1542, 20 mars, Paris (collège d'Autun). — *Lettre de Gilbert Rollard, son homme d'affaires, à Jacques du Vergier, s^r de Ridejeu et de la Roche-Jacquelin, à Bressuire.*

Il lui rend d'abord compte de la marche d'un procès:

Quant aulx livres de théologie que me mandes, ceulx de l'impression d'Allemagne sont les meilleurs et de meilleure et plus belle lettre, et à ce que me mandez de parler à votre relieur pour recouvrer ung *Mare historiarum* (1), je vous advise qu'il n'est besoing d'en parler audit relieur, car j'en ai recouvert (2) l'un des beaulx de Paris et aussi bien relié et réglé [?] qu'il est possible, auquel n'y a ung seul traict de plume, tellement que si on en trouvoit aujourd'huy en blanc il seroit bien difficile le faire relier si bien qu'il est, et fuz deux ou trois foys près de Sainct Pol pour l'avoir :

____

(1) Voir Brunet, *Man. du libraire*, 1re éd., IV, col. 1.450.
(2) Pour *recouvré.*

il y avoit ung advocat en la court nommé Me Léon Le Gentilhomme, aultrement Monsieur de La Barre, qui décedda
y a quelque trois ou quatre moys, et depuys quelque temps
en ça on a vendu tous ses livres pour ung quatre ou cinq
cens livres ; je trouvez moyen d'avoir cestuy *Mare historiarum* et ung Faber sur les *Evangilles* (1), et encores un
de Vallentia sur le *Saullier* et ung *Saullier*, pour huict livres
dix sept solz tournois ; incontinant après je eusse eu quatre
escus sol du *Mare historiarum*, mais je ne l'ay voullu vendre
et en serois bien doullent, encores qu'on m'en voullut bailler
six escus ; et incontinant que je euz achapté cella vint des
libraires qui acheptarent tous lesdits livres en bloc.

Au regard des chevaulx, je vous assure qu'ilz sont ren-
chéris de la moictié, et si en pouviez rencontrer de par della
ce ne seroit que bon de y pourveoir sans envoyer par deça...

Au surplus, ne seroyt que bon que m'envoyssiez de l'argent a l'aultre voyage, car j'en ay beaucoup employé ; je
en ay encores assez, mais je suys délibéré ces jours de envoyer a Romme pour avoir les bulles de ma chappelle de
Sainct Yves, où il me fauldra bien quelques di -sept ou
dix-huict escus.

Il y avoit à vendre où je prins lesdits livres les armeures
pour armer bien douze ou quinze personnes et force bas-
tons à feu et artilherie ; si feussiez esté par deça, vous en
eussiez peu recouvrer. L'on dict que quant Monsr le Daul-
phin se voulloit armer acompaigné de dix ou douze, il ne
faisoit que aller audit logeis...

[**48** *bis*]. — 1544. — *Contrat de mar. de Guy du Vergier,
fils de feu Hardy, avec Louise de La Hay, fille d'Olivier,
chev.*

D'ap. la mention faite dans la pièce 55 ci-après.

49. — 4 déc. 1546-20 oct. 1548. — *Partage entre Christophe et François du Vergier, éc., demandeurs, et Jacques,*

---

(1) Jacques Faber. *Commentarii initiatorii in quatuor Evangelia*, 1522.
(Brunet, *Man. du libr.*, II, c. 1145.)

éc., leur frère aîné, défendeur, des biens à eux échus par succession de leurs père et mère et de leurs sœurs Françoise, Marie, Jeanne, Claude et Louise, celle-ci entrée en religion, les autres décédées.

Cet acte assez mutilé, passé en la cour de la sénéchaussée de Poitou, commence par l'évaluation des biens à partager.

Ce sont les choses nobles acquises par feu Jacques du Vergier (1)... [*Rentes diverses*]. Somme totale XII° XXX l. t.

. . . .

C'est l'appréciacion des chouses routurières par deniers à la raison de sou la livre comme s'ensuit :

Premièrement l'appréciation des mestayries appellées l'une les Deffends, l'autre la Grange et l'autre Roche-Javelle, lesquelles ont esté estimées à vingt charges de seille par chacun an, revenant à rente foncière rousturière apprécyée chacune par charge à vendicion perpétuelle la somme de vingt-cinq livres tournois, qui est pour lesdictes vingt charges en somme toute à icelle raison la somme de V° l. t.

Suivent, entre autres estimations :

Le Plessis, Clyver (?), Robyneries et Faulleteryes, 50 l. ; les terres des Nouheries, 25 l. ; bordage de Vriglé, 25 l.

Total des immeubles roturiers de Jacques du Vergier : 889 l. 13 s. 9 d.

...C'est l'appréciation en deniers à une foys à raison charge de seille de vingt-et-cinq livres de rente ou revenu rousturier, charge de froment trente et une livre cinq solz et charge d'avoyne à vingt-une livre six solz huit deniers aussi de rente ou revenu rousturier, et vingt solz de rente ou revenu vingt livres tournois aussi de revenu ou rente rousturier, et de plus plus et de moins moins, des choses cyaprès contenues, qui sont les dommaines routuriers demourez du décès de Georges du Vergier, Jacques, Jehan, Perrete et Jehanne du Vergiers...

Je relève, entre autres, dans l'énumération qui suit :

____

(1) Je ne relève que les immeubles proprement dits, à l'exclusion des rentes, cens et droits divers.

Maisons et vignes de Luzay, 100 l. ; moulin de Moulaigne, 25 l. ; la Vernaye-Barbereau, 108 l. 16 s. 8 d. ; les taillis de la Courbe et les bois aux Bouschet, « revenans à leur couppe de dix années..., estimez la somme de vingt-et-cinq livres..., revenant à rente foncière et rousturière par chacun an cinquante solz, et estimez lesdites cinquante solz à la raison que dessus », 50 l.

Total : 2058 l. 14 s. 5 d.

Ce sont les choses nobles de la succession de feu Guy du Vergier,... appréciées... à la raison du sol la livre, estimée chacune livre vallant vingt solz tournois de rente, ou debvoir noble la somme de quarente livres tournois à vendicion perpétuelle, de charge de froment de rente ou debvoir noble la somme de soixante-deux livres dix solz tournois, et chacune charge de segle noble la somme de cinquante livres tournois :...

A relever, entre autres :

Métairie et étang de Ridejeu, 750 l. ; pré de Ridejeu, 480 l. ; métairie de la Chanonière, 500 l. ; métairie de Fontenay-Quitteau, 1.500 l. ; métairie de Vriglé, 1.000 l. ; métairie du Chiron-Charles, 500 l. ; métairie de l'Arlebaudyère, 500 l. ; logis du Plessis-Tristan avec ses jardins, 900 l. ; prés du Plessis-Tristan, 640 l. ; petite métairie dudit Plessis, avec nourrin et taillis, 1.000 l. ; grande métairie dudit Plessis, avec nourrin et taillis, 1.500 l. ; métairie de la Roche-Baudin, avec nourrin et taillis, 1.500 l. ; taillis dit Bois de la Vigne de la Roche-Baudin, 200 l. ; métairie de Moquesourit, 1.600 l. ; métairie de la Buzatière, avec étang et nourrin, 1.500 l. ; taillis dit grand bois d'Enfer de la Buzatière (une coupe par huit ans), 80 l. ; taillis dit P^t bois d'Enfer de la Buzatière (une coupe par huit ans), 20 l. ; taillis dit Bois du Couldreau de la Buzatière (une coupe par huit ans), 85 l. ; petit bois de la Nouhe de la Buzatière (une coupe par huit ans), 25 l. ; les bois du Cousteau et de la Coudraye, « joignant l'un l'autre » (une coupe par huit ans), 80 l. ; taillis dit la Petite pièce de la Coudraye (une coupe par huit ans), 22 l. 10 s. ; taillis des Bauffraiz de la Buzatière (une coupe par huit ans), 60 l. ; taillis de la Faye ou de la Bourgrynière (une coupe par huit ans), 400 l.

Total : 19.602 l. 10 s.

C'est l'appréciation... des dommaines obvenuz... par la succession de feue... Renée Le Mastin..., à la raison de vingt solz de rente ou revenu noble quarente livres tournois...

A relever, entre autres :

La Rabote, 1.200 l. ; la Marche, 2.000 l. ; le Chastellier en Touraine, 800 l. ; métairie de la Borde et Petite Roche, 1.000 l. ; métairie de la Roche-Jacquelyn, 1.200 l. ; pré de la-Ville, 400 l. ; pré du Marris, 600 l. ; garennes de la Roche-Jacquelyn, 320 l. ; moulins de la Roche-Jacquelyn, 843 l. 15 s.; métairie de l'Auriolyère, 2.250 l.; étang de l'Auriolyère, 400 l. ; nourrin de l'Auriolyère, 200 l. ; bois des Nouhes de l'Auriolyère, 400 l. ; métairie de la Girardyère, 2.200 l. ; nourrin de la Girardyère, 200 l.; métairie du Chastellyer-Aigreteau, 687 l. 10 s. ; fief des Deffens, 400 l.

Total : 15.738 l. 7 s. 9 d.

C'est l'appréciation en deniers à une foys à la raison de vingt solz ou revenu noble quarente livres tournois... des choses de Boisniard cy-après déclarées (1) :

A relever, entre autres :
Métairie du Grand-Bois, 1.050 l. ; pourceau de cette métairie, 50 l. ; nourrin de cette métairie, 50 l. ; métairie du Petit-Bois, 50 l. ; pourceau de cette métairie, 60 l. ; métairie de l'Auraire, 600 l. ; nourrin de cette métairie, 70 l. ; pourceau de cette métairie, 80 l. ; métairie du Grand Soulyer, 600 l. ; nourrin et pourceau de cette métairie, 150 l. ; « la moictié de la mestayrie du Grand Magny pour le Poictou », 530 l., 6 s. 8 d. ; « la moitié du Petit Magny », 35 l. 5 s. ; nourrin et pourceau « de ladicte mestayerie », 180 l. ; métairie du Coulpinsson, 610 l. 13 s. 4 d. ; nourrin et pourceau de cette métairie, 160 l. ; métairie de la Pasgerye, 500 l. ; pourceau et nourrin de cette métairie, 70 l. ; métairie de l'Audouynière près les Herbiers, 250 l. ; logis de Boisnyart « avecques ses préclousures et jardins », 950 l. ; grand bois de haute futaie derrière ledit logis, 130 l. ; taillis et garenne de Boisnyart, 160 l. ; prés de Boisnyart, 200 l. ; étang de Puycortier (?) de Boisnyart, 10 l. ; vignes des Herbiers, 320 l.

Somme totale des chappitres que dessus concernans le Boisniard.......................... 10.843 l. 9 s. 3 d.

Valeur totale des biens échus de Renée Le Mastin, 26.581 l. 17 s.

Et, du consentement desdictes parties, avons à... François [du Vergier], éc., s^r de Ridejeu, leur oncle, baillé pour ses droiz, pars et porcions..., savoir est (2) :

---

(1) C'est la suite de l'énumération des biens nobles échus de Renée Le Mastin.

(2) Ces biens n'ont pas été compris dans l'estimation qui précède.

Pour la... tierce partie des acquetz nobles faictz par ledict feu Jacques du Verger, ce qui s'ensuit :

La mestayerie de la Pomairie... en la parroisse de Chiché...

Et pour les acquestz roturiers dudict feu Jacques :

Ung boys taillis appellé le Boys Morin, situé en ladite
parroisse de Chiché ; plus ung aultre bois tailliz appellé
le Boys Tuffeau,... paroisse de Chanteloup... [*et autres
biens divers*].

Et pour la quarte partie des anciens dommaines routuriers appartenant audict François du Vergier demourez des
décès de deffunctz Georges, Jacques, Jehan, Perette et
Jacquete du Vergiers, et aussi pour les acquetz en commu-
nité par ledict feu Guy et François du Vergier :

La maison située audict bourg de Chiché... ; le pignon
Roche-Fethe davant le chasteau de Bersuyre, avec l'ouche
et jardin... [*suivent des rentes diverses*] ; la maison appellée
le Dyvean, située en la ville de Bersuyre, parroisse de Sainct
Jehan ; une autre maison située en ladite ville et paroisse
appellée la maison Bertier.

Suivent les opérations du partage proprement dit entre Jacques
du Vergier et ses puînés, à raison du tiers pour ceux-ci et des deux
tiers pour Jacques. Elles donnent lieu à des débats dont l'issue est
inconnue, la fin de l'acte manquant (il s'arrête au 20 avril 1548) (1).

Fragment de reg. dont il ne reste que 55 feuillets.

[**49 bis**]. — 1547. — *Transaction entre Guy du Vergier,
éc., s^r du Vergier, comme fils et héritier principal de feu Hardy, et Jean Cathus, s^r des Granges.*

D'ap. la mention faite dans l'art. 55 ci-après.

50. — 1557, 15 juin. — *Lettre de Jeanne d'Albret, reine
de Navarre, à François du Vergier, s^r de Boisnyard.*

A Monsieur de Boisnyard mon conseillé et m^re d'hostel
ordi^re.

Monsr de Boisnyard. Il y a si longtemps que je n'ay eu

---

(1) Il ressort de ce document que les biens roturiers sont estimés en capital 20 fois leur revenu brut, et les biens nobles, 10 fois seulement. Peut-être
se rend-on compte ainsi des charges qui grevaient respectivement ces deux
catégories de biens.

nouvelles de vous et de vostre femme que, sçaichant ce
gentilhomme s'en aller à Paris, par luy vous ay bien voulu
faire entendre que ce me seroit grand plaisir d'en sçavoir,
aussi que vous et elle vinsissiez en ce pays, où vous seriez
touts deulx les bien venuz de celle que trouverez toujours
preste et en volunté de s'employer en ce quy vous touchera.
De quoy vous debvez prandre telle asseurance que la preuve
vous en rendra plus certain tesmoignaige à l'ayde de celluy
lequel je prye, mons^r de Boïsnyard, vous donner ce que
désirez. De Pau, ce XVe j^r de juing 1557.

> Votre bonne mètresse
> [*Signé* :] J. Navarre.

[*De la main de la reine*] Votre femme trouvera isy mes
recommandasions et je ne lui pardonne point d'estre sy
lung temps hors de ma compagnie.

51. — 1558, 6 juillet. — *Lettre de Jeanne d'Albret à François du Vergier.*

A Monsr de Boisnyart, mon m^e d'hostel.

Mons. de Boisnyart, suyvant ce que je vous ay dict à
vostre partement de ce lieu, je vous envoie deux lettres :
l'une pour la royne, l'autre pour Madame, que vous leur
présenterez et ferez mes recommenda[tions] à la bonne
grace de Mesdames la connestable de Valentinoys et de
Guyse. Et direz a maddame de Guyse, vous present : on
me dist que qu'and partistes qu'elle n'estoit en la court
qui m'a garde de luy escripvre ce que je vous ay donné
charge m'advertir quant elle y sera arrivée. Je vous prye
n'oblyer rien de faire en mes affaires ainsi que j'ay fiance
en vous. Pryant Dieu, Monsieur de Boisnyart, vous avoir
en sa sauvegarde. A la Flesche ce VIe jour de juillet 1558.

> Vostre bonne maîtresse
> [*Signé* :] Jehanne de Navarre.

[*De la main de la reine*]. La femme grosse trouvera mes
recommandasions isy et lui prie revenir bien tost.

La lettre que je vous envoye est pour Madame Marguerite
quy est avec celle de la Royne.

52. — 1567, 12 mars. — *Lettre de M*^me* de Belleville à François du Vergier* (1), *son « compère ».*

Elle lui accuse réception de 500 l. et lui redemande de l'argent.

53. — 1567, 19 sept. — *Contrat de mariage entre Pierre du Vergier, éc., s*^r* du Plessis de Haulte-Ryve, fils de feu Joachim, éc., s*^r* dudit lieu, et de Jacquelle de Préhec, avec Catherine du Chaffault, fille de feu Jean, éc., et de Suzanne Girard, s*^rs* de la Senardière.*

Not. : Rideau, de la cour de Montaigu.

54. — 9 août 1570-16 janv. 1571 (2). — *Partage des meubles laissés par feue Renée de La Forest, entre François Vignerot, fils mineur de feu François et de lad. Renée, d'une part, et les enfants mineurs de feu François du Vergier et de lad. Renée en secondes noces, d'autre part.*

Une partie de ces meubles est dans la maison de Bressuire « où lesdits feu du Vergier et de La Forest... faisoient leur demeure..., ladite maison appellée Ridejeu... Les clefs des portes et coffres... avoient esté emportées et perdues par les gens de guerre qui par ces troubles auroient passé par ladite ville..., logés et séjournés audit logis, tant de ceux qui faisoient service au Roi lors de la bataille de Moncontour, que auparavant de ceux de la prétendue religion, qui auroient passé et repassé et séjourné et emporté plusieurs meubles ».

Renée de La Forest est « décédée à la Gastinière, paroisse des Moustiers-sur-Chantemerle, en la compagnie de... Loyse de La Fourest, sa sœur », celle-ci veuve de Christophe du Vergier et femme de Bonaventure Chasteigner, s^r de Beaurepaire.

Les clauses du partage manquent.

Copie du XVIIIe* s.*

---

(1) L'adresse porte seulement « Monsr de La Rochejaquelin ». Il s'agit probablement du même destinataire que pour la lettre précédente, bien que, d'après les actes, la mort de François se place à une date indéterminée entre le 14 sept. 1566 et le 23 juin 1567.

(2) Dates fournies par l'art 3 ci-dessus.

[**54 bis**]. — 1571. — *Partage entre Esmond du Vergier, fils aîné de feu Guy, d'une part, et Louise de La Hay, sa mère, comme garde-noble des autres enfants, d'autre part.*

D'ap. la mention faite dans l'art. 55 ci-après.

[**54 ter**]. — 1575. — *Partage entre Charles du Vergier et ses frères et sœurs, enfants de feu Guy, après le décès de leur frère Esmond.*

D'ap. la mention faite dans l'art. 55 ci-après.

[**54 quater**]. — Entre 1578 et 1580. — *Lettre d'Henri, roi de Navarre, à Louis du Vergier, pour le charger d'une mission délicate concernant le Mas de Verdun, ville de sûreté donnée aux protestants.*

Publiée dans Lettres missives de Henri IV, t. IX, p. 273. Perdue depuis.

55. — 1582, 27 oct. — *Mainlevée des biens saisis sur Charles du Vergier, éc., sʳ du Vergier-de-Beaulieu, par la Chambre du Trésor du Roi pour « deffault d'avoir fourny de déclaration au greffe des francz fiefz et nouveaux acquestz ».*

Mention, d'après la requête de Charles, de nombreux titres de noblesse dont plusieurs, aujourd'hui disparus, sont signalés au cours du présent ouvrage.

56. — 1588 (1), 23 juillet. — *Lettre d'amitié d'Henri, roi de Navarre, à Louis du Vergier.*

Publ. dans Lettres miss. de Henri IV, t. IX, p. 274.

---

(1) Les deux derniers chiffres du millésime sont mutilés par un trou. L'éditeur des *Lettres missives* a restitué 159... ; il faut plutôt opter pour 1588. Ce que le roi de Navarre dit du chevalier Drake s'accorde parfaitement avec plusieurs lettres de cette époque, publiées au t. II, p. 389 et suiv. L'expédition qu'il s'agit de favoriser est l'attaque de la célèbre Armada de Philippe II, qui fut, en effet, détruite par la tempête et par les brûlots de l'amiral Drake moins d'un mois après cette lettre, le 20 août 1588.

57. — [1589]. — *Avis adressé à Henri IV par Louis du Vergier sur le mécontentement de la noblesse de Saintonge contre la conduite du duc d'Epernon.*

Double non daté, de la main de l'expéditeur. Publ. par le comte d'Arlot de Saint-Saud, dans Revue de Saintonge et d'Aunis, t. XL, 1922, p. 72.

58. — [1589]. — *Lettre d'Henri IV, non datée, à Louis du Vergier.*

Il lui accuse réception de la pièce qui précède, lui envoie des blancs-seings pour cette affaire et l'entretient amicalement de sa blessure d'Arques.

Ecrite tout entière de la main du roi. Publ. dans Lettres miss. de Henri IV, t. IX, p. 273.

59. — [1592]. — *Lettre de Claude de La Trémoille à Louis du Vergier* (1).

A Monsr de La Roche-Jaquelin.

Monsieur, je loue Dieu de se que vostre voyage jusques. là où vous estes aist réussy à vostre contentement et le prie de continuer ses bénédicsions. Au reste, j'ay marché en l'armée de se pays-là, pensent capable de me remettre dans mes maisons, je n'i ay encorre rien grangné cune arquebu-sade que pas au siège de Aumalle qui me donne sous le mou au gros oiteil, freyent les os, mais ne les endoumajant poinst ; j'ai eu de grandes doulours qui m'ont sessé, Dieu mersy. J'espère marcher dans un mois. Souvenez-vous qui n'i a rien au monde que j'onore avec tant d'affection que vous. Quand vous aures quelque loisir, prené la paine de mander à vos amis de vos nouvelles, et croyes pour toute ma vie que je suis

Vostre bien affectionné

[Signé :] La Trémoille.

---

(1) Je dois à mon distingué confrère M. Samaran, archiviste aux Archives nationales, l'identification du signataire et la date de cette lettre d'après les circonstances énoncées.

60. — 1592, 24 mai. — *Lettre de Louis de La Valette, duc d'Epernon, à Louis du Vergier.*

A Monsieur de La Rochejaquelin.

Monsieur, j'ay entendu de vos nouvelles avec un extrême contentement et très aise que les affaires que vous traictés réussisent si heureusement que vous me le mandés par vostre lectre ; c'est le bien et l'avantage du service de Sa Majesté que tous bons Françoys doivent affectionner. Je commence à me bien porter, Dieu mercy, de mon harquebuzade et fais estat de partir lundy prochain de ceste ville pour m'en aller en Angoumoys achever de me guérir. Je seray très aise, pour vous y rendre tout le service qui peut dépendre de moy, qui vous suis autant acquis que vous le sauriez désirer. Sur quoy je prye le Créateur vous donner en très bonne santé longue et heureuse vye.

A Senlys, ce 24e may 1592.

Vostre bien affectionné à vous...

[*Signé* :] Louis de Lavalette.

61. — 1592, 5 nov. — *Mémoire d'une fourniture de harnachement pour Louis du Vergier.*

J'ai faict une selle blanche avecque le harnays tout complect vallant VI escuz. — Plus une aultre selle blanche avec le harnays aussy tout complect vallant IIII escuz sol. — Plus j'ay faict une selle d'arme de velloux verd avec du clincant d'or et ay fourni de revesche verte, VI escuz. — Plus une payre d'estrivières simples vallant XXV s. — Plus j'ay baillé à Hardy une payre de sangle et ung surfays vallant XXII s. VI d. — Plus une courpierre pour la haquenée, XV s. — Plus j'ay baillé six payres de sangles et six surfays vallant II escuz XV s. — Plus j'ay baillé à Raymond deux portemanteau, XX s. — ...Item pour avoir racoustré quattre selles et avoir cloué des bandes et mis des contresanglaux, et mis des attaches aux panneaux, XXX s. — Plus pour avoir mis des portemanteau a la selle de Monsr le receppeur, XII s. — Item pour avoir racoustré cincq briddes et mis des portemors et y avoir faict des bout-tons, XXV s. — Plus pour avoir baillé six longes de cuir blanc, I escu. — Item pour avoir racoustré la selle du Moret, avoyr attaché les bandes et mis des contresanglaux et acoustré l'arson qui estoit rompeu, XX s. — Pour avoir baillé une testière avecque des reynes, X s. — ...Et depuys pour avoir baillé ung liecou double avecque deux longes pour une des mulles de Madamoiselle, XL s. — Pour avoir rambourré les deux selles de Madamoiselle, XX s. — Pour avoir baillé une selle à la mode itallienne, VI escuz. — Pour avoyr baillé et mis ung arçon derrière à une selle de velloux noyr, pour façon, X s. — Pour avoir donné ung liecou double pour le lepvrier avecque deux longes, XL s. — Plus pour avoir baillé ung autre liecou pour le roussin avecque deux longes et une sougorge, XL s. — ...Plus pour avoir donné deux longes et racoustré le liecou de l'une des mulles de Madamoiselle, XXV s. — ...Plus pour avoir rembourré ung bas de mullet et y avoyr mis des courrays, XXV s. — ...Plus pour avoyr baillé une selle de drap et avoyr fourny de tout avecque le harnays pour le Lombet, XI escuz sol. — ...Pour avoir baillé ung liecou renforcé pour ung des mulletz de Madamoiselle avecque deux longes, XL s. — Plus pour avoyr racoustré liecou de l'aultre des mulles, y avoyr mis des [*mol illisible*] et avoyr faict des bouttons et ung bout, X s. — ...Plus pour avoyr baillé six courroys de cuir noyr, XXX s. — ...Plus pour avoyr racoustré ung coissinet de trousse et y avoyr mis des courroyes partout et l'avoyr recoustré et mis ung culleron, XX s. — Plus pour avoir garni troys chayres à vingt cincq solz pièce, vallent III l. XV s. — Pour avoyr garny deux tabouretz à vingt solz pièce, XL s. — ...Pour avoir baillé une payre de courrays de malle..., XXV s. — ...Pour avoir racoustré la selle du hongre, l'avoir rembourrée et mis des contre-sanglaux, XV s.

...Somme toute : cent six escuz XVIII s.

Sur quoy j'ay receu quarante escuz sol...

...Plus pour avoir baillé une perre de sangle, XII s.

...Aujourd'huy cinquiesme jour de novembre l'an mil cinq cens quattre vingtz douze, les parties de Pierre Michel, celles ci-dessus escriptes ont esté arrestées en ma maison de la Rochejacquelin à la somme de cent quinze escuz vingt et trois solz, sur quoy il a receu quarante escuz...

[*Signé :*] Louys du Vergier.

62. — 1593. — *Mémoire d'une fourniture de citron et d'hypocras pour Louis du Vergier.*

Monsieur de La Roche-Jaquelin doibt du XXVI juing 1592 pour I livre escorce de citron prinse par son laquay, L s. — Plus le 5ᵉ aoust I livre escorce comme dessus, L s. — Plus le XXVIIᵉ novembre une peinte hipocras, XX s. — Plus le XXVIII une peinte hipocras comme dessus, XX s. — Plus le Xᵉ janvier 1593 pour une peinte hipocras, XX s.

63. — 1598, 7 oct. — *Contrat de mar. de Louis du Vergier avec Anne Viault, fille de Louis, sʳ du Bugnonnel, de la Tousche et des Places, et de Renée Girard* (or. et copie contemp.).

Les futurs (probablement protestants) se promettent « prandre a femme et mary espoux en face de Saincte Église ».
Dot : 9.000 écus sol.
Parmi les signataires : François, Louise et Eusèbe Girard, Charles de La Forest, Louise et Renée Viault.
Not. : Baudu, de la cour du Busseau.

64. — 1600, 30 août. — *Partage des biens de feus Renée de La Forest, Jacques, éc., son frère puîné, et Christophe du Vergier, son fils, entre René Vignerol, sʳ du Pont et de Courlé, gentilhomme de la Chambre du Roi, fils du premier mar. de Renée, et Louis du Vergier, frère aîné de Christophe.*

Part de Louis : mét. de la Faye-Garous ; mét. de la Comberterie, par. de Chambroutet ; les deux tiers de la dîme de la Bertinière, par. de Chiché, « partant avec le chapelain de la chapelle Saint-Georges de Beaurepaire ».
Not. : Mallet, de Bressuire.
Copie XVIIIᵉ s.

[**64 bis**]. — 1608. — *Séparation de biens entre Louis du Vergier et Anne Viault, sa femme.*

1608, 16 juin. — Sentence du Présidial de Poitiers prononçant la séparation à la demande de la femme, « pour le péril qu'elle voioit de perdre ses convantions matrimonialles (1) ».

1608, 2 août. — Anne « renonce a la communaulté de biens quy estoient entre luy et elle ».

D'ap. les mentions faites dans l'art. 72 ci-après (invent., f. 4 et 5).

[**64 ter**]. — 1608, 18 sept. — *Vente de la s^ie de la Roche-jaquelin par Louis du Vergier à Anne Viault, sa femme.*

D'ap. la mention faite dans l'art. 68 ci-après (note marg.).

65. — 1610, 23 juill., Paris. — *Lettre du duc de Sully à Louis du Vergier, « en son armée de Clèves ».*

Monsieur, puisque vous aves permission marcher et que vos passages et vos escortes sont asseurés tant pour l'aller que pour le retour, je m'asseure que vos altes ne seront plus si longues et que vous serreres mieux la fille que n'aves fait cy-devant, laissant faire long bois aux plus paresseux. Nous avons esté icy plus près à batailler que vous de là, mais enfin nos rumeurs sont apaisées ; chaqun joue à qui sera plus sage ; pour peu que cela dure, tout ira bien pour mon particulier. Je suis asses bien avec tous, et mieux que je n'ay point esté avec la reine. Si mon crédit dure vous y aures tousjours part, car je vous estime de mes plus fidelles amis et comme tel je vous baise les mains et prie Dieu qu'il vous garde.

66. — 1612, 28 mai. — *Renée Girard, veuve Louis Viault, s^r du Buignonnel, demeurant en la maison noble de la Tousche, par. du Busseau, cède à sa fille Anne Viault, dame de la Roche-Jacquelin, femme séparée de biens par autorité de*

____

(1) Voir, art. 310 ci-après, les nombreuses dettes du mari.

juslice de Louis du Vergier, demeuranl à la Roche-Jacquelin, une créance de 11062 l. sur Gabriel de Chasleaubriand, chev., s^r des Roches-Barilaull.

Not. : Bourgeois et Marolleau, de la châtellenie de Saint-Aubin-du-Plain.

Copie contemp.

67. — *1612, 29 mai. — Emancipalion, par le sénéchal de la b^{ie} d'Argenlon, de Françoise el Anne du Vergier, filles de Louis et d'Anne Viaull.*

Elles restent toutefois sous la tutelle maternelle.
Anne Viault ne sait pas signer.
Il résulte de cet acte que Louis du Vergier a dû être déclaré interdit comme prodigue.

68. — *1613, 7 juin, au « Belouard de la porte nommée la Baste de la ville de Bressuyre ». — Donalion par Renée Girard, veuve Louis Viaull, à sa pelile-fille Anne du Vergier.*

Elle lui cède une hypothèque de 6.000 l. sur les biens acquis par Anne Viault de son mari Louis du Vergier. La somme devra être versée par Anne Viault, tutrice, à la jeune fille quand elle sera majeure de 25 ans ou à son mariage, sauf le cas où « ladicte Viault fust contrainte par les créditeurs dudict du Vergier de desguerpir les domaynes qu'elle a acquis de luy ».
Elle lui donne encore une autre somme de 6.000 l. à lui verser à son mariage ou à la mort de la donatrice, si elle meurt avant le mariage.
Si Anne du Vergier meurt sans héritiers ou avant la délivrance de ces deux sommes, elles reviendront à ses frères et sœurs Charles, Louis, Françoise et Renée, enfants de Louis du Vergier et d'Anne Viault.

Not. : Vrignauld et Briallot, de la cour de Bressuire.

Or. et 5 cop. contemp., dont 2 avec notes juridiques en marge.

[68 bis]. — *1614, 4 févr. — Procès-verbal des preuves de noblesse de Simon du Verger, éc., fils de Louis, chev. de*

*Saint Michel, et d'Anne Viault, né et baptisé en la par. de
Voultegon, âgé de 12 ou 13 ans.*

Anne Viault est nièce de Pierre Viault, commandeur d'Amboise,
encore vivant.

Not. : Marinault, de Voultegon.

D'ap. la mention faite dans l'art. 134 ci-après (procès-verbal, p. 30).

69. — 1617-1665. — *Succession de Louis Viault et de
Renée Girard, beaux-parents de Louis du Vergier* (6 pièces).

1617, 6 sept. — Testament (protestant) de Renée Girard, veuve
Viault.

Au nom du Père, du Filz et du St-Esprit, je Renée Girard, affligée et abattue de corps en ce lit d'infirmité..., ay
pryé Jehan Vatablé, pasteur du Sainct Evengille en l'église
refformée de Coullonges-les-Royaux, d'escrire ce mien testament... Je recommende mon esprit à Dieu, mon créateur
et rédempteur, m'assurant que mes péchez me sont pardonnez par sa grâce et miséricorde, et que je suis justiffiée
par le méritte de Son Filz bien aymé Jésus-Crist Nostre
Seigneur, et quand départiray de ce monde, il me recepvra
en ses joyes éternelles. Puis je veux que mon corps soit
enterré selon les formallitez receues en l'Eglise refformée
en laquelle je veux mourir comme j'ay vescu.

Et quand tous et chascuns mes biens, je les laisse à mes
héritiers aux conditions qui s'ensuivent. Savoir que les
dons faictz par cy-davant à mes filles Anne Vyault, ma
fille aisnée, et Anne du Verger, ma petite-fille,... sorte son
plain et entier effect.

Suivent plusieurs dispositions en faveur de métayers et de serviteurs, et des reconnaissances de dettes à des fournisseurs.

Plus je recongnois debvoir à l'église refformée de Coullonges-les-Royaux ma pention, qui est la somme de trente
livres...

Plus je donne à ma petite-fille Françoise du Verger la
somme de seze cens livres tournois... Plus donne à mesdictes

petites filles Françoise et Anne du Vergers deux cielz de lyt
d'escarlatte rouge avecq leurs garnitures. Plus je donne à
ma fillolle Jehanne Vattablé cent francz..., et advenant
le trespas de ladicte Jehanne je les donne à Judith, et advenant le décès des deux, que ma commère Catherine Roy,
femme dudit Vatablé, luy soit pour propre... Je donne
vingt charges de bled seille... aux pauvres, savoir quatre
charges à Mathurin Tarde, dem^t audit bourg du Busseau,
huict charges aux pauvres dudit bourg et parroisse du Busseau, et huict charges aux pauvres de l'église refformée
dudit Coullonges.

Et pour exécuteurs de ce mien testament j'ay constitué
...Pierre Delacourt, escuyer,... et Jacques Girard, mon
nepveu, escuyer, s^r de la Chaussée...

Fait et passé en ma maison de la Tousche, parroisse dudit
Busseau..., le sixième jour de septembre mil six cens dix
sept, présents Me François Guyraud, licentié en médecine,
et Me Estienne Cocquereau, chirurgien...

Je soubzsigné sergent royal certiffie que... j'ay signiffié...
à Damoiselle Anne Vyault..., fille et héritière... de feu
Damoiselle Renée Girard..., le testament de ladicte feue
Girard... Faict... le sabmedy dernier jour de septembre
mil VI^c dix sept...

Copie contemp.

1618-1623. — Procès entre Anne et Françoise du Vergier, d'une
part, et Louis Jaillard, s^r de Saint-Juire, d'autre part, au sujet de
l'exécution du testament de leur grand'mère Renée Girard.

Louis Jaillard est fils de feus François et Renée Viault.

1631, 3 oct. — Partage de la succession de Louis Viault et de
Renée Girard entre Anne Viault et Louis Jaillard, fils de feue Renée
Viault, « proceddant o l'aucthoritté de Mre Gillebert Jousseaume,
chevallier, sieur de la Rainerie..., son beau-père et curateur aux
causes ».

On distrait d'abord la maison noble de la Tousche, par. du Busseau, « substituée par deffunct Maurice Viault,... ayeul paternel
desd. Anne et Renée Viault ...pour passer d'ayné en ayné », plus
la « mestairie-seigneurie du Haultbois, anciennement Mollière, parroisse de la Chapelle-de-Moullière, près Bonnimatoure », les fiefs
de la Jarsonnière et Brenollière, par. du Bignon, et quelques rentes.

« Lesquelles choses ont estés. accorddés à... Anne Viault pour ses droicts de précipeus et adventages qu'elle avoit droict de prendre... sur... les... successions... par la profession en relligion de deffuncte... Louyse Viault », sa sœur.

Du surplus, deux lots, dont voici celui d'Anne : la s^{te} des Places, avec les mét. des Places, de l'Orguillousière et de Cougou ; la s^{te} de la Pillière ; la métairie du Bugnonnet, par. du Bugnon et de Scillé ; celle du Petit-Bignonnet, par. de Faye-l'Abbesse, avec la sergentise de Courlay.

Not. : Brunet, de la châtellenie du Busseau.

1665, 1er juin. — Lettre d'un praticien en un procès intenté par M. [Gentet] des Vergnais, fils de [René Gentet, s^r] d'Estrie, et de feue Anne du Vergier, au sujet du versement des sommes léguées à celle-ci par sa grand'mère Renée Girard.

Le mariage d'Anne est dit conclu en 1625.

[**69** *bis*]. — *1620, 20 déc. — Transaction entre Louis du Vergier, s^r de la Rochejacquelin, fils de feu François et de Renée de La Forêt, et Bonaventure de La Forêt, éc., s^r de Beaurepère, fils aîné de feu Nicolas, éc., s^r de Beaurepère, et d'Aubine Marvilleau, au sujet de la succession de Renée.*

A Louis reviennent les deux tiers des meubles.

D'ap. la mention faite dans l'art. 134 ci-après (procès-verbal, p. 31).

70. — *1621, 23 août. — Ordonnance de François, comte de la Rochefoucauld, lieut. gén. en Poitou, taxant la paroisse de Voullegon à une pipe de vin, 3 charges de froment et 3 moutons, comme contribution à l'entretien à Mauléon pendant un mois de 50 soldats et d'un magasin.*

Au pied : « Exempt tout ce qui apartient dans laditte paroisse à Monsr de La Roche-Jaquelin ».

71. — *1625, 6 janv. — Lettre de Louis XIII à Louis du Vergier.*

Monsr de La Roche, ayant commandé à mon cousin le mar^{al} de Praslin de s'acheminer présentement en son gouvernement pour y contenir touttes choses en debvoir affin

que sur les divers bruitz qui courent il ne s'y fit aulcune
entreprise au préjudice du bien de mon service, et sachant
ce qui est de votre fidellité et affection en mon endroit, je
n'ay pas voullu qu'il soit party sans vous faire ceste-cy,
laquelle ne sera à aultre effet que pour vous dire que vous
ayez à luy despartir toutte l'assistance qui despendra de
vous aux occurrences qui se pourront offrir pour le bien de
mon dit service et selon ce qu'il vous fera entendre estre
de mes intentions, vous asseurant que ceulx que vous me
rendrez près sa personne me seront en la bonne considération quilz mériteront pour les recongnoistre en ce qui se
présentera pour votre bien et advantage. Sur ce, je prie
Dieu, Monsr, vous avoir en sa s^{te} garde. Escrit à Paris le
VIe jour de janvier 1625.

[*Signé* :] Louis.

[**71** *bis*]. — 1625, 21 mai. — *Preuves de Malle de Louis
du Vergier, éc.*

D'ap. la mention faite dans l'art. 3 ci-dessus.

72. — 1625-1626. — *Succession de Louis du Vergier*
(2 pièces).

1625, 15 déc. et jours suiv., la Rochejaquelein. — Inventaire estimatif des meubles de Louis du Vergier après son décès.

Anne Viault déclare d'abord avoir acquis de son mari « la plus
grande partie de ses domaines et mesmement laditte maison de la
Rochejaquelin et la plus grande partie des meubles y estantz ».

Louis du Vergier ne possédait plus que les objets à son usage
personnel, qui étaient « en la chambre appellée la chambre du mil-
lieu, où seroit décedé ledict deffunt », et parmi lesquels on peut
lire (la pièce est fort mutilée) les articles suivants :

1. Un grand cabinet de boys de chesne, ayant quatre
armoires et deulx tirettes fermant à clef, X l. — ...3. Item
une vueille quasaque d'escarlatte rouge et doublée de camelot de mesme couleur presque usée, III^{xx}X s. — 4. Item
un prepoint de satin blancq descouppé faict a l'antique...
tout usé, XXX s. — 5. Item ung autre proupoint de sattin

blancq aussy découppé garny de deulx gallons aussy tout usé, XX s. — ...7. Item un vieulx prepoint de toille et deulx coletins de peau garny de passemant noir, le tout presque usé, XXX s. — ...9. Item ung vieulx prepoint en façon de jeuppe estant d'escarlatte rouge, doublé de vellours de mesme coulleur, XXX s. — ...11. Item une paire de pettites botines blanches, X s. — 12. Item ung manteau d'escarlate rouge doublé de baguette et garny de bouttons, XV l. — ...14. Item ung vieulx audechausse de camelot de soye grise doublé de revesche blanche, XII s. VI d. — ...16. Item une autre jeuppe ou quasaque d'escarlatte rouge garny de taffetau et bandes de sattin et un audechausse de mesme estoffe et une quamisole de sattin de mesme couleur avecq ung bas de chausse, XVIII l. — ...18. Item un vieulx habit de camelot de Turquie gris tout usé, XXX s. — 19. Item vieulx prepoint de chamoix garny de deulx passemant d'or ; et ung haudechausse d'escarlate rouge garny de quatre gallons d'or, et ung bas de chausse ataché audit audechausse, VI l. — 20. Item une quamisole de nuit avecq les quanessons estant de revesche blanche, III l. X s. — 21. Item ung propoint de futaine blanche et ung haudechausse et bas de sarge burre plus que my usé, VII l. X s. — ...23. Item une hongreline de escarlatte rouge doublée de loup blancq et une paire de mitaines garnyes de gorges de renards et une toilette doublée d'escarlatte, XXX l. — ...25. Item ung manteau de gros de Naple noir fort court et presque usé, VI l. — ...27. Item ung manteau de gros de Napple noir doublé de sattin mouchetté presque usé, X l. — ...29. Item ung manteau de sarge de Florance doublé de camelot de Turquie tout neuf, XXX l. — 30. Item ung habit de taffetas gris descouppé fort usé, XXXV s. — 31. Item une sainture avecq les pandans faictz de brodries et fort usés, XXXV s. — 32. Item une aultre sainture noire avecq les pandans aussy en brodrie de soye sur sattin noir aussy faict à l'antique, tout usé, X s. — 33. Item soixante livres tant latins, françoys que italliens, aulcuns sont in-quarto, et la plus part in-octavo, tant d'istoires que de dévotion, apprétié par... Pierre Gauffreteau, prestre, prieur de Voultegon,. XII l. — ...35. Item trois vieulx chappeaux de castor faict à l'antique tous usés, XXX s. — 36. Item une paire d'armes complettes . fors les gantelles et les genoullières dorrés faict à l'antique, estant sur ung chevallet, XXX l. — 37. Item une aultre paire d'armes fort usée et à l'antique, XXX l. — 38. Item deulx plastrons fort usés, XL s. — 39. Item ung coutelas ayant les gardes dorée, III l. — 40. Item ung aultre coutelas sans pougnée ny garde, XX s. — 41. Item ung pettit pistollet avecq sa botte, VI l. — 42. Item une espée de moyenne grandeur ayant les gardes argentée et façonnée, IV l. X s. — ...44. Item une aultre paire de bottes de vaches de Roussy (1) presque my usée, IV l. — 45. Item une malle à porter habitz avecq l'estuy à porter chappeau fermant à clef, III^{xx} s. — ...47. Item ung porte-espée avecq sa sainture de chamoix garnye de gallon d'or et d'argent, IIII l. — 48. Item une vieille paire de gand ayant leurs paremans de panetans, XVI s.

Item s'est trouvé en laditte chambre en ung pettit coffre de boys... plusieurs linges... la spécialitté duquel... s'enssuit :

49. Premièrement une douzaine et demye de chemises de toille de païs fort desliée my usée, XVIII l. — 50. Item huit fraizes de toille baptiste, XII l. — 51. Item neuf paires de grandes manchettes de toille baptiste et dix paires de pettites manchettes à reply, L s. — 52. Item vingt mouchoirs de toille de Hollande, IV l. — 53. Item neuf paires de canessons de toille desliée de païs my usés, III^{xx} XII s. — 54. Item ung vieulx manteau de drap viollet doublé de pelluche, III^{xx} s. — 55. Item sept paires de chaussettes et sept paires de chaussons de toille de pays desliés presque usés, XXX s. — 56. Item huit paires de bas faictz à canon a botter de toille desliée presque usée, IIII l. — 57. Item plusieurs pettis linges de toille... quy servoient

---

(1) Russie.

à pansser les cottères dudict deffunt, X s. — 58. Item cinq coueffes de bonnet de nuit de toille blanche, XX s. — 59. Item une toillette de damas. gris a feullages ayant de pettites franges de fil my soye et demy argent servant au désabiller dudict deffunt, III l. — 60. Item une paire de chausses de laine blanche brochés presque neufves, XXV s. — 61. Item trois pettis rabatz de toile de Holande tous usés apprétiés avecq deulx frotouers de grosse toille, XVI s. — 62. Item ung manteau de dèul de drap de Berry doublé de baguette à moithié garny de bouttons et boutonnières my usés, X l. — 63. Item avons trouvé en l'une des escuries dudict lieu de la Roche ung vieulx cheval à poil allezan avec son harnoix, XLV l.

Cah. très mutilé, 90 p.

1626, janv. (1). — Vente aux enchères du mobilier inventorié ci-dessus.

Cah. très mutilé, 50 p.

73. — 1627, 4 janv., au lieu noble du Plessis (par. de Rosnay). — *Contrat de mar. de Jacques Bodin, éc., s^r des Chaulmes, fils de feu René, éc., s^r de la Loge, et de Catherine Guérin, avec Philippe de Villeneuve, dame de la Grenoillière, fille d'Esther du Verger, dame du Plessis, veuve d'Alexandre de Villeneuve, s^r de la Dubrie, dem^t au Plessis.*

Consentants : Jean Bodin, éc., s^r de la Cornetière, et Bonaventure Bodin, éc., s^r de Vallers, frères du futur ; René de Villeneuve, s^r du Plessis, et Marguerite de Villeneuve, dame de la Vergne, frère et sœur de la future.

Not. : Varenne et Buisson, de la b^te de Mareuil.

74. — 1635-1700. — *Succession de Louise Girard, sœur de Renée Girard et femme de feu Artus de Parthenay, s^r de Genoillé (4 pièces).*

Il s'agit d'un procès pendant à ce sujet en 1635 entre Anne Viault et Louis Jaillard, nièce et neveu de la défunte, d'une part, et Char-

____

(1) L'une des vacations est du 22 janv., ; les autres dates sont mutilées.

lotte de Parthenay, fille unique d'Artus, femme de Jean-Jacques
de Ponts, chev., d'autre part. Ce procès n'était pas encore liquidé
en 1700.

75. — 1634-1635. — *Mariage de René du Vergier, chev.,
baron de la Roche-Jaquelain, avec Jacqueline Menanl, fille
de Guillaume, conseiller secrétaire du Roi, et de Jacqueline
Berger* (8 pièces, dont 3 doubles).

1634, 11 mai. — Contrat de mariage.

Dot : 300.000 l., dont 150.000 l. « en offices de greffiers anciens
gardes des petits sceaux, m° clerc de l'élection de Niort... et en
plusieurs offices d'anciens commissaires des tailles et droits de re-
vente de lad. élection », et 150.000 l. « en argent comptant à prendre...
sur les sommes deues aud. s^r Menant par Sa Majesté ».

Témoins du futur : Jean de Lauzon, chev., cons. du Roi, dem^t à
Paris, procureur d'Anne Viault ; Simon du Vergier, frère du futur ; Marie du Pont, veuve André d'Halbert, s^r de Comballet, cousine germaine ; François de Vignerot, chev., marquis du Pont-de-
Courlay, et Françoise de Guémadeuc, sa femme, cousine germaine ;
et autres cousins et amis.

Témoins de la future : Isaac de Mouceau, cons^r secrétaire du Roi,
et Marie Menant, sa femme, sœur ; Claude Menant, secr. de la Chambre du Roi, et Auger Marcillac, mari d'Elisabeth Menant, oncles ;
Rachel Bacard, veuve Antoine de Cormont, et Marie Berger, veuve
Emmanuel Addée, tantes ; et autres cousins et amis.

Not. : Le Semelier, de Paris.

4 copies.

1635, 9 janv. — Guillaume Menant et Jacqueline Berger cèdent
aux jeunes époux, en exécution du contrat de mar., « touts les offices de commissaires des tailles, gardes des petits sceaux et maistres
clairs à plein et par le menu desclaré en l'invantère devant escript »,
dont la finance monte à 131.210 l. 11 s. 6 d. ; avec jouissance du
11 sept. 1634, date du mariage. Ils s'engagent à céder dans les trois
mois auxdits époux d'autres « offices des natures susdites » jusqu'à
concurrence de la valeur de 150.000 l. stipulée audit contrat.

Not. : Le Cat et Le Semelier, de Paris.

Copie contemporaine.

Autres pièces relatives au paiement de la dot.

[**75** *bis*]. — 1636, 6 août. — *Brevet de capitaine de cavalerie légère en faveur de René du Vergier.*

D'ap. la mention faite dans l'art. 134 ci-après (procès-verbal, p. 29).

76. — 1643-1644. — *Séparation de biens entre René du Vergier et Jacqueline Menant* (4 copies contemp.).

1643, nov. — Requête de Jacqueline au lieutenant civil du Châtelet de Paris.

Son mary avoyt tant auparavant que pendant icelluy mariage contracté des debtes immenses et est dans un estraordinaire profusion (1), ce qui faict deux très mauvais esfaiz, l'un qu'il a tasché aultant qu'il peut faire obliger la supliante pour luy, l'autre que tous leurs biens sont saisziz.

1643, 3 déc. — Enquête du Châtelet de Paris.

D'après Barthélemy Buttin, cons^r et secr^e de la Chambre du Roi, Louis du Vergier, « quand il se trouve en compagnie, joue des sommes grandes oultrepassant le revenu qu'il peut avoir, n'aiant aucun office et addonné à la desbauche ». Me Nicolas de Lingendre, cons^r du Roi en ses conseils d'Etat et privé et m^e d'hôtel de sa Maison, l' « a tousjours veu ataché à ses plaisirs, ne songeant pas beaucoup a son mesnage, aiant disipé la plus grande partie de son bien, mesme aiant pris des estoffes des marchans lesquelle luy ont coustez beaucoup et iceulx revendues à pertes ».

1644, 13 août. — Sentence de séparation.

Inventaire des pièces du procès, s. d.

77. — 1646, 1er oct., Paris. — *Certificat de baptême de Jacqueline Ménant dans la religion réformée..*

Née le 9 févr. 1622, « a esté présentée au ...baptesme par Mr Conrart et... Geneviefve Garrault, ses parrain et marraine ». Signé : Drelincourt, ministre.

---

(1) Voir art. 312 ci-après.

[**77** *bis*]. — *1650, 7 déc. — Le prévôt de Paris commande à René du Vergier de restituer à Jacqueline Menant sa dot* (à savoir les titres de ses offices ou 131.210 l., et ce qu'il a pu recevoir des 150.000 l. promises en argent comptant) *et 15.000 l. pour 6 années de pension alimentaire.*

D'ap. la copie faite dans l'art. 75 ci-dessus, à la suite d'un exemplaire du contrat de mar.

[**77** *ter*]. — *1664, 29 avril. — Emancipation, par sentence du siège royal de Fontenay-le-Comte, d'Armand-François et Jean-Baptiste du Vergier.*

D'ap. la mention faite dans l'art. 134 ci-après.

· **78**. — *1665, 9 fév. — Emancipation de René-Charles et de Françoise* (1) *du Vergier, fils de feu René, par sentence du sénéchal de la baronnie d'Argenton.*

Les curateurs désignés sont :

1º Charles Martin, s^r du Peux, demeurant à Saint-Paul-en-Gâtine, de la part des proches parents paternels des enfants, parmi les noms desquels on peut lire : Jacques Gentet, chev., s^r de l'Ouche, dem^t à la Foye-Guarot, par. de Bouesmé ; René Gentet, chev., s^r d'Estrye, dem^t en la maison noble dudit lieu, par. de Chanteloup ; René Viault, chev., s^r de Breuillac, dem^t en la maison noble du Petit-Chesne, par. de Mazière ; Nicolas Chasteigner, chev., s^r de Tenesve ; Gabriel de La Haye-Montbault, chev., s^r de la Dubrie, dem^t à la Dubrie, par. de Beaulieu ; Artus de La Court, chev., cons^r d'Etat, lieut^t des gardes du corps du Roi, mar. de camp, s^r de la Grise (par. de Nueil-sous-Passavant) ; René de Sainte-More, mar. de camp, chev., s^r de la Guirère, lieut^t au gouvernement du Havre-de-Grâce ; Louis de Meulles, chev., s^r du Fresne et de la Durbelière ; Nicolas de Lespronnière, chev., s^r de la Sorinière ; Charles de Montaigu, chev., s^r de la Grande-Bosse (par. de Sirière) ; François Douesnau, éc., s^r de la Crestinière, dem^t à Louvron (par. de Montournois) ; François de Meulles, chev., s^r de la Forest-Monpensier ; François Douesneau, éc., s^r de la Morinière (par. de Montournois).

2º René de Sainte-More, de la part des proches parents maternels, parmi lesquels : Elisabeth Menand, veuve Auger Marsillac,

---

(1) Appelée aussi Marie-Françoise dans un passage de cet acte.

éc., cons^r secrétaire du Roi, dem^t à Paris ; Guillaume Phelippe, dem^t à Paris ; Louis Addée, éc., s^r du Petit-Vaslet, dem^t à Paris ; Pierre Addée, éc., cons^r secrétaire du Roi, dem^t à Paris ; Guillaume du Tronchay, cons^r en la Grand'Chambre du Parlement de Paris ; Isaac de Mousseau, cons^r secrétaire du Roi ; et de la part d'Armand-Jean du Plessis, duc de Richelieu, dem^t à Paris, et de Marie de Vignerod, duchesse d'Aiguillon.

79. — *1665-1672.* — *Succession de René du Vergier, mort en janv. 1665* (4 pièces).

1665, mars. — Vente du mobilier aux enchères, par-devant Alamargot, not. (reg. incomplet, dont il ne reste que les fol. 96 à 143). On peut citer :

Une paire de chaisnays garnie de poumette de cuivres, XII l. — ...Deux juppes de toile d'argent, XXXVI l. — ...Une bassinaire d'airain, XXXV s. — ...Un vieux chaslit de bois noyer, V l. — ...Quatre boisseaux de... seigle, LV s. — ...La moictié de tous les bestiaux... quy sont dans la mestairie du Fonteny-Guitteau et quy consistent en deux grandz bœufz de traict en poil rougastre âgez de cinq à six ans, laquelle moictié a esté... adjugé LXX l. — Item la moictié dans deux autres bœufs de traict ...âgés de six ans, LXIX l. — Item la moictié en quatre vaches mère... avecq les suittes ès trois quy sont vallée, LXVI l. — Item la moictié dans un toreau d'un an et... deux tores d'un an venant à deux, XXVIII l. X s. — Item la moictié en soixante et dix grandes berbis et en trante petis aigneaux, IIII^{xx}VII l. X s. — Item la moitié en tous les bestiaux ...quy sont dans la mestairie du Hault-Vrillé... [*4 bœufs, 3 veaux, 4 vaches, 59 brebis, 25 agneaux, prix analogues*]. — Item la moictié en tous les bestiaux... quy sont en la mestairie du Chiron-Charles... [*6 bœufs, 4 veaux, 7 vaches, 61 brebis, 28 agneaux*]. — Vingt-quatre charges six boisseaux de ...segle, IIe IIII^{xx}XV l. XV s. — Item trois brasses de foing, XXV l. — ...Quatre linceuls de lin, XIX l. — ...Une tapisserie de cuir doré, XXXIII l. — ...Treze marcqs six onses de vieille argenterie, sçavoir paislon, deux esguières, une sallière, dix fourchettes et quatre cuillières..., à vingt-six livres de marcq, IIe LXXV l. X s. — ...Une tapisserie de haulte lisse, IIe XL l...

1665, 27 avril. — Sentence du sénéchal de Poitou autorisant Armand-François du Vergier, éc., et ses frères et sœurs puinés Jean-Baptiste, éc., s^r de Bignonnet, René-Charles, éc., Marie-Anne et Françoise, à accepter sous bénéfice d'inventaire la succession de leur père René.

1666, 17 août. — Ordonnance du Parlement de Paris prescrivant que les criées des terres de la succession de René du Vergier, qui n'ont pu être faites sur place « au moyen des rébellions, excès et violances » exercées par les héritiers sur la personne de l'huissier, seront faites devant la porte principale de Notre-Dame-la-Grande, à Poitiers.

1666, 27 nov. — État de la succession de René du Vergier.

1º « Revenu » :

Premièrement, la maison de la Roche-Jaquelein avec ses quattres maistayries, appartenances et dépendences est affermée à Mr de Boisbureau : 1850 l. — ...Il y a de réservé des dépendences de laditte maison... deux charges de seigle, mesure de Mauléon, dheüe par les métayers de la Véralière... — Item trois mines de seigle... — Item quattre boiceaux segle, mesure de Chasséc, deuz par le bordier du Chastelier-Aygreteau, paroisse des Aubiers... — Item la rante de quattres charges seigle ...sur le moulin de Montaigne... et deux chapons. — Item quattre escus de rante sur le Vergier de Beaulieu deubz par M^r de La Dubrie, 12 l. — Plus la maison et maytayrie de l'Oriollière, paroisse des Aubiers, affermée cinq cent livres... — Item huict charges et demie de segle en espèce et quattre de froment... ; pour menus (1) une pièce de toille blanche, deux douzaines de poullets, douze chapons, huit oyzons, deux douzaines de frommages, vingt livres de bœure..., et par ce 500 l. — Plus les bois dépendantz de laditte maison de l'Oriollière sont affermez 90 l. — Plus la moitié de la maytèric de la Girardière, affermée... trois cent livres... ; plus les menus, une demie pièce de toille blanche, douze poulets, six chapons,

---

(1) Menus suffrages.

quattre oyzons, une douzaine de frommages, dix livres de bœure, et la façon de deux milliers de bois qu'il doit amener à la Roche : 300 l. — Item l'autre moytié de la Girardière, paroisse des Aubiers, affermée... deux cent quarante livres..., plus deux charges de segle... ; plus en menus une demie fourniture de toille blanche, douze poûllets, six chapons, quatre oyzons, six frommages, dix livres de bœure, la façon d'un millier de bois qu'il doit amener à la Roche : 240 l. — La maistèrie du Bignonet, paroisse de Foi-l'Abesse, affermée... deux cent livres... et deux chapons : 200 l. — Plus la maytayrie de la Guignonière, paroisse de Courlé, affermée à cent soixante et dix livres... ; item en menus, une douzaine de poulets, six chapons, quatre oysons, une douzaine de frommages, deux livres de fil de chanvre, deux journée de fauche : 170 l. — Plus la maytayrie de la Plennelière, paroisse de Courlé, affermée... six charges et demie segle et [*blanc*] en argent, et les menus suffrages qu'on a accoutumé luy faire payer à sept livres seize sols... — Plus le bordage du Pinnier, paroisse de Courlé, affermé... quarante livres..., deux livres [?] de chanvre à filler, deux chapons : 40 l. — Le fief de Champteloup affermé... sept livres en argent, une charge de blé : 7 l. — Plus la rante de Baron, paroisse de Saint-Géneroux, affermée 48 l. — Plus la maison de la Pillière affermée... trois cent vingt livres... ; les bois taillis sont réservés, qui se vendent à part lorsqu'il y a quelque couppe en taille : 320 l. — Plus la maytayrie de l'Héritière, proche la Pillière, affermée 60 l. — Plus la maison de la Tousche avec ses mayteyries du Bignonet, de la Chauvière, de la Chauvelière et des Fossez et ses autres... dépendences, affermée 1.600 l. — Plus la maison des Plasses, affermée 700 l.

Faict ledit mémoire... pour faciliter à M^r de Ste Maure la recepte desdicts biens et revenus.

2° « Rantes constituées et payements qu'il faut faire » :

Premièrement à Mr de Laumosnerie-Lauzon, deux cent cinquante livres au jour... de St Martin : 250 l. — Item à Mr de Pont-Jarno deux cent quarante trois livres quinse sols chaquun neufiesme de mars : 243 l. 15 s. — Item à Mr Gallardon cent cinquante six livres payables en avril : 156 l. — Item à Mr Vincent, à Poictiers, vingt et une livres dix-sept sols six deniers payables à la St-Jean : 21 l. 17 s. 6 d. — Item à Mr de Moulinvieux cinquante livres payables le neufiesme septembre : 50 l. — Item à Mr Coulon... trante et une livres cinq sols chacunne feste des Roys : 31 l. 5 s. — Item à Madame de La Dubrie quarante et sept livres quatre sols six deniers payables au neufiesme d'avril : 47 l. 4 s. 6 d. — Item à la mesme dame trante six livres payables au treiziesme février : 36 l. — A Monsieur des Vergnais et à sa sœur, la moytié en une rante de quarante livres douze sols six deniers : 20 l. 6 s. 3 d. — Item aux mesmes la moytié en une rente de trente sept livres dix sols : 18 l. 15 s. — Item aux mesmes la moitié de quinze livres le huictiesme décembre : 7 l. 10 s. — ...Il faut payer pour le bail à Poictiers 700 l. — Plus Mr de La Caillerie a un mandement sur le fermier de la Tousche de cent livres à Noël prochain... et cent autres livres à Noël mil six cent soixante et sept : 100 l. — Plus Mr d'Estrie a un mandement sur Mr de Boisbureau de quatre cent cinquante livres, sçavoir, la moytié payables à la St-Michel mil six cent soixante et sept, et l'autre à la petitte St Jean de may mil six cent soixante et huict : 225 l. — Il en a accordé a Mr de Boisbureau en prenant sa ferme de la Roche pour trois ans finissant à la petitte St Jean de may mil six cent soixante et huict, de luy rabattre sur le prix de saditte ferme deux cent livres pandant lesdittes trois années, pour le payer de trois cent livres que feu Mr de La Roche luy devait et à sa femme pour leurs gages et pour trois autres cent livres d'une cédulle dudict sr de La Roche : 200 l. — Plus il est deue par obligation de feu Mademoiselle de La Roche quattre cent livres à Mr de Fief-Gauverd, de Fontenay ;... on en pouroit estre quitte pour 200 l. — Plus il est deub à la veufve Parant pour le luminaire de feu Madame de La Roche [*blanc*]. — Plus il est deub a Mr Gaudron, tailleur a Thouars ... [*blanc*]. — Plus il est deub a Francet quelque deux cent cinquante livres, sur quoy je croy qu'il a receu quelque

chose ; il demande une vintaine d'escus pour apprendre
son mestier, il seroit bon de luy donner 60 l. — ...Plus il
faudra donner dix escus ...au mareschal de Bersuire : 30 l.
— Plus il faudra donner au bordier de la Roche qui monstre
le mestier a Renaut six franc et une charge quattre boiceaux de blé : 6 l. — Il faudra donner toûs les cartiers une
demie charge de blé au bonhomme de la Roche, et une autre
demie au bonhomme Mataut qui demeure avec sa fille a
St-Aubin... — Il faudra quarante escus tous les ans pour
la pension de ma petite sœur (1) aux relligieuses : 120 l.
— Il faudra cinquante escus ou mesme deux cent franc
pour la pension de mon petit frère au Bailleul (2) : 200 l.
— Item donner a Madame de Ste Maure la relligieuse, pour
l'entretien de ma petitte sœur, vingt escus par an: 60 l.

En résumé, l'ensemble des fermages de la succession monte à environ 6700 l. ; les menus suffrages à environ 15 charges, 3 mines et
4 boisseaux de séigle, une charge de blé, 36 chapons, 2 pièces de
toile, 5 douzaines de poulets, 20 oisons, 5 douzaines de fromages,
40 livres de beurre, la façon de 3 milliers de bois, 4 livres de chanvre
et 2 journées de faucheur. Comme passif, les rentes constituées s'é-
lèvent à 882 l. 3 s. 3 d., les dettes à environ 2300 l. et les pensions
des enfants à 380 l.

Cahier de 4 f., de la main de Marie-Anne du Vergier.

80. — *1666, 22 août. — Procuration donnée à Armand
du Vergier, chev., s^r de la Roche-Jaquelein, par Marie de
Vuignerod, duchesse d'Aiguillon, pair de France, pour con-
sentir en son nom au mariage d'Isaïe Mehée, chev., s^r des
Conrades, fils de Josias, chev., s^r de la Ferrière, et de Marie
de L'Estang, avec Marie-Anne du Vergier, fille de feu René
et de Jacqueline Menant.*

Suivent les clauses du contrat de mariage, qui ont été signées
par la duchesse. Ce mariage ne dut pas être réalisé.

Not. : Puant et Murre (?), du Châtelet de Paris.

Copie contemp.

---

(1) En marge : *Mlle Françoise du Vergier.*
(2) En marge : *M. l'abbé.* Il s'agit de René-Charles.

81. — 1667, 9 sept. — *Maintenue de noblesse en faveur d'Armand-François du Vergier.*

Très mut.

82. — 1671-1675. — *Succession de René du Vergier et de Jacqueline Menant (2 pièces).*

1671, 22 août, Paris (hôtel d'Aiguillon, rue de Vaugirard). — Cession par Marie-Anne du Vergier à son frère Armand-François de ses droits d'héritière sous bénéfice d'inventaire de feus René, leur père, Jacqueline Menant, leur mère, et Jean-Baptiste-Joseph, leur frère aîné, moyennant 14.000 l.

Marie-Anne demeure à Paris, rue des Blancs-Manteaux.

Not. : Jean Carnot, du Châtelet de Paris.

1673, 27 juillet. — Accord concernant l'exécution de l'acte précédent (même not.).

[*1675, 27 févr.* — Jean-Baptiste du Vergier, éc., s^r du Bignonnet, capitaine au régiment de Navarre, vend à son frère Armand-François, dem^t à la Tousche, « ses droits... successifs mobiliers » en la succession de ses père et mère, sauf ses « droits... en la somme de six vingt mil livres... à cause de ce qui reste deub de la dotte de ladite feue dame de La Rochejaquelein et à recouvrer contre les successions de... Guillaume et Samuel Menant ».]

Cette vente est faite « moyennant la somme de dix mil livres... en argeant ou domainnes ».

D'ap. la copie faite dans l'art. 97 ci-après.

83. — 1673. — *Mariage de Louis de Meulles, chev., marquis du Fresne, fils de feus Pierre de Meulles et Renée de Roorlais, dem^t à la Durbelière, avec Marie-Anne du Vergier, dem^t à Paris, rue de Braque (3 pièces).*

1673, 1er juill. — Donation par Marie de Wignerod, duchesse d'Aiguillon, à Marie-Anne, en vue de son mariage, de ses créances sur MM. de La Chèze, trésorier de France à Bordeaux, et du Burg, président au Parlement de Bordeaux.

Déclarée le 4 juill., par dev. Langé et Carnot, not. au Châtelet de Paris.

1673, 4 juill. — « Estat des biens... appartenants à... Marie-Anne du Verger ».

1º Créance de 30.000 l. sur Samuel Menant, s^r de Migé, venant de Jacqueline Menant, sa mère.

2º Créances de 14000, 8000 et 800 l. sur Armand-François, son frère.

3º Créances cédées par la duchesse d'Aiguillon.

4º Mobilier, bijoux, linge et hardes, estimés 6000 l.

5º Sa dot de 102000 l. en argent comptant.

1673, 5 juill. — Contrat de mariage.

Témoins : la duchesse d'Aiguillon, cousine de la future ; Pierre de Girard, s^r de Villette-Charnacé, beau-frère du futur à cause de Madeleine de Meulles, sa femme ; Jacques de Mouceau, éc., et Marie Menant, sa femme, oncle et tante de la future.

Dot : 102000 l., dont une partie donnée par la duchesse d'Aiguillon.

Not. : Galloys, du Châtelet de Paris.

Le mariage eut lieu le lendemain.

84. — 1674, 27 juin, Fontenay. — *Ordre du duc de La Vieuville, gouverneur du Poitou, à la « première compagnie des gentilshommes de Thouars », de se rendre à Beauvoir-sur-Mer le 4 juillet.*

Au v°, état nominatif de la compagnie : MM. le baron du Fresne, cap. ; de La Vergne-Goulard, lieut. ; de La Roche-Jaquelein, cornette ; des Roches, maréchal-des-logis ; et 37 gentilshommes d'effectif (MM. Montaigu, du Verger, de Brion, de Monbrelay, de Baugé, de Bellefond, du Tail de Lugné, de La Bourdilière, de Glande, de La Fenestre, du Petitpuy, de Floulièvre, de La Brosse-Ligault, de La Forest-Laudouinière, de Maillé, de Rignay, de Brosses, de Bonneville, de Longraire, de La Patelière, de Montravers, du Plessis-Olivier, d'Anché, de Puyraveau, de Migaudon, des Roches-de-Geay, de La Vault-Richer, de La Plaisse, de Crué, de La Hutière, de Rochette, de La Lande, des Marais, de La Cordinière, de Marigny et son frère, de La Tramblaye, de Vaudoré).

85. — 1674. — *Mariage de François-Armand du Vergier, dem^t en sa maison noble de la Touche, par. du Busseau, avec Catherine Landerneau, fille de feu Pierre, chev., s^r du Vergier, et d'Elisabeth Brunel (2 pièces).*

1674, 18 août. — Procuration (en blanc) de Marie de Vignerod, duchesse d'Aiguillon, pour « assister de sa part et signer au contrat de mariage ».

1674, 20 août. — Contrat de mariage.

La future est héritière de feu son père, de feu son frère Pierre, chev., s^r de la Caillerie, et de feu son oncle Artus Landerneau, chev., s^r de la Caillerie. Elle reçoit en dot 16000 l. en deniers, 1000 l. pour ses habits nuptiaux, une chambre meublée, un équipage.

Cah. de 4 f., dont le dernier manque.

86. — *1674, 16 déc.* — *Acquit donné par Louis de Meulles à Armand-François du Vergier, de 2700 l. pour trois ans d'arrérages d'une rente de 900 l. qu'il doit à sa sœur Anne, femme de Louis, et de 700 l. que celle-ci avait avancées pour son frère avant son mariage avec Louis.*

Not. : Challet, de Mauléon.

[**86** *bis*]. — *1675, 7 janv.* — *Sentence du Présidial de Poitiers prononçant séparation de biens entre Louis de Meulles et Marie-Anne du Vergier, sa femme* (1).

D'ap. la mention faite dans l'art. 91 ci-après.

87. — *1675, 9 avril.* — *Codicille au testament de Marie de Vignerot, duchesse d'Aiguillon* (2).

Aujourd'huy mardy neufvième avril mil six cens soixante quinze après midy, au mandement... de... Marie de Wignerod, duchesse d'Aiguillon, pair de France, comtesse d'Agenois et de Condomois, demeurant à Paris en son hostel du Petit-Luxembourg, rue de Vaugirard..., nous..., notaires... soussignez, nous sommes transportés audit hostel... en une chambre qui a veue sur le petit jardin en terrasse,

---

(1) Voir, art. 145 ci-après, les emprunts contractés par Marie-A. du Vergier de 1676 à 1700.

(2) Le testament a été publié par extraits dans *la Duchesse d'Aiguillon,* par le comte de Bonneau-Avenant, 1882, p. 461-466. Le présent codicille est inédit, ainsi qu'un précédent du 29 juillet 1674. Un exemplaire impr. du tout est dans les archives de la famille, chez M. le marquis de Chabrillan ; la Bibliothèque nationale n'en possède pas. Aussi ai-je cru intéressant de reproduire ici les passages de ce codicille qui intéressent l'histoire générale ou l'histoire des du Vergier.

où avons trouvé ladite duchesse gisante dans son lit malade…, laquelle… nous auroit dit que depuis son testament… le compte et administration qu'elle rendoit a Monsr le duc de Richelieu, son neveu, ayant esté jugé par arrest suivy d'une transaction des dispositions qu'elle avoit faictes au profit dudit seig^r duc… sont demeurées caduques ; c'est pourquoi… elle nous a requis recevoir par manière de codicil… :

Premièrement ladite dame… lègue aud. seigneur duc… la terre et comté de Cosnac… en Xaintonge… ainsi qu'elle luy a esté délaissée par lad. transaction… du troisième mars dernier pardevant Parque, l'un de nous dits notaires… et son collègue…, et… le domaine d'Hiers en Brouage…, aux charges des mesmes substitutions auxquelles lad. terre de Cosnac et led. domaine d'Hiers avoient esté laissés aud… duc par le testament de… l'Eminentissime Cardinal duc de Richelieu ;… en cas que Madame la duchesse… survive ledit seigneur duc…, elle jouira sa vie durant desdites terres…

…Item je lègue au chevalier et a l'abbé de La Rochejaquelin, demeurant de présent au séminaire de Saint-Sulpice, à chacun la somme de trois cens livres de rente viagère…

Item… lègue à Me du Fraisne, fille de feu M^r de La Rochejaquelin, mon cousin, et ce pour tesmoignage de mon amitié,… six mil livres une fois payées.

…Item… lègue à Mr Husson, advocat en Parlement et son advocat,… trois mil livres une fois payées…

Item… lègue aux Filles de la Croix establies… rue Saint-Antoine… deux mille livres…

Item… lègue à Madame de Miramion pour sa communauté des Filles de Sainte-Geneviefve… trois mil livres…

Item veut que le marché que lad. dame duchesse… a faict avec le s^r Girardon pour la construction du tombeau de feu… le cardinal duc de Richelieu soit exécuté aux frais… de la succession d'elle…

Notaires : Le Camus et Parque (qui a la minute).

Copie contemp.

88. — 1676, 20 avril. — *Lettres du Grand Conseil du Roi permettant à René-Charles du Verger de La Roche-Jacquelin, clerc tonsuré, prieur de Saint-Thomas de Bouillerot, par. de la Gaubretière, dioc. de la Rochelle, de faire informer par le lieut part^r de Fontenay-le-Comte sur les dommages causés dans les bois, l'étang et la garenne du prieuré par Jean Crumois, religieux du prieuré Saint-Pierre de Mortagne, compétiteur au même prieuré de Bouillerot, et interdisant audit Jean toute nouvelle entreprise, sur les biens de ce bénéfice.*

Sont visés : les lettres de tonsure délivrées à René-Charles par l'archevêque de Paris le 24 juillet 1674 et le brevet de don à lui fait par le Roi du prieuré en question en date du 5 août 1675.

89. — 1676, 28 août. — *Quittance donnée par Laurent Pierre, orfèvre, dem^t à Paris, rue de l'Arbre-Sec, à Marie-Anne du Vergier, de 117 l. pour fourniture de 8 cuillers et 8 fourchettes d'argent, et de 295 l. pour orfèvrerie diverse.*

90. — 1677 (pas de mois). — *Le Roi fait assigner au Parlement de Paris Marie-Guyonne de La Mothe, marquise de Castelnau, et Marguerite Le Roux, veuve Joseph de La Chèze, receveur gén. des finances de Guyenne, héritières de feu Giraud du Burg, fils de Guillaume, pour se voir condamner à payer à Marie-Anne du Verger, comme légataire de Marie de Vuignerod, duchesse d'Aiguillon, le prix du bail passé par celle-ci en 1647, moyennant 1.333 l. par an, des 13 salines d'Agenois.*

91. — 1679, 23 janv. — *Vente des s^{tes} de la Durbelière (par. de Saint-Aubin-de-Baubigné) et du Fresne (par. de Nueil-sous-les-Aubiers) par Louis de Meulles à sa femme Marie-Anne du Vergier.*

Louis doit à sa femme 125575 l., qu'il a employées « à ses affaires particulières », ce qui l'expose « à une ruine totale ». Les deux époux transigent aux conditions suivantes :
Louis cède à Marie-Anne les s^{tes} de la Durbelière et du Fresne, avec leurs dépendances sauf le bordage de Baudouine. Parmi les

charges attachées à ces ; ᵗᵉˢ on spécifie seulement 200 l. par an dues aux chapelains de la Durbelière et du Fresne.

Marie-Anne décharge Louis de ses dettes envers elle. Elle prend à sa charge, à sa place, environ 3500 l. de rentes constituées par lui à divers (dont l'une de 277 l. a été constituée originairement, en 1643, par lui et François de Meulles, chev., sʳ de Nueil, et une autre de 22 l., en 1648, par lui et François de Meulles, chev., sʳ de la Forest [-Montpensier]) et « 186 l. de rente constituée... par feu Mʳᵉ Pierre de Meulles, éc., sʳ du Fresne, et dame Renée Roortais, sa femme, père et mère dud. sieur du Fresne, au proffit des dames relligieuses de Saint-François de Bersuire à cause de dame Héleine de Meulles, relligieuse dud. couvent, par contract du 19 septembre 1629 ». Elle s'engage aussi à payer « la somme de 600 l. par chacun an qui est la part dont ledit sieur du Fresne est tenu solidairement avecq autre de 600 l. du douaire de dame Marguerite Philippes, veufve de Mʳᵉ Pierre de Meulles..., père dud. seigneur du Fresne », et à « laisser jouir ledit seigneur du Fresne de son habitation dans la maison de la Durbelière sa vie durant et de luy payer pendant ledit temps... 4500 l.... par chacun an ».

2 exemplaires dont la fin manque (probablement l'original et une copie collationnée contemp.). Il semble ne manquer que des formules finales.

92. — *1679, 2 mai. — Contrat de mariage de François-Armand du Vergier, chev., fils majeur de feus René du Vergier et Marie-Jacqueline Menant, demᵗ à la Tousche du Buignonnel, avec Madeleine-Thérèse Richeleau, fille de Jean, éc., sʳ de Lespinay, consʳ au Présidial de Poitiers, demᵗ en sa maison noble du Poisron, par. de Boismé, et de feue Françoise Clabat.*

Dot : la sⁱᵉ de la Rouslière, un certain nombre de métairies, 1000 l. de bestiaux.

Françoise, sœur de la future, est ursuline à Poitiers.

Très effacé.

93. — *1686. — Mariage d'Armand-François du Vergier, chev., mⁱˢ de la Rochejacquelin, sʳ de la Touche, avec Marie-Elisabeth de Caumont, fille de Marc, chev., sʳ de Dadou et de Magné, et de Marie de Valois (orig. et 2 extr.).*

1686, 3 oct., chât. de Versailles. — Contrat de mariage.

Témoins : Louis XIV, roi de France ; — pour le futur : René,

abbé de Saint-Polycarpe, aumônier de la Dauphine, et Marie-A.,
ses frère et sœur ; Armand-Jean du Plessis, duc de Richelieu, son
cousin issu de germain ; Louise de Prie, gouvernante des enfants
de France, veuve Philippe de La Mothe-Houdancourt, Charles-
François de Sainte-Maure, duc de Montauzier, Pierre du Cambout
de Coislin, év. d'Orléans ; Marie-Anne d'Acigné, ép. du c^te^ d'Assi-
gny, ses cousins et cousines ; — pour la future : Suzanne, sa sœur ;
Philippe de Valois, chef d'escadre, son oncle ; Françoise d'Aubigny,
m^ise^ de Maintenon, et Charles d'Aubigny, ses tante et oncle à la
mode de Bretagne.

Le Roi donne 20000 l. à la future, dont le douaire sera de 3000 l.
de rente.

Not. : Belot et Beauvais, du Châtelet de Paris.

Signatures autographes de Louis XIV et de Mme de Maintenon (1).

[*1686, 5 oct.* — Brevet de pension viagère de 1500 l. accordée par
le Roi à Mlle de Caumont en considération de son mariage.]

D'ap. la mention faite dans l'art. 134 ci-après (procès-verbal, p. 28).

94. — 1690-1693. — *Procès entre Marie-Anne du Vergier,
veuve Louis de Meulles, d'une part, et François de Meulles,
curé de Vauderennes, neveu dudit Louis, et consorts, au sujet
de la succession dudit Louis* (2 pièces).

Ap. 1690. — Factum impr. pour Marie-A.

On y lit que Louis mourut en janv. 1690. Marie-A. habita à Paris, chez la présidente de Lièvre, de 1665 à son mariage. En 1675
elle reçut 24000 l. d'un des effets que la duchesse d'Aiguillon lui
avait donnés pour son mariage.

1693, 21 août. — Arrêt du Parlement de Paris déboutant François
et consorts.

[**94 bis**]. — 1692, 9 févr., parloir de la Visitation de Loudun. — *Contrat de mariage de Jean-Baptiste du Vergier,
s^r^ de la Pilière, premier capitaine au régiment de Navarre,
fils de feu René, dem^t^ à la Tousche, avec Marguerite Le Roy
de Tournelays, fille émancipée de feu Claude, s^r^ de Tournelays,
et de Françoise Barangère, dem^t^ à Tournelays, par. de Chambroutet.*

---

(1) Qui signe *d'Aubigny.*

Il n'y aura pas communauté de biens.

Apport du futur : 30000 l. et une créance de 10000 l. sur son frère Armand-François. Son frère l'abbé et sa sœur Marie-Anne lui donnent chacun 10000 l. après leur mort.

Les époux habiteront dans la maison d'Armand-François (1), qui les nourrira, eux et leurs domestiques.

Parmi les témoins : Armand-François, René-Charles (chev., doct. de Sorbonne, aumônier de feu la Dauphine), Marie-Anne, frères et sœur du futur.

Notaire : Douteaux, de Loudun.

D'après la copie faite dans l'art. 97 ci-après.

95. — 1692, 29 sept., église du Busseau. — *Baptême de Philippe-Armand du Vergier, fils d'Armand-François et de M.-E. de Caumont, né et ondoyé le 5.*

Parrain : Philippe de Valois, l^t g^l des armées navales. Marraine : Mlle de Richelieu, fille aînée du duc.

Copie informe du XVIIIe s.

96. — 1694-1705. — *Procès entre Etienne de Berny, demandeur, et l'abbé de La Rochejacquelin (René-Charles du Vergier), défendeur, sur un objet non précisé (2 pièces).*

1694, 13 juillet. — Sentence du Châtelet de Paris condamnant l'abbé, dem^t à Paris, à payer 388 l. 5 s. à Etienne de Berny, marchand, bourgeois de Paris.

1705, 12 janv. — Arrêt du Parlement de Paris confirmant cette condamnation de l'abbé, doyen de la cathédrale de Langres, envers Etienne de Berny, « escuyer, conseiller secrétaire du Roy ».

[**96** *bis*]. — 1698, 5 mars. — *Jean-Baptiste du Vergier de La Rochejaquelein, chev., et Marguerite Le Roy, sa femme, séparés de biens, dem^t à la Rochejaquelein, se font donation mutuelle, pour le survivant, de l'usufruit de leurs biens meubles, acquêts immeubles et du tiers de leurs immeubles anciens.*

Notaire : Lory, de Thouars.

D'après la copie faite dans l'art. 97 ci-après.

---

(1) Probablement la Touche.

97. — Après 1698. — *Mémoire d'un homme d'affaires au sujet de la succession de Marguerite Le Roy, veuve J.-B. du Vergier.*

Cette pièce, fort mutilée et dont la date n'est pas lisible, n'est intéressante que par les trois actes qui y sont reproduits et qui sont mentionnés aux art. 82, 94 *bis* et 96 *bis* ci-dessus.

98. — 1699-1703. — *Procès entre Armand-François du Vergier, dem* à la Durbelière, d'une part, et Louis de Mousseau, éc., s* de la Mulonnière, fils mineur d'Isaac, chev., et d'Anne Adde, et Elisabeth de Mousseau, fille mineure de Daniel, éc., s* d'Autun, et de Madeleine-Judith Domanchin, d'autre part* (4 pièces).

Isaac et Daniel de Mousseau sont cousins germains d'A.-F. du Vergier par leur mère Marie Menant et « absens du royaume pour le faict de la religion prétandue refformée ».

1699, 20 janv. — Sentence du Châtelet de Paris condamnant Armand-Fr. à payer à Louis et Elisabeth deux rentes de 80 et 68 l. qui leur sont échues par partage successoral de Marie Menant de 1681.

1703, 14 déc. — Armand-Fr. en appelle au Parlement.

99. — 1699-1704. — *Dettes de Marie-Anne du Verger envers M* du Tiers, cap. au rég. de Dauphiné* (2 pièces).

1699, 7 août. — Lettre de Marie-A. à M* du Tiers par laquelle elle tient à sa disposition 553 l. qu'elle lui doit.

D'ap. une note au dos, les 533 l. furent remboursées seulement en 1704 à M* de Saint-Offange.

Copie contemp.

1701, 23 juill. — « Mémoire pour estre exécuté après ma mort ».

Note autographe de Marie-Anne du Verger d'après laquelle elle doit 745 l. à feu M* du Tiers.

Si M* de Saint-Pouant, son légataire, n'en a pas le billet, la somme sera donnée aux pauvres, « parce que c'estoit apparament le dessein de feu M* du Tiers ».

Signé « Marie-Anne du Verger de La Rochejaquelin du Fresne ».

100. — 1702, 19 mai. — *Réception par le Parlement de Paris de l'appel interjeté par Armand-François du Vergier, chev., m*^ls *de la Roche-Jacquelin, lieut. du Roi en Bas-Poitou, d'une sentence de la sénéchaussée de Poitiers du 24 mars le condamnant à payer les arrérages d'une rente de 250 l. comme héritier d'Anne Viault.*

L'appelant conteste cette qualité d'héritier.

101. — 1702. — *Succession de Marie-Anne du Vergier, veuve de Meulles (3 pièces).*

1702, 19 juill., Paris (au domicile de la testatrice, rue des Juifs). — Son testament.

Elle demande à être inhumée en l'église Saint-Gervais, sa paroisse ; « lègue aux pauvres de ses terres » 6 charges de blé ; au s^r Déchamps, « qui a soin de ses affaires », la jouissance sa vie durant de la métairie de la Touche-Auger, par. de Saint-Aubin-de-Baubigné ; à Mlle de La Forest-Montpensier, nièce de son mari, 100 l. de rente viagère ; à l'abbé du Vergier de La Roche-Jaquelin, son frère, la métairie des Touches-aux-Brières ; à Françoise-Armande du Vergier, sa nièce, les métairies de la Tortière et de la Conterie, par. de Saint-Aubin-de-Baubigné, sa bague d'émeraude, son collier de 52 perles fines et sa montre d'or, « tous ses meubles meublants, linge, tapisserie et vaisselle d'argent » de son appartement de Paris ; « à la d^lle Louison, qui demeure auprès d'elle », 200 l. de rente viagère ; elle confirme sa donation dotale de 500 l. de rente à son frère Jean-Baptiste. Elle institue légataire universel son neveu Armand-Philippe.

Not. : Melin, de Paris.

Orig. et copie auth.

Non daté. — « État de l'hérédité de feu Madame la marquise du Fresne-Chabot ».

1° Immeubles : 10000 l. de revenu « en fond », ou 200000 l.
2° Meubles.. 15000 l.
3° Charges réelles et dettes immobilières, par an :
Rentes foncières, 300 l. — Service de deux chapelles, 200 l. — « Rachats, droits de mutation et frais de service », 600 l. — Entretien de 40 métairies, moulins et bordages, 600 l.
Total des charges réelles et dettes immobilières........ 1700 l.

---

(1) Erreur, pour *J.-B.-Jacques.*

4º Dettes mobilières et hypothécaires en rentes constituées :
3254 l. de rente, soit en principal............................. 65088 l.

5º Dettes exigibles « à une fois païer » :

« Exécution du testament et menues dettes...,. frais funéraires, annuel, loïer de maison, legs mobiliers faits aux laquais, leurs gages », 500 l. — Capitation de 1702, 180 l. — Créance de M. de Charnassé, 36000 l. — Divers, 9595 l.

Total des dettes « à une fois païer »...................... 46275 l.

102. — **1704-1707.** — *Séparation de biens entre Armand-François du Vergier et Marie-Elisabeth de Caumont, sa femme, dem^t tous deux à la Durbelière* (29 pièces).

Par acte du 9 févr. 1704, Marie renonce à la communauté. Les 20000 l. données par le Roi, au lieu d'être transformées en revenus suivant le contrat de mariage, ont été dissipées par Armand ainsi que les 1500 l. de rente assurées aussi par le Roi. Le mari n'assure pas à sa femme son douaire coutumier de 3000 l. de rente. Il a dissipé encore la plus grande partie des 44741 l. échues de la succession de ses beaux-parents par partage du 2 avril 1700. Il s'engage dans des procès considérables.

D'après l'enquête du 14 mars 1704, il a dépensé, au temps de son mariage, 14000 ou 15000 l. dans un voyage de huit mois à Paris. Il « consomme son bien en bastimens » dans son domaine de la Touche, « à quoy il estoit porté avec tant de passion qu'en hiver il avoit fait chaufer de l'eau pour faire du mortier et que la massonnerie qui en fut faitte tomba par terre cinq à six jours de là » ; il « mourra la truelle à la main », dit un marchand de Magné.

La séparation est prononcée par sentence de la sénéchaussée de Poitou du 28 juin 1704, et Armand condamné à payer ses dettes à sa femme. Ses biens sont saisis le 20 août 1704 et les meubles vendus sauf la vaisselle d'argent.

1705, 16 juill. — Par devant Fuzeau, not. de la baronnie de Mauléon, Armand cède à sa femme sa vaisselle d'argent, tant plate que montée, du poids de 54 marcs, avec 12 couteaux à manche d'argent, un couvert et une coupe de vermeil, le tout valant 1900 l. Marie lui assurera une pension de 1000 l. pour sa nourriture et entretien comme « il convient a une personne de sa qualité ». Il est dit qu'elle s'est fait adjuger tous les meubles vendus et en a fait transporter la plus grande partie de la Touche à la Durbelière.

1706, 3 et 10 janv. — Procès-verbaux de première et seconde criées des immeubles appartenant à Armand-Fr. du Vergier, dont voici l'énumération :

1º Hôtel noble et s^te de la Roche-Jaquelin, par. de Voutegon. —

2º Maison noble sise au village du Chiron-Charles, par. de Voutegon. — 3º Mét. noble de la Borde, par. de Saint-Aubin-du-Plain. — 4º Maison et mét. de Vreillé, par. de Voutegon. — 5º Lieu noble, s^{te}, mét. et tènement de l'Oriollière, par. des Aubiers. — 6º Lieu noble, mét. et tènement de la Grande-Girardière, par. des Aubiers. — 7º Petite borderie au village de Champigny, par. d'Argenton-l'Eglise. — 8º Borderie au village du Chillou, par. de Saint-Varant. — 9º Rente noble de 4 charges de seigle, mes. de Bressuire, et 2 chapons, sur Moulagne, par. de Terves. — 10º Mét. du Buignonnet, par. de Foye-l'Abbesse. — 11º Hôtel noble de la Pillière, par. de Vandelogne. — 12º Mét. de Buignonnet, par. du Buignon-en-Gastine. — 13º Mét. des Fossés, par. de Seillé. — 14º S^{te} des Brenallières, par. de Fenioux et du Beugnon-en-Gastine. — 15º Mét. noble de la Guignonnière, par. de Courlay. — 16º Mét. noble de la Plénelière, par. de Courlay. — 17º Hôt. noble des Places, par. de Faymoreau. — 18º Mét. de Lartuzière, par. du Busseau. — 19º Hôt. noble et s^{te} de la Touche-du-Buignonnet, par. du Busseau. — 20º Mét. de la Chauvière, par. du Busseau. — 21º Pièces de terre diverses. — 22º Bois de Gats, par. du Busseau.

1707, 2 juillet. — Main-levée de la saisie des biens ci-dessus.

103. — Vers 1705. — *Fragment d'une note de d'Hozier sur les preuves de noblesse à fournir pour la réception de Philippe-Armand du Vergier comme page de la Petite-Ecurie du Roi.*

104. — 1706, 27 mars, la Durbelière. — *Louis du Fay, chev., s^r de la Taillée, et Françoise-Armande du Verger, sa femme, ayant constitué une rente de 100 l. au profit des religieuses de la Fidélité de Saumur, déclarent qu'Armand-F. du Verger et M.-E. de Caumont, leurs parents et beaux-parents, n'ont contracté aucune obligation du fait d'avoir ratifié ladite constitution.*

Not. : Girard, de Bressuire.

105. — 1706, 6 juill., Angoulême (maison des Nouvelles catholiques). — *M[arie ?] de Meulles de La Forest-de-Montpensier donne quittance à Armand-F. du Vergier de la somme de 100 l., annuité de la rente viagère à elle léguée par Marie-A. du Vergier.*

[**105** *bis*]. — 1710 ? — *Evaluation de la succession d'Armand-François du Vergier* (?)

Le revenu total de la terre de la Rochejaquelin, toutes charges déduites, 1684 l. ; le fonds de la terre est de 34.823 l., noble 32.843 l., roturier 1980.

Le revenu de la terre des Places..., 868 l. ; le fonds 18.060 l., noble 14.280, roturier 3.240.

La métairie des Oriollières et bois des Nouhes : 600 l. de revenu ; le fonds 14.568 l., noble 14.568, roturier néant.

La métairie des Grandes Girardières : revenu 470 ; fonds 9.400, noble 9.400, roturier zéro.

La maison de la Tousche du Bignonnet... : revenu 206 l. ; fonds 2.120 l., noble 1.920 l., roturier 200 l.

La Pilière... : revenu 330 l. ; fond 7.460 l., noble 5.500 l., roturier 1.960 l.

La terre de Magné en la paroisse de Coulonges-les-Royaux : revenu 652 l. ; fonds 43.130 l., noble 1200 l., roturier 11.930 l.

Tout le fond des biens nobles se trouve monter à... 99.591 l. y compris le préciput de Magné 1.200 l., lequel distrait restera 98.391 l., dont les deux tiers appartiennent à l'aîné, reviennent à 65.594 l.

Ainsi revient en tout à l'aîné, outre son préciput, dans la succession paternelle :

1° pour son préciput dans la succession maternelle, 1.200 l. ; 2° pour ses deux tiers des biens nobles, 65.594 l. ; 3° pour la 6ᵉ partie des biens roturiers, 6.710 l. 16 s. 8 d. — Total 72.504 l. 16 s. 8 d.

Copié sur l'original au château de la Durbellière en 1753.

D'après la reproduction donnée dans Fonteneau, *t. LXXXIII, f. 158.*

106. — 1710. — *Emancipation de Philippe-Armand du Vergier, chev., comte de la Rochejacquelin, et de ses frères et sœurs puinés, Jean-Baptiste-Jacques, René-Louis, Marie-Henriette-Elisabeth et Marie-Louise, enfants de feu Armand-François et de Marie-Elisabeth de Caumont (5 pièces).*

1710, 11 janv. — Lettres royaux d'émancipation en faveur de Philippe-A.

1710, 14 janv., château de Versailles (dans l'appartement de Mme de Maintenon). — Consentement à l'émancipation de Ph.-A. donné par les parents et amis : Françoise d'Aubigny (1), marquise de Maintenon, « grande tante suivant la coutume de Bretagne du costé maternel dudit s^r du Vergier » ; Adrien-Maurice duc de Noailles, cousin du côté maternel à cause de Françoise-Amable d'Aubigné, sa femme ; Louis Phelipeaux, marquis de la Vrillière et de Châteauneuf, et Jacques-Antoine de Beaufremont, marquis de l'Istenay, cousins issus de germains du côté maternel à cause de leurs femmes Mmes de Mailly.

1710, 17 janv. — Consentement à l'émancipation du même donné par Armand-Jean Duplessis, duc de Richelieu, cousin paternel.

1710, 7 févr. — Par-devant le sénéchal de la b^ie de Mauléon, Jacques Baufreton, notaire de lad. b^ie, est nommé curateur de Philippe-A., et Jacques Gentet, s^r d'Estric, des puinés. Procuration des présents à l'acte du 14 janvier, du duc de Richelieu, de Georges-Guillaume-Louis du Fay, chev., s^r de la Taillée, beau-frère des mineurs, et d'Henri-Louis de Caumont, chev. de Saint-Louis, cap. de vaisseau, leur oncle. Présence de voisins de la Durbelière : Louis Thomas, s^r du Vignau, président en l'élection de Mauléon ; Jean Moreau, s^r de la Rabinière, élu et subdélégué de Mauléon ; Charles Massotteau, cons^r en la même élection ; Jacques Gillebert, s^r de la Louisière, président du grenier à sel de Mauléon, tous habitant Mauléon.

Ces trois dernières pièces font l'objet d'une même copie vidimée contemp.

107. — 1713 (13 juin), 1714 (27 mars). — *Deux quittances de 500 l. délivrées à Philippe-Armand du Vergier, lieutenant de Roi au gouvernement de Poitou, pour sa quote-part de capitation de la Cour, années 1711 et 1712.*

108. — 1716, 3 janv., Poitiers. — *Maintenue de noblesse délivrée par Quentin de Richebourg, intendant de Poitiers, en faveur de Philippe-Armand, Françoise-Armande, Marie-Henriette-Elisabeth, Jean-Baptiste-Jacques, Marie-Louise et René-Louis, enfants de feu Armand-F. et de M.-E. de Caumont.*

Sont visés les actes de bapt. de Françoise-A. (3 nov. 1687), Phi-

---

(1) *E* surchargé en *y*.

lippe-A. (29 sept. 1692), Marie-H.-E. (31 oct. 1693), Jean-B.-J.
(14 mai 1695), Marie-L. (11 mars 1697) et René-L. (18 nov. 1699).

Copie informe contemp. L'original (mss. de la Soc. des Arch. hist. du Poitou,
n° 159) a été analysé dans le tome XXII des *Arch. hist. du Poitou*, p. 291.

109. — 1716. — *Mariage de Philippe-Armand du Vergier,
chev., marquis de la Rochejaquelin, s^r de la Pilière, du Fresne-
Chabot et de la Durbelière, fils de feu Armand-François et
de M.-E. de Caumont, avec Marie-Esther Taveau, fille de
feu Jean, chev., baron de Morthemer et Normandou, et de
Jeanne Martel, dame de Dercé (2 pièces).*

1716, 7 févr. — « Projet et articles convenus et arrestés de mariage. »

Consentants : François Martel, prieur de Saint-Martin de Quin-
lieu, grand-oncle de la future ; Catherine Taveau, sa sœur ; Catherine
de Brette, veuve François Taveau, son aïeule, etc.

Dot : les s^{tes} de Morthemer et de Normandou. En cas de prédécès
du futur époux, sa veuve « aura pour son deuil sa chambre garnie
et équipage, la somme de deux mille livres et son habitation dans
une des maisons dud. seigneur futur espoux..., sera nourrie, elle
et ses domestiques et chevaux, aux frais de la communauté pendant six mois ». En cas de prédécès de la future épouse son mari
« prendra hors part ses chevaux, armes et équipages ».

Le contrat eut lieu le 23 févr.

1716, 23 févr. — « Etat... des bestiaux et autres garnitures des
métairies » de la dot de la future.

Il s'agit des métairies de la porte du château de Morthemer, de
Chillon et de la Mortière.

110. — 1718, 6 févr. — *Quittance de la capitation de Philippe-A. du Vergier, comme capitaine réformé au rég^t d'Anjou, soit 2 l. 1 s. 3 d., pour les six derniers mois de 1717.*

111. — 1720. — *Succession de Marie-Esther Taveau,
femme de Philippe-A. du Vergier (2 pièces).*

1720, 4 mai. — Nomination, par le sénéchal de la baronnie de
Mauléon, de François Taveau, chev., baron de Normandou, comme
curateur de Georges-Armand et Henri-Jean-Armand du Vergier,
fils de de Ph.-A. et de la défunte, en vue de la dissolution de la communauté.

1720, du 16 au 25 mai. — Inventaire mobilier estimatif du château de la Durbelière (1).

1º Salon « à main gauche en entrant » :
Petite table de chêne avec tapis de velours à fleurs, 6 l. — Autre avec tapis de serge verte, 10 l. — Autre avec tapis de velours, 10 l. — Autre sans tapis, 2 l. — Un fauteuil et 5 chaises, 25 l. — 21 chaises de paille, 12 l. — 3 tabourets garnis de taffetas à fleurs d'argent, 3 l. — Chenets, pelle et pinces, 20 l. — « Une tanture de tapisserie de Flandre contenant 7 pièces de 2 aulnes et demie de haulteur », 400 l. — Fontaine et burette de cuivre, 40 l.

2º Chambre à côté, lambrissée de noyer, avec alcôve :
Lit duchesse avec courtepointe de taffetas bordée de damas et rideaux d'étoffe, 400 l. — Table avec tirette, 8 l. — 4 fauteuils et 4 chaises garnis d'étoffe verte, 36 l. — Armoire de chêne en forme de bureau, 24 l. — Miroir verni, 3 l. — Chenets, pelle et pinces, 10 l.

3º Cabinet voisin :
Châlit de chêne garni, 100 l. — 5 chaises de paille, 3 l. 15 s. — Vieille armoire peinte en rouge, 6 l. — Une mauvaise table, 1 l. — Chenets, pelle et pinces, 4 l.

4º Autre cabinet :
Cabinet de chêne, 8 l. — Bureau de chêne, 50 l. — 3 cassettes de cuir, 3 l.

5º Chambre « dite des damoiselles », où l'on monte par un escalier :
2 lits complets avec « rideaux à fil de sarge », 140 l. — Petit lit avec rideaux de serge verte, 40 l. — Armoire à quatre battants contenant des « pièces de tapisserie de quoy faire un lit », 300 l. — 2 tables, 7 l. 5 s. — 4 tapisseries des Flandres, 100 l. — 5 chaises, 3 l. — 4 malles de cuir, 24 l.

6º Chambre des servantes.

7º Chambre au-dessus :
2 lits garnis avec rideaux verts et citron, 35 l. — Tapisserie à personnages, 30 l. ; etc.

8º Cuisine.

9º Office :
Dans l'armoire, 6 flambeaux, une aiguière, une cafetière, 2 salières, 2 douzaines de cuillers et 2 de fourchettes, 3 cuillers à ragout, une potagère pesant 51 marcs, le tout d'argent et armorié, 3315 l. — Plus une douzaine de couteaux à manche d'argent, 120 l. — 4 seaux à glace ; 9 saladiers, 4 assiettes et 6 « petites porselennes,

---

(1) J'ai relevé ci-dessous l'indication de toutes les parties du logis et de toutes les pièces du mobilier intéressantes pour la connaissance du train de maison et de l'aménagement du château.

le tout de fayance », 10 l. — Panier à fruits sur bois argenté, 6 l. — 245 livres de vaisselle d'étain, 245 l. — 15 vieux mousquets, 60 l. — 9 fusils, 175 l. ; etc.

10° Vestibule de la chapelle.

11° Chapelle.

12° « Salle » :

4 tables de chêne, 45 l. — Une paire de paravents de serge verte à clous dorés, 40 l. — Chaises et fauteuils sans valeur. — Tableau de 7 pieds sur 8, représentant l'Enlèvement des Sabines, 300 l.

13° Chambre « au bout dud. logis du costé de la gallerie » :
Tableau de la Nativité, 20 l. ; etc.

14° Chambre à côté :
Table de chêne, lit complet avec courtepointe piquée de taffetas et « le dedans du lit de mesme estoffe », canapés de satin, chaises, etc., 230 l. — Tenture de tapisserie de 9 pièces, 100 l.

15° Chambre voisine :
Tapisserie de Flandre de 8 pièces, 400 l. — Tableau du martyre de saint Sébastien, 150 l. — 3 fauteuils et 5 chaises de velours, 25 l. — « Un drap mortuaire de velours noir croisé de satin blanc sur lequel sont les armes de Meulles relevées en bosse », 80 l. — « 2 cabarets complets, l'un de verre blanc et l'autre de terre dite de Saint-Esprit », 10 l.

16° Une salle haute :
Tenture de tapisserie de 9 pièces de haute lice, à personnages de grandeur naturelle, 400 l. — Tableau de 8 pieds de haut : la Création du monde, 200 l.

17° Chambre dorée :
6 fauteuils de gros point et 5 de point de Hongrie, 44 l. — Lit complet avec « soutennement de gros point et dossier de taffetas rouge et ses rideaux de ras coulleur de feu », 300 l. — 2 coussins de satin brodé or et argent, 60 l. — Tapis de satin bleu brodé d'argent, 20 l. — Tapisserie de 8 pièces, de haute lice, à personnages de grandeur naturelle, 1000 l.

18° Chambre au-dessus du vestibule de la chapelle :
2 lits, etc.

19° Bibliothèque :
306 volumes, 1000 l.

20° Chambre au-dessus de la chambre dorée :
De la laine, un métier, un rouet, etc...

21° « Chambre des valets » :
4 lits complets avec coffres, 41 l. 10 s.

22° Dans le vieux bâtiment, « chambre des valets » :
4 lits garnis avec coffres, 53 l.

23º Antichambre à côté :
Lit, table, bahut, chaises, 34 l.

24º Chambre voisine :
Lit complet, 80 l. — Tapisserie de 4 pièces, 80 l. — Tapisserie roulée de 9 pièces, de haute lice, à personnages, 1000 l. — 2 tapis de Turquie, 300 l.

25º Lingerie :
29 douzaines de serviettes, 290 l. — 36 nappes de toile commune, 72 l. — 18 paires de draps communs, 180 l. — 3 douzaines de serviettes fines, 414 l. — 20 nappes fines, 56 l. — 16 paires de draps fins, 240 l. — 12 nappes de cuisine, 18 l. — 18 tabliers de cuisine, 9 l.

26º Greniers :
22 charges de seigle à 24 livres, 528 l.

27º Chambre appelée l'Hermitage :
Lit complet, coffre, table, chaises, mousquet, fourche, arrosoirs, etc., 79 l.

28º Orangerie :
22 caisses d'orangers, citronniers, myrtes, 600 l.

29º Galerie :
Barriques, outils, établis, etc., 198 l.

30º Caves :
12 barriques pleines de vin rouge et blanc, 216 l.

31º Ecuries :
Un cheval blanc, 4 juments noires, 1000 l. — 4 bœufs de « poil roux et rouge », 200 l. — 5 vaches et 3 veaux, 200 l. — 45 « chez de brebis », 200 l. — 38 cochons d'un an et un de l'année, 140 l.

Reg. de 120 f.

112. — Vers 1720. — *Mémoire judiciaire pour Philippe-A. du Vergier, la comtesse de Mailly et consorts, contre les héritiers de M. Joullard, s^r de Fontmort, président au siège royal de Niort.*

[**112** bis]. — 1.721, 16 août. — *Partage des successions d'Armand-F. du Vergier et de Marie-E. de Caumont, sa femme, entre leurs enfants, à savoir : Philippe-Armand, lieut. du Roi au gouvernement du Bas-Poitou, cap. au rég. d'Anjou-cavalerie ; Jean-Baptiste-Jacques, chev. de la Rochejacquelein, lieut. d'inf. au rég. royal ; René-Louis, garde du pavillon amiral des vaisseaux de S. M. au département de Brest ; Fran-*

çoise-Armande, *femme de Georges-Guillaume-Louis du Fay, chev., s^r de la Taillée ; Marie-Henriette-Elisabeth ; Marie-Louise.*

Ils demeurent, l'aîné et lesdites demoiselles à la Durbelière, Jean-B.-J. à son régiment à Cambrai, Louis-R. à son département de Brest, Françoise-A. avec son mari au château de la Taillée, par. d'Echiré ; ils sont tous majeurs de 25 ans, sauf René-L. et Marie-L., mineurs émancipés sous l'autorité de Jean Gautronneau, not. et procureur en l'élection de Mauléon.

Pas de détails de partage.

D'ap. la mention faite dans l'art. 134 ci-après (Preuves).

113. — 1729, 20 nov. — *Philippe (1) du Vergier est nommé par le Recteur, pour un an, conseiller de l'Université de Poitiers pour la nation de Berry, avec jouissance des privilèges de ladite Université.*

Latin.

114. — 1731-1743. — *Services militaires de Philippe-Armand du Vergier (2) (2 pièces).*

1731, 9 janv. — Brevet de cornette en la compagnie de Lanty dans le régiment du maître de camp général de la cavalerie.

1743, 19 mars. — Brevet d'exempt des gardes du Roi dans la compagnie du duc de Béthune, en remplacement de Mr de Montgermain.

115. — 1734-1735. — *Partage de la succession de Jean Taveau et Jeanne Martel, sa veuve, entre Ph.-A. du Vergier, comme administrateur de son fils Henri-J.-A., comte de la Rochejacquelin, d'une part, et Jean-François-Antoine de La Haye-Montbault, chev., s^r de Bourneau, et Catherine Martel, sa femme, d'autre part (5 pièces).*

---

(1) La pièce porte *Franciscus-Armandus.* C'est évidemment une erreur.

(2) Il a été aussi capitaine au régiment d'Anjou-cavalerie (voir art. 112 *bis* ci-dessus).

1734, 10-18 nov. — Visite et estimation des bois de la succession de Jeanne Martel.

1735, 21 mars. — Partage.

Les immeubles de la succession de Jean Taveau consistent en la baronnie de Morthemer, « telle qu'elle est eschue audit ...marquis de la Rochejaquelin... par le partage (1) fait entre... François Taveau, chevalier, seigneur de Normendou, les enfans du second mariage de ...François Taveau, chev., baron de Morthemer, et ledit... marquis », estimée 82225 l.

Les immeubles de la succession de Catherine Martel consistent dans les s^{ies} de Remeneuil et Dercé, quatre métairies à Ingrandes et la terre de Landrepoustre au pays du Maine.

Revient à P.-A. du Vergier : la b^{ie} de Morthemer (estimée 82255 l.) et les deux tiers indivis des métairies d'Ingrandes (estimées au total 15400 l.) (2).

« La métairie de la Boutinière, qui n'est entrée dans le présent partage, demeure en commun » entre les parties.

Sous-seing privé.

1735, 16 mai. — Vente des meubles de la maison où Jeanne Martel est décédée, sise à Poitiers, rue du Gervis-Vert.

On y remarque « sept pièces de tapisserie de haute lice quy représante Alexandre-le-Grand, tirant seize aulne », adjugés, avec un sopha garni de très mauvais damas, 440 l. à Mme de Mauprié.

Cah., 12 f.

[**115 *bis***]. — *Avant 1743.* — « *Mémoire pour faire les preuves de noblesse de Mre Henri-Jean-Armand du Vergier..., escuyer, fils puisné de Mre Philippe-Armand du Vergier... et de ...Marie-Esther Tavau,... pour le faire recevoir chevalier de l'ordre de Saint-Jean de Jérusalem* ».

«... Comme Simon du Vergier, seigneur de la Pillière, capitaine de galères,... frère de René..., son ayeul... »

D'après la mention faite dans Fonteneau, *t. LXXXIII, f. 151 v.*

---

(1) Probablement partage fait en 1720 au moment de la dissolution de la communauté.

(2) Henri-J.-A. du Vergier ayant été tué en 1743 à la bataille de Dettingen, sa part de succession de sa mère revint à sa tante Catherine Taveau.

116. — 1743, 29 sept., la Flocelière. — *Contrat de mariage de Philippe-A. du Vergier, veuf de Marie-E. Taveau, avec Hardouine-Henriette-Sidrac de Granges de Surgères de Puyguion, fille de feu Gilles-Charles, marquis de la Flocelière, cap. de vaisseau, et de Jeanne-Françoise de Granges de Surgères de Puyguion* (orig. et copie).

Consentants, pour le futur : [Marie-] Henriette-Elisabeth, sa sœur ; Louis-Marc du Fay, prêtre, Françoise-Elisabéth du Fay, ses neveu et nièce, etc. — Pour la future : Hardy Petit et Anne-Françoise de Granges, ses beau-frère et sœur, etc.
Dot : 30.000 l., plus 20.000 l. qu'elle hérita du comte de Marbœuf.
Not. : Guinoyseau et Gautronneau, de Châtillon.

117. — 1744, 21 sept., chapelle de la Durbelière. — *Bapt. de Claude-Alexis-Armand-François du Vergier, fils de Philippe-A. et d'Hardouine-H.-S. de Granges, né le 20.*

Parrain : Alexis, duc de Châtillon. Marraine : Jeanne-Françoise de Granges.

Extr. du 25 janv. 1757.

118. — 1745, 2 oct. — *Convention entre Philippe-A. du Vergier, son frère Jean-B., chev. de la Rochejacquelin, chev. de Saint-Louis, cap. au rég. de Royal-infanterie, sa sœur Marie-H.-E., fille majeure, et G.-G.-L. du Fay au nom de Marie-Françoise et Marie-Jeanne-Radegonde, filles de son mariage avec feue Françoise-A. du Vergier (Marie-L. du Vergier est morte), héritiers de René-L. du Vergier, chev. de la Rochejacquelin, chev. de Saint-Louis, lieut. de vaiss., « leur frère et oncle, qui décéda au service du Roy le premier février dernier », d'une part, et Marguerite du Vivier, veuve de ce dernier, d'autre part, au sujet de sa succession.*

Pour éviter un morcellement, les héritiers abandonnent à la veuve la jouissance viagère des immeubles.
Not. : Guérineau et Moriceau, de Niort.

119. — 1749, 21 juill. — *Baptême de Louis-Henri-Auguste du Vergier, fils de Philippe-A. et d'Hardouine-H.-S. de Granges, né la veille.*

Parrain : Auguste-César Brethé de La Guybretière, curé de Saint-Aubin-de-Baubigné. Marraine : Henriette-Elisabeth de Granges de Surgères, marquise de Lescure.

Extr. des reg. par. de Saint-Aubin-de-B., de l'an XI.

120. — 1753, 13 nov., chapelle de la Durbelière. — *Baptême de Sophie-Marie-Agathe du Vergier, fille de Philippe-A. et d'Hardouine-H.-S. de Granges, née le même jour.*

« Le nom de baptême lui a été donné dans la chapelle dudit château... le treize... février mil sept cent cinquante quatre par... Louis-Marie-Joseph marquis de Lescure, baron de Sainte-Flève, et par... Marie-Sophie de Caumond ».

Extr. des reg. par. de Saint-Aubin-de-B., de 1809.

121. — 1754-1761. — *Succession de Philippe-Armand du Vergier (12 pièces).*

1754, 9 sept. — Son testament olographe.

... Je donne à... Ardouine... de Granges de Surgères, ma femme, tout ce que la coutume... me permet de luy donner. Je la prie... de ne se point affliger de ma mort et de se conserver pour ses enfans ; c'est la marque d'amitié qus je luy demande, et de se soumettre à la volonté de Dieu qui sépare deux cœurs bien unis. Je demande à estre enterré très uniment, ne voulant que les prestres de la paroisse. Je demande deux services ou trentains et... que l'on donne dix charges de bled seigle aux pauvres...

Copie collat.

1760, 4 oct. — Inhumation, dans le chœur de l'église de Saint-Aubin-de-B., de Philippe-A. du Vergier, âgé de 68 ans.

Extr. de 1762, sceau du duché de Châtillon.

[*1760, 9 déc.* — Sentence de la sénéchaussée du duché de Châtillon nommant Jean-Baptiste-Jacques du Vergier, éc., cap. de grenadiers au rég. de Royal-Infanterie, chev. de Saint-Louis, pour curateur d'Henri-Louis-Auguste, âgé de 11 ans, et de ses frères puinés, fils du défunt].

D'ap. la mention faite dans l'art. 134 ci-après (preuves...).

1760, 22 déc. — Inventaire de la succession, par-devant Gautronneau et Guinoyseau, notaires à Châtillon. .

Incomplet et mutilé.

1761, 17 fév. — Requête adressée par la veuve au sénéchal de Châtillon en vue de l'entérinement du testament.

Jean-Baptiste-Jacques du Vergier, ancien cap. de grenadiers au rég. de Royal-Infanterie, chev. de Saint-Louis, oncle des enfants mineurs, a été désigné pour leur curateur.

122. — 1761-1767. — *Pensions accordées par le Roi* (4 pièces).

1761 ou 1762. — Brouillon d'une lettre adressée par un signataire inconnu au maréchal-duc de Richelieu, pour lui recommander la veuve de Philippe-A. du Vergier et ses enfants.

...L'aîné Alexis-Armand-François du Vergier... est cornette au régiment de Choiseuil-Dragon ; en cette qualité il a fait la campagne de 1761 et est a l'armée de Broglie ; sa famille et luy vous suplient... de... luy obtenir... une compagnie de dragons à la taxe et une place de garde marine à son premier cadet Charles-Henry-Jacques-André, et mesme place au second cadet Henry-Louis-Auguste... ; ils osent espérer cette grâce... de votre protection dans leurs malheurs et les pertes qu'ils ont fait, un frère du premier mariage avec Mlle de Mortemer (1) tué à Estingue (2), exempt des gardes du corps...

Par le contrat de mariage de feu Armand-François du Vergier avec Mlle de Caumont... Louis quatorze la dotta de ving mille franc et lui assura la rente viagère de quinse cent livres.

Après leur mort,... le Régent, par trois brevets... du 5 juillet 1722, continua les 1500 l. de gratification annuelle aux trois garçons du susdit mariage, sçavoir... 500 l. à Philippe-Armand..., 500 l. à Jean-Baptiste-Jacques, qui vit encore, auquel vous avé... fait avoir 500 l. sur la cassette,

---

(1) Henri-Jean.
(2) Lire *Dettingen.*

500 l. à Louis-René, lieutenant de vaisseaux, péry sur le vaisseau de Mr Desgouttes. De façon qu'à la mort de M^r le M. de La Rochejacquelin M^r le comte de Saint Florantin, leur parant, a demandé au Roy que les 500 l. de gratification annuelle fussent accordée à son fils aîné... et que les autres 500 l. du ch^r de La Rochejacquelin mort dans la marinne capitaine commandant en second le vaisseau de Mr Desgouttes fût continuée à son neveu Charle-Henry-Jacques-André, premier cadet, et au second cadet Henry-Louis-Auguste les 500 l. dont jouist aujourd'hui son oncle le ch^r de La Rochejacquelin, blessé à Fontenoy, lequel s'en désiste... Le Roy répondit à M^r...de Saint Florantin que les temps ne permettoient pas de multiplier les pentions et n'accorda que trois cent livres a celuy qui est cornette en Choiseuil, en datte du 28 novembre 1760...

Vos bontés... et votre crédit pour ses orphelins... leur fait espérer que vous leur feré conserver les 1500 l. de pention, ...une compagnie de... cavalerie à l'aîné et les deux cadets garde de la marinne...

1767. — Note sans date ni signature, probablement de la main d'Hardouine de Granges, veuve du Vergier.

Le 28 novembre 1760 le Roy a accordé une pension de trois cent livres à Alexis-Armand-François du Vergier..., il ne l'a jamais touché, il est mort le 27 janvier 1767... Le 27 féverié 1762, le Roy acorda à Charle-Henrie-Jaque-Armand-André du Vergier... une pension de trois cent livres, il ne l'a jamès touché, il est mort le cinq octobre 1763.

1767, 11 mars. — Lettre de M. de Saint-Florentin informant Hardouine de Granges « que le Roi a bien voulu accorder à celui (1) de M^r vos fils qui survit celui que vous venes de perdre la pension de trois cent livres dont il jouissoit... »

123. — *1763, 1er mars. — Commission de capitaine d'une compagnie dans le régiment Royal-dragons en faveur d'A-*

---

(1) Henri-Louis-Auguste,

lexis-Armand-François du Vergier, ci-devant cornette dans le régiment de dragons de Choiseul.

[**123** *bis*]. — 1763, 14 mars. — *Hardouine-H.-S. de Granges, veuve du Vergier, ayant pris communication de l'inventaire de la succession de Jeanne-Françoise de Granges, sa mère, fait le 29 févr. 1763 par Delavau, not. à la Flocelière, renonce à ladite succession « pour se tenir à la dot de son mariage ».*

Notaire : Saoulet, de la Flocelière.

D'ap. l'art. 134 ci-après. (Mémorial...).

124. — 1766-1790. — *Services militaires d'Henri-L.-A. du Vergier* (44 pièces).

1766, 26 avril (1). — Brevet de porte-étendard au rég. de cavalerie de Berry.

1768, 1ᵉʳ janv. — Brevet de sous-lieutenant au même régiment.

1771, 4 mai. — Commission de capitaine au même régiment.

1771, 16 oct. — Brevet de guidon de la compagnie des gendarmes anglais.

1771, 16 oct. — Commission de lieutenant-colonel de cavalerie.

1775, 7 mai. — Brevet d'enseigne en la compagnie des gendarmes Dauphin.

[*1776, 1ᵉʳ avril.* — Commission de mestre de camp de cavalerie. Le titulaire y est de plus qualifié sous-lieutenant aux gendarmes écossais].

D'après l'art. 134 ci-après (procès-verbal..., p. 22).

1776, 25 avril. — Brevet de second lieutenant en la compagnie des gendarmes écossais. Le titulaire a été réformé comme enseigne en la compagnie des gendarmes Dauphin en conséquence de l'ordonnance du 24 févr. 1776.

1780, 1ᵉʳ mars. — Brevet de premier lieutenant en la compagnie des gendarmes de Monsieur.

1781, 19 juin. — Décompte des appointemens de M. le Mⁱˢ de

---

(1) Jour et mois, illisibles, donnés d'ap. l'art. 2 ci-dessus.

La Roche-Jacquelein, premier lieutenant de la compagnie des gendarmes de Monsieur, pour l'année entière 1780.

1° « Appointemens jusqu'au 1er mars, pour 2 mois en qualité de second lieutenant des gendarmes écossais, à raison de 5000 L par an ».. 833 l. 6 s. 8 d.

Frais à déduire .... 57 l. 19 s.

Reste à toucher ...., 775 l. 6 s. 8 d.

2° « Appointemens en qualité de premier, lieutenant des gendarmes de Monsieur depuis le 1er mars ...à raison de 5500 l. par an »... 4583 l. 6 s. 8 d.

Frais à déduire :

4 d. pour livre, 76 l. 7 s. 9 d. — Capitation à raison de 240 l. par an, 200 l. — Chirurgiens-majors à raison de 96 l. par an, 80 l. — Rente Guignard à raison de 9 l. 7 s. 6 d. par an, 7 l. 16 s. 3 d. — Quittance, 10 s. — Comédie, 280 l. — Eclairement du château, 25 l. 1 s. 1 d. — Frais de chasse, 60 l. — Droit de mutation, 65 l. — Copie du brevet, 2 l. 10 s.

Total des frais .... 797 l. 5 s. 1 d.

Reste à toucher net............................... 3786 l. 1 s. 7 d.

1783, 22 juill. — Commission du marquis d'Autichamp pour recevoir Henri-L.-A. du Vergier comme chevalier de Saint-Louis.

1784, 1er janv. — Commission de mestre de camp-lieutenant-commandant du régiment Royal-Pologne-cavalerie (1).

1787, 20 janv. — Lettre du maréchal de Ségur au duc de Brissac « relativement à la surcharge excessive mise sur les deux voitures à la suite du régiment de cavalerie de Royal-Pologne pendant sa marche de Landrecy à Niort ».

L'officier qui commandait ce corps pendant sa route paiera « le prix montant à 804 l. du transport de l'excédent de poids », qui sera retenu sur ses appointements « pour en faire distribuer la moitié aux préposés du service des convois militaires afin de les indemniser du préjudice qu'ils ont souffert... ; l'autre moitié... sera portée en recette... au compte de Sa Majesté ».

Copie certifiée transmise à Henri-L.-A. du Vergier par le duc de Brissac.

1787, 28 mars. — Lettre du duc de Brissac mandant à Henri-L.-A. du Vergier de répartir entre ses bas-officiers et instructeurs la gratification accordée à ceux-ci par le Roi à raison de 75 l. par escadron.

----

(1) Il vendit en 1785 sa terre des Places à Jacques-Claude-René Grimouard, éc., sr du Péré, moyennant 20.100 l., pour acheter ce régiment (arch. de M. le vicomte de Grimouard).

1787, 21 avril. — Lettre du duc de Brissac à Henri-L.-A. du Vergier, lui demandant une place dans son régiment pour M. de Russon, son premier page.

Le père de M. de R. « a une douzaine de mille livres de rente qui deviendront un jour la propriété de ce jeune homme, qui, étant seul de garçon, aura la plus grande partie de cette fortune, puisqu'elle existe en Anjou près de Thouarcé. Le jeune homme est bien élevé, monte bien à cheval, est d'une jolie figure et d'une taille raisonnable... Le père ni le grand'père n'ayant pas eu l'honneur de servir le Roi, il sera bien monté et bien équipé, à moins que vous n'aimiez mieux que tout lui soit fourni au régiment, pour que les uniformes soient plus exacts... M. de Russon est seigneur de Bonneveaux ; vous le connaîtrez mieux sous ce nom, et ils font preuves de noblesse de huit générations, tems où ils sont établis en Anjou... L'assemblée des notables est la seule occupation de Paris ».

1788, 21 sept. — Brevet de maréchal de camp.

1790, 12 août. — Sept commissions, en faveur d'H.-L.-A. du Vergier, d'inspecteur extraordinaire près les régiments de Royal-la-Marine, de Royal-Roussillon, de Royal-Lorraine, d'Agénois, du Perche, de la Sarre et du bataillon des chasseurs bretons, en vertu du décret de l'Assemblée nationale du 6 août 1790.

1790, 1er oct. — Situation du régiment de cavalerie Royal-Lorraine, en garnison à Niort.

Maréchaux-des-logis et brigadiers, 425. — Manque au complet, 51.
Trompettes. — Présents sous les armes, 292. — De service, 18.
— Malades, 14. — En congé, 85. — Aux ateliers du régiment, 16.
Chevaux, 383. — Manque au complet, 71.
Officiers. — Présents, 22. — Absents, 15.
En caisse, 62062 l.

1790, 21 oct. — Procès-verbal de vérification des comptes du régiment du Perche-infanterie, en garnison à Saint-Martin-de-Ré, par Henri-L.-A. du Vergier.

1790, 26 oct. — « Etat des sommes... à rembourser aux cavaliers du régiment de Royal-Lorraine d'après la vérification faite par devant Mr de La Rochejaquelein », sur les réclamations desdits cavaliers.

Total desdites sommes : 1244 l. 12 s.

1790, 30 oct. — Lettre de Mr de La Tour-du-Pin à H.-L.-A. du Vergier, lui annonçant que le Roi a réglé son traitement comme inspecteur extraordinaire à 2700 l.

1790, 30 oct. — Adresse des sous-officiers et soldats du régiment de Royal-la-Marine, en garnison à l'île d'Oléron, aux sous-officiers et soldats de l'Armée, faisant connaître qu'ils sont rentrés dans l'ordre et rendant hommage au rôle d'Henri-L.-A. du Vergier dans cette circonstance.

Impr.

1790, 10 déc. — Lettre de Mʳ du Portail à H.-L.-A. du V., lui accusant réception de sa lettre « par laquelle vous demandez d'être employé en votre grade de maréchal de camp lorsque le Roi s'occupera après l'organisation de l'armée du choix des officiers généraux qui seront chargés de remplir les fonctions de leur grade près les troupes ».

Ordres de service et de manœuvres divers.

125. — 1767, 28 janv. — *Inhumation au cimetière de Saint-André-des-Arcs, à Paris, d'Armand-François-Alexis du Vergier, « marquis de la Rochejacquelein, lieut. pour le Roy de la province du Poitou, capitaine de dragons au régiment royal..., décédé la veille rue Saint-André..., âgé de vingt-deux ans ou environ ».*

Extr. de 1767.

126. — 1769. — *Mariage d'Henri-Louis-Auguste du Vergier, fils de feu Philippe-A. et d'Hardouine de Granges, avec Lucie-Bonne-Constance de Caumont, dˡˡᵉ de Mitteau, fille d'Alexandre-Tancrède, chef d'escadre, et de feue Angélique de Goussé de La Roche-Allard, demᵗ au château de Mitteau, par. de la Jaudonnière (3 pièces, dont un double).*

1769, 16 oct. — Contrat. Dot : 20000 l. Notaire : Pillaud, de la châtellenie de la Jaudonnière.
1769, 17 oct., égl. de la Jaudonnière. — Acte de mariage, avec dispense du 3ᵉ degré de consanguinité.
Extr. de 1819.

127. — 1770, 4 nov., égl. de Saint-Aubin-de-Baubigné. — *Bapt. de Constance-Henriette-Louise du Vergier, fille d'Henri-L.-A. et de Lucie-Bonne-Constance de Caumont, née le 2.*

Parrain : Tancrède de Caumont. Marraine : Henriette-Elisabeth de Granges, mˡˢᵉ de Lescure.

Extr. de 1819.

128. — 1771, 25 mars, Mitteau. — *Partage de la succession de Marguerite-Charlotte de Goussé de La Roche-Allard entre Armand-Henri-Hercule de Caumont, cap. au rég. de Royal-infanterie, Louise-Charlotte-Angélique de Caumont, femme de Pierre-Alexandre de Suzannet, et Lucie-B.-C. de Caumont, femme d'Henri-L.-.A. du Vergier, ses neveu et nièces, représentant feu leur mère Angélique de Goussé* (2 pièces).

Part de Lucie-B.-C. de Caumont : 850 l. de rente sur les aides et gabelles ; la cabane de Manoufle, alias les Trois-Tourettes, et les deux cabanes du Roché, sises dans les marais de Saint-Louis ; trois actions des Fermes.

Sous-seing privé.

129. — 1772, 30 août, Saint-Aubin-de-Baubigné. — *Bapt. d'Henri du Vergier, fils d'Henri-L.-A. et de Lucie-Bonne-Constance de Caumont, né le même jour.*

Parrain : Armand-Henri-Hercule de Caumont, cap. au rég. de Royal-infanterie. Marraine : Hardouine-H.-S. de Granges.

2 extr. de l'an XI et de 1819.

130.. — 1774 (12 août et 4 sept.), 1775 (2 janv.). — *Testament avec 2 codicilles d'Hardouine-H.-S. de Granges, veuve du Vergier* (une pièce).

Elle constitue son fils Henri-L.-A. son légataire universel, à charge de donner 100000 fr. en capital ou en rente à chacune de ses sœurs Anne-Henriette et Sophie-Marie-Agathe.

131. — 1774, 30 oct., Saint-Aubin-de-Baubigné. — *Bapt. d'Anne-Louise du Vergier, fille d'Henri-L.-A. et de Lucie-Bonne-Constance de Caumont, née le même jour.*

Parrain : Louis-Charles de La Cassagne, éc., s^r de Saint-Laurent. Marraine : Anne-Henriette du Vergier.

3 extr. de l'an X et de 1819.

132. — 1777, 7 oct., hôpital Saint-Joseph de Niort. — *Acte de profession religieuse de Sophie-M.-A. du Vergier*

*dans l'Institut des religieuses hospitalières de la Congrégation
de Saint-Joseph.*

133. — 1777, 29 nov., Saint-Aubin-de-Baubigné. — *Bapt.
de Louis du Vergier, fils d'Henri-L.-A. et de Lucie-B.-C. de
Caumont, né le même jour.*

Parrain : Henri du Vergier. Marraine : Louise-Charlotte-Angélique de Caumont, dame de Suzannet.

6 extr. de 1791, l'an XI, 1819 et 1820.

134. — 1778-1787. — *Réception comme chevalier de Malte
de Louis du Vergier, fils d'Henri-Louis-Auguste et de Lucie-
Bonne-Constance de Caumont* (4 pièces).

1780, déc. — « Mémorial primordial des titres... dont désire se
servir noble Louis du Vergier... concernant ses deux lignes paternelle et maternelle... » (1).

Parmi les titres analysés, je relève :

1778, 3 août. — Bref apostolique « en vertu duquel... le grand-
maître Emmanuel de Rohan reçoit de minorité au rang de chevalier
de justice de la vénérable langue de France et prieuré d'Acquitaine...
Louis du Vergier... pourvu qu'il paye dans le terme de deux ans...
1000 écus d'or... et qu'il remplisse les autres obligations... »

1786, 21-28 oct. — Procès-verbal d'enquête et de vérification
des preuves de noblesse du candidat, par Jacques de Brémond,
commandeur d'Ansigni, et Jean-Henri de La Laurencie, commandeur de l'Ancien Temple d'Angers, commissaires désignés par le
Grand-Prieuré d'Aquitaine.

Analyses de titres dont beaucoup existent encore dans le chartrier de la Durbelière. Ceux qui sont disparus sont mentionnés dans
le corps du présent ouvrage aux places que devraient occuper les
originaux.

135. — 1779, 15 mai. — *Partage entre Henri-L.-A. du
Vergier, m^is de la Rochejaquelein, lieut. de Roi en Poitou,
col. de gendarmerie et mestre de camp de cavalerie, et Anne-
Henriette, sa sœur, dem^t ensemble à la Durbelière, des succes-*

____

(1) Assemblage de 69 fiches découpées aux ciseaux, qui ont peut-être formé
à l'origine un cahier.

sions de leurs père et mère, de leurs frères [Claude-Alexis-
Armand-François et Charles-Henri-Jacques-Armand], de
leurs oncle et tante [probablement Jean-B.-J. et Marie-H.-E.],
décédés, et de leur sœur [Sophie-Marie-Agathe], entrée en
religion (4 pièces).

« *Etat estimatif des immeubles à partager.* »

Les estimations sont faites en revenu.

Terre de la Durbellière, en la paroisse de Saint-Aubin-de-Baubigné :

1º Le château et préclôtures de la Durbellière formera le préciput, pourquoi il ne sera point estimé. — 2º La bordrie du château de la Durbellière..., les prairies des Belles et du Ravoys y réunis, relevante noblement des seigneuries de la Vauxgrollière et de la Saulais-Escoubleau, ainsi qu'elle est fait valoir par domestiques, 2.210 l. — 3º Les dixmes et rentes en seigle, 900 l. — 4º Vingt-six charges d'avoine en rente, 260 l. — 5º Gauduchère, métairie hommagée relevante du fief de la Vauxgrollière, affermée 386 l. — 6º Poupetière, métairie relevant noblement de Tournelay, affermée 390 l. — 7º Routière, métairie relevante noblement de Tournelay, affermée 470 l. — 8º Le Verger, métairie relevante noblement de Chastillon, affermée 520 l. — 9º Maison-Neuve, métairie relevante noblement de la Flocellière, affermée 420 l. — 10º Maigretière, métairie affermée 400 l. — 11º L'Aubrière, métairie relevante noblement du Fief-Fournet, affermée 445 l. — 12º Touche-Oger, métairie relevante noblement de la Blandinière, affermée 546 l. — 13º Fremonnière, métairie relevante noblement de la Vauxgrollière, affermée 415 l. — 14º Millassière, métairie relevante noblement de Daillon et de la Haute-Trappe, affermée 450 l. — 15º Haute-Limousinière, métairie relevante roturièrement de la Crilloire, affermée 100 l. — 16º Vaux-Toupinière, relevante noblement de la Supplicière, affermée 483 l. — 17º Turpaudrie, métairie mouvante noblement de la Flocellière, affermée 261 l. — 18º Guilbretière, métairie mouvante noblement de Tournelay, affermée 300 l.

— 19° Picornière, métairie mouvante noblement de Tournelay, affermée 179 l. — 20° Bouard, métairie mouvante noblement de la Vauxgrollière, 1200 l. — 21° Plessis-Billault, maison relevante roturièrement de la Durbellière, affermée 30 l. — 22° Gauducheau, moulin mouvant noblement de la Vauxgrollière, 250 l. — 23° Dommaines de Soussais, mouvants noblement de Beauventre, 300 l. — 24° Plusieurs maisons roturières au bourg de Saint-Aubin de Baubigné, affermées 55 l. — 25° La maison du Petit-Bouard, relevante noblement de la Flocellière, affermée 30 l. — 26° Plusieurs maisons et différens petits dommaines au village des Oulleries, en ladite paroisse de Saint-Aubin, affermés 256 l.

Totalité de la terre de la Durbellière se monte en revenu annuel, non compris le château et préclôtures, à 11.256 l.

Terre du Fresne-Chabot, en la paroisse de Nueil-sous-les-Aubiers :

1° La chastellenie et fief... du Fresne-Chabot, 150 l. — 2° Rentes en seigle, 350 l. — 3° Rentes en avoines, 30 l. — 4° Four banal au bourg de Nueil, affermé 30 l. — 5° La halle au bourg de Nueil, 100 l. — 6° Moulin bannal du Pas-Thibault et borderie de la Papelièvre, mouvante noblement d'Argenton, affermé 406 l. — 7° Bois taillis dépendants de ladite chastellenie, 150 l. — 8° La bordrie du Fresne-Chabot, mouvante noblement d'Argenton, exploitée à moitié fruits, 1 250 l. — 9° Poulinière, métairie noble mouvante pour une moitié d'Argenton et pour l'autre moitié de Chollet, affermée 446 l. — 10° Petit-Fournet, métairie mouvante noblement du Fief-Fournet, affermée 121 l. — 11° Noue-Ronde, métairie noble affermée, 368 l. — 12° Marière, métairie noble mouvante d'Argenton, affermée 235 l. — 13° L'Epinay, métairie noble mouvante de Chollet et d'Argenton, affermée 252 l. 10 s. — 14° Madeleine, métairie noble mouvante de Chollet et de Censais, affermée 460 l. — 15° Varnière, métairie noble mouvante du Fief-Fournet, affermée 384 l. — 16° Marchais, métairie noble mouvante de Chollet, affermée 368 l. 10 s. — 17° Chauvinière, métairie noble mouvante d'Argenton, affermée 321 l. 13 s. — 18° Rochaïs, métairie noble mouvante d'Argenton et de Censais, affermée 425 l. — 19° Vergnais-Burot, métairie noble mouvante d'Argenton, affermée 459 l. — 20° Roblinière, métairie noble mouvante de Mairé, affermée 310 l. — 21° Petit-Pairé, noble mouvant de Chollet, affermé 158 l. — 22° Pasty de Malles, roturier affermé 25 l.

Le total de la terre du Fresne-Chabot... se monte en revenu annuel à 6.799 l. 13 s.

Terre de la Rochejaquelein, en la paroisse de Voultegon :

1° Ladite terre est affermée 1.564 l. ; plus trente charges de bled, 450 l. ; plus, en rente, trois charges dix boisseaux de seigle, 53 l. ; n^a : il y a un petit fief qui est de si peu de chose qu'on l'a considéré comme de nulle valeur. — 2° Guignonnière, métairie en la paroisse de Courlay, partie noble partie roturière, affermée 300 l. — 3° Pleinelière, métairie en ladite paroisse de Courlay, partie noble partie roturière, affermée 330 l.

Le total de la terre de la Rochejacquelein... se monte en revenu à 2.697 l.

N^a : dans les trois articles ci-dessus, il y a quelques petites parties roturières qui ont été fixées à 180 l. ; par conséquent le noble est de... 2.517 l.

Objets divers :

1° Terre, fief et seigneurie des Places,... métairie dudit lieu... et celle de la Relusière, le tout en la paroisse du Fief-Moreau, avec les domaines situés au village de Cougou, par. de Saint-Hilaire-sur-l'Autise, affermée douze-cens livres, dont 1.000 l. noble et 200 l. roturier, 1.200 l. — 2° La maison, terre et seigneurie de la Touche-du-Beugnonet..., métairie de la Cour, moulin à vent, la métairie de la Chauvelière, les métairies et bordrie de la Chauvière et bordrie au bourg, le tout paroisse du Busseau, affermée onze cens livres, dont 360 l. noble et 740 de roturier, 1100 l. — 3° Une métairie à la Grande-Girardière en la paroisse des Aubiers, noble, affermée 240 l. — 4° Autre Girardière, métairie noble en la par. des Aubiers, affermée 203 l. — 5º L'Oriollière, métairie noble en lad. par. des Aubiers, affermée 500 l. — 6º La métairie, fief et seigneurie du Plessis-au-Provost, noble, sise en la paroisse de Combran, affermée 270 l. — 7º Charge de lieutenant de Roy, 630 l.

Revenant les objets divers à 4.143 l.

Bois de futaye :

Bois-Marie, estimé en fond 1.500 l. — Bois de la Tortière, 1.500 l. — Bois de l'Oriolière, 4.000 l.—Bois des Chèvres, 12.000 l. — Bois de la Roblinière, 2.000 l.

Total : 21.000 l.

Faisant produire un revenu à cette somme, elle donnera au denier vingt 1.050 l.

...Le mobilier (créances comprises) a été fixé à 67.823 l.

Un brouillon et un état au net, non signés.

Acte de partage.

On y remarque que dans les immeubles des successions dont il s'agit « il y a... du noble et du roturier ; que le domaine roturier de la Durbelière ne consiste que dans la métairie de la Haute-Limousinière, le bordage du Plessis, les maisons du bourg de Saint-Aubin et le domaine des Ouleries, qui font à peine une 26ᵉ partie de ladite terre, non compris le préciput ; que dans celle du Fresne il n'y a que le Pasti de Malle qui soit roturier, estimé faire la 272ᵉ partie de cette terre ; que dans celle de la Rochejaquelein et des métairies de la Guignonière et de la Pleinelière il y en a seulement une 15ᵉ partie de roturier, et dans les terres des Places et de la Touche il y en a deux cinquième de roturier et que tout le surplus des susdites terres est de nature homagée et que les fonds résultant de la charge de lieutenant de Roi doivent être considérés pour roturier ».

Le passif de ces successions consiste en : 1º rentes constituées, valeur de 65117 l. en principal ; 2º dettes, 30502 l. ; 3º rentes viagères, d'un total de 3215 l. annuellement.

Pour simplifier ces successions très compliquées, les conventions suivantes sont arrêtées :

Henri, au lieu de prendre un préciput sur chacune, n'en prendra qu'un sur l'ensemble, à savoir le château de la Durbellière.

Pour sa part des deux tiers dans les immeubles, il aura les terres de la Durbellière, de la Rochejaquelein, des Places, de la Touche et du Plessis-Prévost, les métairies de la Grande-Girardière, de

l'Oriollière (avec le bois), des Noues, de la Guignonière et de la Pleinelière et le fonds de la charge de lieutenant du Roi en Poitou. Sa
sœur aura le reste, y compris les souches des bestiaux du Fresne.

Le mobilier sera partagé par moitié. Dans la part d'Anne figurent
800 l. représentant l'ameublement de sa chambre à la Durbellière
et 7000 l. représentant les bestiaux du Fresne.

Passif : Henri se charge des rentes viagères. Le reste est partagé
par moitié.

Anne continuera d'être logée et nourrie à la Durbellière jusqu'à
la Saint-Georges (23 avril 1780) moyennant 1200 l.

Or. mutilé et une copie contemp.

Brouillon du calcul du partage.

Le total du revenu est de.............................	24.165 l.
faisant un principal au denier 20 de...............	483.300 l.
plus en bois de futaye	21.000 l.
	504.300 l.
Dettes	104.717 l.
Reste à partager...................................	399.583 l.

136. — 1780, 29 janv., Saint-Aubin-de-Baubigné. —
*Bapt. de Louise-Joséphine du Vergier, fille d'Henri-L.-A.
et de Lucie-B.-C. de Caumont, née le même jour.*

Parrain : Joseph Groleau. Marraine : Marie-Louise Bonneau (qui
ne sait signer).

5 extr. de l'an X et 1819.

137. — Vers 1780, Lunéville (1). — *Lettre de M. d'Hozier
à Henri-L.-A. du Vergier.*

...Je vous seray très obligé de... faire un mémoire...
des services de Louis du Vergier..., blessé à la bataille d'Arques en 1589... Nous nous faisons une fête de vous revoir
bientôt ; autant vous procurez d'agrément dans cette ville
quand vous l'habitez, autant le séjour en est triste en votre
absence...

____

(1) La présence d'Henri-L.-A. du Vergier à Lunéville est constatée plusieurs
fois entre 1781 et 1783 dans l'art. 124 ci-dessus.

138. — 1784, 17 avril, la Jaudonnière. — *Baptême d'Auguste du Vergier, fils d'Henri-L.-A. et de Lucie-Bonne-Constance de Caumont, né le même jour au Petit-Metteau.*

Parrain : Lubin de Suzannet ; marraine : Constance-Henriette-Louise du Vergier, sœur du baptisé.

2 extr. de l'an X.

139. — 1785, 24 sept., Clisson (de Bretagne). — *Lettre de M. de Rorthays de La Pouplinière au marquis de La Rochejaquelein pour lui demander s'il ne posséderait pas quelques pièces concernant sa famille.*

Il s'agit de : « un aveux rendu à Thébault de Rorthays par André Motard en 1423 ; un hommage rendu par... Louise de La Haye-Monbault, veuve dudit Thébault..., en 1430 ; le partage... concernant la succession de Jean de Rorthays en 1493 ».

140. — 1787, 12 août, Versailles. — *Lettre du chevalier de Forget à Henri-L.-A. du Vergier au sujet des réformes.*

Les refformes viennent de paroître... La fauconnerie du Cabinet est réduite, mais je ne suis point supprimé ; on me conserve sous une forme moins considérable pour les cérémonies; il n'y a que la chasse de supprimée, et la dépense... On publie l'impôt sur le timbre... La subvention territoriale est passée au Parlement... Tout est ici dans la désolation des refformes et dans l'abattement des affaires actuelles. La situation est beaucoup plus violente encore dans d'autres provinces... Je suis excédé à faire des états et des mémoires pour le Ministre. Pardonnez mon griffonage et mes ratures à l'empressement de vous écrire des nouvelles affligeantes à la vérité, mais qui vous prouve le zèle que je mets à vous les faire savoir.

141. — 1788, 8 avril, Saint-Aubin-de-B. — *Baptême de Lucie du Vergier, fille d'Henri-Louis-Auguste et de L.-B.-C. de Caumont, née le même jour.*

Parrain et marraine : Louis et Anne-Louise du Vergier, frère et sœur de la baptisée.

3 extraits de 1789, l'an XI et 1819.

142. — 1788, 20 avr., le Petit-Chêne. — *Lettre de Mme de La Faste de Breuillac au marquis de La Rochejaquelein.*

Voulant faire la généalogie des Viault, ses ascendants, elle demande qui sont les propriétaires des terres suivantes, qui appartenaient à cette famille en 1400 : l'Estorière et le Petit-Vernay, par. de la Chapelle-Seguin ; la Touche, par. du Busseau ; le Bouchaud ; la Petite-Coudray ; l'Ayraudière ; la s^te de la Chennelière, par. de Saint-Laurent ; les Barottières ; les Brenouillières.

143. — 1791. — *Services militaires d'Henri du Vergier de La Roche-Jaquelin* (2 pièces).

1791, 30 nov. — Lettre du commandant général de la garde du Roi à « M. de Laroche-Jacquelin, sous-lieut. au rég^t de Royal-Pologne », l'informant de sa nomination à une place d'officier dans la garde, dans le corps de la cavalerie.

1791, 15 déc. — Lettre du Ministre de la Guerre à « M. La Roche-Jaquelin, sous-lieut^t dans le 5e régim^t de cav^rie », l'invitant à rejoindre son poste dans la garde avant le 1er janvier.

B. — LA PROPRIÉTÉ FONCIÈRE

Toute la propriété de la famille était foncière. Elle a laissé sa trace dans les dossiers qui suivent, du moins celle qui était en sa possession au moment où le chartrier est tombé dans l'oubli en 1793 ; les titres des domaines sortis de la famille antérieurement à cette date (par dotations, partages, ventes) (1) sont, naturellement, passés (sauf quelques épaves) dans les familles des nouveaux possesseurs. Ces domaines ne nous sont alors connus qu'accidentellement par certains documents généraux conservés dans la famille.

Inversement, les dossiers des biens possédés à la fin de l'ancien régime renferment aussi tout ce qui les concerne antérieurement à leur acquisition, spécialement les apports des alliances Le Mastin (1506), Viault (1598) et surtout de Meulles (1673).

Ces dossiers domaniaux seront présentés ci-après dans le cadre de la hiérarchie féodale, car, si ce dernier est à l'époque moderne brisé en matière politique, il subsiste au point de vue territorial, agraire, et c'est ainsi que les papiers se groupent tout naturellement.

Il faut noter toutefois qu'au point de vue pratique, l'exploitation des terres ne s'ordonne pas forcément suivant le groupement féodal ; par exemple le Frêne-Chabot, le plus important domaine des du Vergier, englobe dans sa gestion un certain nombre de tenures qui, féodalement, ne sont pas de sa mouvance, comme les Marchais, qui relèvent du comté de Sanzay (voir art. 168, 169), etc.

Un certain nombre de remarques doivent être faites ici pour l'intelligence et l'utilisation des dossiers ci-après :

1° Les termes de *masure*, *borderie*, *quarteron* et *retail* représentaient des espèces d'unités de mesure des domaines ruraux, que la coutume du Poitou définit ainsi : la masure est l'exploitation labourable à 4 bœufs, la borderie à 2, le quarteron à un, le retail à un demi.

2° Autre observation que j'exprime, pour plus de clarté, sous forme concrète : la masure de Boutclé, possédée par les du Vergier sous hommage rendu à la châtellenie de Saint-Aubin-du-Plain, est sous-inféodée par eux et rattachée pour ce nouveau degré d'hom-

____

(1) Beaucoup furent vendus à la fin du XVIe siècle par Louis du Vergier pour subvenir à ses folles dépenses.

mage à la Rochejaquelein, leur principal fief, de sorte qu'on a concurremment, pour le même fief de Boutelé, des hommages rendus par les du Vergier à Saint-Aubin-du-Plain et d'autres par divers à la Rochejaquelein (voir art. 266 et 268). Le même phénomène se répète ailleurs (par ex. art. 269, 270, 280).

3° Presque tous les biens de la famille du Vergier étaient nobles, et le lecteur devra les considérer comme tels dans l'exposé ci-après, sauf spécification contraire.

4° Le fief du Frêne-Chabot et du Gât étant de beaucoup le plus important et représenté par la documentation la plus homogène, j'ai jugé celle-ci beaucoup plus riche d'enseignement et je la présente, en conséquence, avec beaucoup plus de détail que les autres.

5° Dans chaque mouvance les fiefs ont été classés dans l'ordre alphabétique des noms propres qui les caractérisent.

I. — Pièces générales et collectives concernant la propriété foncière

144. — Comm. du xve siècle. — *Etat des hommages qui doivent être rendus par la famille de Meulles.*

Ceu sont les homages que l'en doyt fere... tant pour le lieu du Fraigne... que pour le lieu d'Eppellevoisin. Premièrement s'ensuyvent les liges...

Premièrement a Monseigneur de Thouars, a cause de son chastea de Mauléon, un homage lige de la jurisdiccion du fyé du Fraigne...

Item un aultre homage lige dehu a Monsr de Thouars a cause de son chastea dessusdit de la jurisdiccion du fyé du Gast.

Item un aultre homage lige dehu a Monsr d'Argenton..., du lieu du Fraigne avecques ses appartenances...

Item un aultre homage lige dehu a Monsr de Bersuyre... pour un village appellé la Roche-Maheu.

Item un aultre homage lige dehu a Mond. seigneur... de la disme du Voustour...

Item un aultre homage lige dehu a Monsr de Saint-Clémentin, a cause de son lieu de Saint-Clémentin pour ce que je ay en la ville de Saint-Clémentin.

Item un aultre homage lige dehu a Monsr de Saint-Mesmin a cause de son chastea de Saint-Mesmin, le moulin de la Branle.

Item un aultre homage lige dehu a Monsr du Plesseys- [*illisible*] a cause de son lieu du Plesseys, de l'oustel d'Eppellevoisin...

Ce sont les homages plains que l'en doyt fere tant pour le lieu du Fraigne que pour la [*illisible*] et pour Pellevoisin.

Premièrement un homage plain dehu a Monsr de Senzay a cause de son lieu de Senzay pour [*illisible*] de sept borderies de terre, pour [*illisible*] estant au Marchès. Pour le cheval sexante s. et pour le plet [*illisible*].

Item un aultre hommage plain dehu a Mess. Guillaume Baritaut de un quartier de terre desherbergé appellé Forgez. Pour le cheval sept s. VI d. et pour le plet XII s.

Item un aultre hommage plain dehu a Mess. Hugues de Beaumont [*illisible*] de terre désherbergé estans auprès du Burlouer. Pour le cheval VII l. VI s. et pour le plet XII s...

Item un aultre hommage plain dehu a Monsr Regnault Girart, chevalier, a cause de son lieu [*illisible*] de touste la terre du Gast, contenant en soy onze borderies de terre [*illisible*]. Pour le cheval sexante s. et pour le plet...

Item un aultre hommage plain dehu. au s^r de Torneloye d'une borderie désherbergée appellée les Raffinièrez. Pour le cheval XXX s. et pour le plet [*blanc*].

Item un aultre hommage plain dehu a Monss. de Bersuyre pour une borderie de terre [*illisible*] Boys Garnier. Pour le cheval XXX s. et pour le plet L s.

Item un aultre hommage plain dehu a Geoffroy Borrea pour le moulin herbergé de Rocheroulx, lequel est compris une borderie de terre herbergée. Pour le cheval XXX s. et pour le plet L s.

Item un aultre hommage plain dehu a Jehan Paynea pour la Vergnoye [proche le] moulin seiller de Rocheroulx, lequel est compris une borderie de terre herbergée. Pour le cheval XXX s. et pour le plet L s.

Item un aultre hommage plain dehu au s^r de Riou (?)

pour une borderie de terre herbergée · appelléé Migaudon. Pour le cheval XXX s. et pour le plet L s.

Item un aultre hommage plain dehu aud. s^r de Cerezay pour une borderie de terre herbergée appellée la Mer'atière. Pour le cheval XXX s. et pour le plet L s.

Item un aultre hommage plain dehu au [*illisible*] pour une borderie de terre herbergée appellée le Poyré...

Item un autre hommage plain dehu au s^r de [*illisible*] pour une borderie de terre herbergée appellée la Godrelère...

Item un autre homage plain dehu... pour une borderie de terre herbergée appellée la borderie la Mornesinière...

Item un autre homage plain dehu au s^r de la Roche de Cerezay pour une borderie de terre herbergée appellée Bornecalle... Pour le cheval quarente s. et pour le plet LXXV s.

S'enssuyvent les hommages que l'en doyt fere pour cause des terres de Thouarsays [*les 8 lignes qui suivent sont illisibles*].

Rouleau de parch. de 21 × 81 cm., fort effacé.

145. — Fin du XVe siècle. — *Registre d'hommages rendus par Hardouin Le Maslin, la plupart non dalés.*

Fol. 1. — A la b^{ie} de Bressuire, pour « la quarte partie par indivis de la grant dixme... des vins du bourg et parroisse de Coulonge-Thouarçoys, avecques la moictié par indivis de la dixme tant d'aignaux, porceaux, laynes que aultres bestes quelconques croissans et regisans audit bourg et paroisse..., et ausy la moictié par indivis de la dixmerie des bleds de ladite parroisse ».

Fol. 1 v°. — A la vicomté de Thouars, pour les hôtels du Ruau de Rigné et de Clossay.

Fol. 2. — Au fief de Champaigné à Argenton-l'Eglise, pour une demi-borderie de terre sise audit Champaigné.

Fol. 3. — A Pierre de Caradreux à cause de sa s^{ie} de la Basinière, pour la moitié de la borderie déshébergée de la Chevallerie (l'hommage est rendu par Ambroise Gaschère, veuve de Geoffroy Lairault, éc., copropriétaire).

Fol. 9 v° — A la châtellenie de Saint-Clémentin, pour une borderie hébergée sise au village de Vriglé, par. de Voultegon (1477).

Fol. 17. — A la s^{ie} du Fief-de-l'Estoille, pour deux borderies et demie de terre hébergées sises en la par. de Saint-Aubin-du-Plain.

Fol. 20 v°. — A la s^{ie} du Vergier de Beaulieu, pour « la quarte

partie d'une borderie de terre désherbergée appellée le Champ-au-
[*illisible*] », par. de Nueil-sous-les-Aubiers.

Fol. 25 v°. — A la b^te de Bressuire, pour les « dixmes des vignes
et aultres choses estans a Coulonges-Thouarçoises ».

Fragment de reg. de 25 fol., auquel manquent le commenc ment et la fin.

146. — Après 1483. — *Registre d'hommages rendus par
el à Renaud (1) et Emery (2) de Meulles, la pluparl non dalés.*

Ce registre et le suivant sont étroitement apparentés. Le second
seul est complet ; mais il a été fait un peu plus tard, copié sur le
premier, avec quelques surcharges encore un peu postérieures en
vue, probablement, de fournir des modèles à des aveux subséquents.
L'exemplaire complet sera seul analysé intégralement, comme pré-
sentant un ensemble permettant de saisir d'un coup d'œil, je le
crois, la propriété noble de la famille de Meulles à la fin du xve siècle ; son texte a été collationné avec l'exemplaire incomplet, mais
plus ancien. De ce dernier je n'analyse qu'un aveu, le seul qui donne
des variantes.

Ces hommages se succédant sans ordre dans chacun de ces deux
reg., je les présente dans le cadre logique qu'ils semblent avoir eus
dans l'esprit des intéressés.

Hommage plain à plaid abonné à 25 s. et chev. de serv. à 15 s.,
rendu par Renaud à « Monsr de la Flocelière et de Cerezay », comme
s^r de Cerezay, pour : l'hébergement de la Roche près le château de
Cerezay, avec ses dépendances, contenant 2 bord. héb. ; le village
d'Orphosse, contenant 2 bord. héb., tenant au chemin de la Gran-
dinière à Cerezay, au cours d'eau qui descend de la Favrelière à
l'étang de la Roche et aux taillées du Plessis-Bastart ; les villages
de la Martinère et de la Rivère, tenant aux taillées de Puyguyon,
au cours d'eau qui descend de l'étang de Puyguyon à la Sayvre, à
la Sayvre et aux champs d'Algon, contenant deux bord. ; trois maisons en la ville de Cerezay, dont celle de Jean de Mautravers et une
autre tenant à la précédente et au cimetière ; le pré de la Nouhe-
à-la-Giraude ; la maison Bergeron, « on soulloit estre la grange de
Mautravers », tenant à la maison du Puyguyon, arrentée à 20 s. ;
les maison, vergers et ayraux de la Blanchardère, arrentés à 5 s. ; la

____

(1) Il peut s'agir de deux personnages de ce nom, qui possédèrent les fiefs
en question : le premier de 1370 environ à 1412 ; le second de 1414 environ
à 1482.

(2) Il posséda ces fiefs de 1482 à 1493.

maison de la Corsonère en la ville de Cerezay, tenue par Guillaume
Gordet « a sept deniers maille de devoir annuel» ; le «rastellin et gaign
d'un pré des ce que le foin en est au dehors d'iceluy pré, lequel pré
est a vous, mond. sr, appelé le pré de Court, et le droit de closre...
led. pré et de planter... boys a la clousure dud. pré et de copèr les
boys de lad. closure... et icelluy pré et gaign fere faucher... emprès
le premier fain osté jusques prenant » ; le village de la Valonnière,
contenant une bord. héb., tenant aux terres du Vignaud, du Chastellier, du Boys-Moreau et de la Roche ; la maison des héritiers de
Jean Rousselère ; la maison de la Court-Courssoyrie ; la maison de
la Blancharderie ; la maison de Jean du Brueil ; la maison des Blancharderies ; les dîmes de la Chèverie, de la Ragotère, de la Fouchaudère, de la Brunetère, de la Rouerie, de la Richardère, de la Martinère et de la Rivère ; la « voyrie que j'ay... sur tous mes hommes...
a mendre a mond. moulin, et basse juridiccion... ès lieulx... dessus
nommez » ; — « item a une autre foy et hommage plain... a plait
et cheval de service » la bord. héb. de la Merlatière, par. de Cerezay,
en « la juridiccion de vous, mond. sr » (p. 13).

Les autres hommages sont répétés dans le registre suivant.

Cah. de 25 f. pap. Le commencement et la fin manquent.

147. — Ap. 1495. — *Registre d'hommages rendus par et
à Renaud (1) et Emery (2) de Meulles, la plupart non datés.*

« S'enssuivent les doubles des fiefz deus par... Aymeri de Meulles... ès srs et dammes a qui il doit lesd. fiefz... »

I. Hommages rendus par Emery :
1º Hommage lige à devoir de rachat, rendu à [Philippe de Com-
mines], sr d'Argenton, pour l'hôtel du Fraigne, par. de Nueil-sous-
les-Aulbiers, avec ses dépendances, qui sont : les gagnerie, prés et
bois « appartenant audit herbergement » ; la « dixme dudit herbergement croissant en ladite gaignerie » ; le bordage de la Marrière
avec ses prés, ses bois et sa dîme ; le moulin à eau du Pastibaut « et
les droiz de moustaux... des Maussonnères, de la Marquisière, du
Chevron, de la Guillonnère, de la Chevrote, de la Palaynne, de la
Vrignoye-aux-Birotz, de Puy-Hervé, de l'Espinaye, de la Marière,
de la Pappelièvre, du Fraigne, de la Polonnère, de la Vrignoie-So-

---

(1) Il peut s'agir des deux Renaud dont il est question à l'art. précédent
et d'un autre qui posséda ces fiefs de 1493 à 1503 ou 1504. En raison de cette
confusion possible, les attributions que j'ai faites ci-après à l'un ou à l'autre
ne sont souvent, quand les actes ne sont pas datés que des présomptions.
(2) Voir art. précédent.

rin, de Nueil ͵ ; la maison Bataille [au bourg de Nueil] (1) ; le quart
du tènement des Pruniers, « que tiennent les manssionniers de la
Vrignoye-au-Birotz au terrage de moy... et a VI s. de queste en
chacune feste de mi-aoust » ; la moitié indivise du tènement du
Puy-Hervé, « que tiennent de moy lesdits manssionniers de la Vri-
gnoie-au-Birotz... a la dixme ou terrage et a XXX s. de rente...
et une charrette de biain a quatre beufs a charroier les foyns des prez,
deux journées oudit houstel par chacun an et ung aigneau et deux
toisons de laynne pour toute dixme de bestes » ; le quart du tènement de l'Espinaie-Maroleau, « que tiennent de moy les manssionniers de ladite Espinaye au terrage et a la dixme partant par indivis...
en terres gaingnables et non gaingnables, prez, pasturaux et boys,
et troys sextiers de seigle de rente, mesure de Mauléon,... et la
quarte partie par indevis de la dixme des bestes et des fruiz croissans en osches, courtillages et de ce de quoy dixme a coustume estre
rendue oudit village de l'Espinaye » ; le carteron Isabeau, « lequel
tiennent les manssionniers de l'Espinaye... de moy a la dixme et
au terrage et ung sextier de seigle de rente, mesure de Mauléon,
et a quatre souls de rente » ; la moitié du village de la Polonnère
« et la moitié des gaingneries appartenant audit village et les pasturaux que tenent les manssionniers dudit village de moy et a la
dixme et au terrage et la moitié des blez croissans en ladite gain-
gnerie et la moitié de la dixme des bestes croissans oudit village,
ladite dixme acoustumée estre rendue partant par indevis..., et en
oultre j'ay sur ledit village... une charrette de biain a quatre beufs...
et ung sextier de seigle de rente, mesure de Mauléon, et dix souls
de rente » ; une pièce de terre sise au Vergne-d'Audon et deux ouches sises « ès hors de Nueil..., lesquelles chouses... sont tenuez
de moy a troys mines de seigle de rente, mesure de Mauléon » ;
une ouche sise « au vignez de Nueil, laquelle est tenue de moy a
troys prevendiers de froment de rente,... que tient a présent les
héritiers feu Messire Hugues de Beaumont, en partie desquelles
chouses il a fait son houstel audit lieu de Nueil » ; la moitié de l'hébergement de la Vrignoye-Sorin, avec sa gagnerie, ses prés et ses
bois et « la moitié de la dixme des bestes croissans oudit herbergement et es fruiz croissans ès osches oudit herbergement » ; le « bailliage du Fraigne en blez de tous ceulx qui se apasiant ou fief du Fraigne, qui pasturagent leurs bestes, tant de ceulx du fief du Fraigne
que de ceulx de dehors..., de chacun d'iceulx deux boiceaux [*trou
de ver*] quartaut de segle a la mesure de Mauléon, sauve des mes-
taiers ou gaingneurs du s^r de Tourneloye, lesqueulx ne paient rien » ;
un droit de fumage de 6 d. dû par « tous ceulx qui tiennent lieu ou
feuf » dans le fief du Fraigné, sauf les gagneurs de Tourneloye ;

---

(1) D'ap. note marginale du xviie siècle.

l'ouche du Chastelier, sise « davant le peignon de l'église de Nueil, « que tiennent... de moy les héritiers feu Drouyn Rabart a II s. VI d. de cens » ; 11 maisons, 3 ouches, 2 courtils et 2 hébergements au bourg de Nueil, tenus à cens de l'avouant ; les « troys pars de la dixme et du terrage de la Vrignoye-aux-Birotz partant par indevis avecques ...Pierre Carnon et o Jehan Jarnigant..., que tiennent de moy les manssionniers dudit village a XII s. de queste... et deux chappons... et une charrette de biain a quatre beufs a aller quérir a mon molin du Pastibaut le molage a l'Ermenault, et une charrette de biain a quatre beufs a aller quérir une charrette de vin chacun an a Argenton et a menner au Fraigne, et un sextier de seigle de rente, mesure de Mauléon, lequel sextier... lesdits manssionniers,... paient a Jehan Jarnigant, lequel sextier... ledit Jarnigant tient de moy a foy et a hommage plain ».

Suit le dénombrement des fiefs relevant du Fraigne :

a) Fief tenu par Jean Jahan à homm. pl., plaid et chev. de serv. : la terre de Maucoil, près Fesron, « que souloient tenir les héritiers feu Drouet Barbot a quatre sextiers de segle de rente a la mesure de Mauléon de Jehan Jahan », avec des terres sises « entour l'Espinaye-Maroleau..., lesquelles... tenent... les manssionniers de ladite Espinaye a six sextiers de seigle de ferme », et une pièce de terre sise près du Vergne d'Auldon, tenue « de Jehan Jahan a ung sextier de seigle de rente, mesure de Mauléon, « et sont prises lesdites chouses par une borderie de terre herbergée ».

b) Fief tenu par Jean Jarnigant à homm. pl., plaid et chev. de serv. : le quart indivis du terroir des Pruniers, « que tenent les manssionniers de la Vrignoye-aux-Birotz de Jehan Jarnigant a la dixme et au terrage et a XII s. de queste en chacune feste de me-aoust », et la moitié indivise du bordage de la Papelièvre, « que les héritiers feu Simon Birot tient des héritiers feu Jehan Jarnigant, c'est assavoir la moitié d'icelle a foy et a hommage plain... et est pris par demi quarteron de terre herbergé, et l'autre moitié a la dixme et au terrage et a cincq souls de queste a chacune feste de me-aoust » ; le quart indivis de l'Espinaye-Maroleau, « que tiennent les manssionniers dudit village dudit Jarhigant a la dixme et au terrage et a dix souls de queste chacune feste de me-aoust » ; le quart indivis de « la dixme des bestes croissans oudit village et des fruiz des osches » ; la « dixme gitaise en troys minées de terre ...séans en terres de la Bordelière et de la Chaignelère ; « et sont prises lesdites chouses par une borderie de terre herbergée ».

c) Fiefs tenus par Louis de Brachechien à homm. pl., plaid et chev. de serv. : le pré de la Fôlie, que « Loys de Brachechien tient de moy soubz ledit hommage a foy et a hommage plain (1)..., con-

____

(1) En surcharge plus récente : « que a présent je tien a mon dommaine ».

tenant en soy une borderie de terre herbergée » ; — le village de la Palaine, que « ledit de Brachechien tient de moy soubz ledit hommage a une autre foy et hommage plain... et a présent la vesve... Pierre des Loges..., contenant en soy une borderie de terre herbergée » ; — le champ Rouaud des Termoillez, « contenant en soy ung quarteron de terre désherbergé », sis près le village de la Polonnière.

d) Fief tenu par [Jeanne Vernone], veuve Pierre des Loges, à homm. pl., plaid et chev. de serv. : la dîme de la Vrignoye-Sorin et de la Chauvynère, « contenant en soy ung retail de terre désherbergé ».

e) Fief tenu par les héritiers Guillaume Mignot à homm. pl., plaid et chev. de serv. : le village de la Soubretière, par. de Nueil, avec la « dixme des bestes ».

f) Fief tenu par les héritiers Louis Ruteau à homm. pl., plaid et chev. de serv. : deux pièces de terre en la par. de Nueil, « et sont prises lesdites chouses par deux borderies de terre désherbergées ».

g) Fief tenu par Jean Girard, s^r du Plessis-Bastard (et auparavant par Marquis Josseaume) à homm. pl., plaid et chev. de serv : le tiers de la dîme du village de la Molière, « et sont prises lesdites chouses par ung quarteron de terre désherbergé ».

h) Fief tenu par Jean d'Algon (et auparavant par Pierre d'Algon) à homm. pl., plaid et chev. de serv. : le tiers d'une dîme « pris pour ung carteron de terre désherbergé ».

i) Fief tenu naguères par Jean Fame, « que je tien a présent a mon domayne » : les « deux pars » d'une dîme et d'un terrage, prises « par ung quarteron de terre désherbergé ».

j) Fief « que tient... de moy en parage soulz ledit hommage » François de l'Espronnère... comme... héritier de feue Ysabeau Fleurie, sa mère : la moitié indivise de la Sorinère, prise « pour une masure de terre herbergée ».

k) Fief tenu par Micheau Nyvant à homm. pl., plaid et chev. de serv. et 6 den. de service annuel : une maison avec courtil en la ville de Nueil, « et est prins pour demy retail de terre herbergé, lesquelles chouses... ledit Micheau avoyt baillé a unze souls de rente ».

l) Fief tenu par Jean Corbeiller (et auparavant par Geoffroi de Poillé) à homm. pl., plaid et chev. de serv. : le village de la Marquisière, par. de Nueil, « et est pris pour deux borderies de terre, l'une herbergée et l'autre désherbergée ».

m) Fiefs tenus par Françoise Baratonne à homm. pl., plaid et chev. de serv. — 1. Fiefs « tenus a son domaine » : l'hôtel de Tourneloye avec ses appartenances, « lesquelles chouses sont prises par une masure et demie de terre herbergée » ; la Nohe-Ronde, prise pour

une bord. héb. ; la Chauvynère, prise pour une masure héb. ; le moulin
de Fesron, pris pour une bord. héb. ; le moulin d'Audon « o le destroyt
des moustaux dudit moulin », pris pour une masure héb. ; la Guillonnère, prise pour une demi-bord. héb. ; la Marrière, prise pour une
bord. héb. ; le Moulin-Neuf, pris pour une bord. héb. — II. Fiefs
tenus « de ladite Baratonne soubz ledit hommage en mondit fief » : la
bord. héb. des Exars-aux-Naveaux ; une rente d'un setier de seigle,
mes. de Mauléon, et de 2 s., et le « soustre des monceaux des blés »
des trois terres de la Savarière, des Cordes et des Exars, le tout
pris pour un quarteron déshéb. ; le quarteron héb. du Pré-Chauvet,
avec la dîme de la bord. déshéb. de la Pappinerre et d'un retail
déshéb. sis aux Pierres-Blanches et au Vignaut ; une bord. héb.
à la Savarière avec la dîme de la demi-bord. déshéb. des Cordes-
à-Balue ; un retail à la Nohe-Ronde ; la bord. déshéb. du Vergne-
Chabot ; les quarterons héb. de la Chevrote et de la Guitardière ;
la bord. héb. du Chevron ; la bord. héb. de Fesron ; la bord. héb.
de Puymorin ; les bord. déshéb. des Raffineries, entre la Sorinère
et Tourneloye, et de Pouvereau ; la dîme de 4 bord. à Chaudère,
la Baffère, la Salle et Monlouer ; les dîmes du Plessis-Hubelin, de
Rigalle, du Quarteron-des-Hommes, de la terre du Buysson, de
la Salle, de Monloüer, des Perres-Blanches et de Montournaut, lesdites dîmes prises pour une masure héb. ; le quarteron héb. de Maucoil ; les « troys pars » de la dîme de Guitart, prises pour un retail
déshéb. ; le pré Bretaut, entre la Sorinère et le moulin de la Varenne,
pris pour un quarteron déshéb. ; le pré du Vignau, qui vaut 12 d.
de rente, un « coustaut » près le moulin d'Audon, qui vaut 12 d.
de rente, et les dîmes de la Petite-Fraverie, la Salle, la Trardère,
la terre du Vignault, prises pour un quarteron déshéb. (probablement en 1482 ou 1483 (1) (f. 1.).

2° Hommage lige à devoir de rachat, rendu à Jean de Chourches,
chev., sr d'Aubigné, à cause de Marie de Vivonne, sa femme, comme
sr de Saint-Aulbin-du-Plain, pour les bois de la Faye, par. de Bertignolle, avec droits de garenne. — Suit le dénombrement des fiefs
relevant de celui-ci, tenus « a hommage plain et cheval de service »
par Jean Girard, éc., sr du Plesseis-Bastard : la bord. héb. de la
Faye-Banchereau, par. de Bertignolle, à 2 s. 5 d. de service par an ;
— par les héritiers de Simon Aujart : le quarteron déshéb. du Boys-
Aujart, par. de Bertignolle, à homm. pl., plaid et chev. de serv. ;
— par ledit Jean Girard et Georges du Vergier, sr de Ridejeu : le
bois de la Courbe, à 6 d. de cens ; — par les héritiers de Jean du
Vergier, « un boys qui fut jadis aux Bouchez », par. de Bertignolle,
à 6 d. de cens ; — par l'avouant (« tien de vous... soubz mond. hommage ») : une bord. et demie héb. sise à la Tapponnère, par. de Ner-

____

(1) Voir art. 160 ci-après.

luz, que « tient de moy... a hommage plain... François Banchereau, s^r de la Longueraière a cause de Anne d'Appellevoisin, sa
femme » ; le pâtis Chislou, par. de Nueil, que « tient de moy ung
nommé Esclardi a huyt souls de rente » ; — par Guillemette Barbouynne : la bord. héb. de la Barbouynnère, par. de Nueil, à homm.
pl., plaid et chev. de serv. «Lesquelles chouses... je le tien... avecques justice, jurisdiccion foncière et féodalle, prinse et vengence ».
(f. 7 v.).

3º Hommage plain à plaïd et chev. de serv., rendu à Jean des
Soubtz, éc., s^r des Soubtz, pour la bord. héb. du Chastelier, par.
de Nueil, « avecques justice, jurisdiccion foncière et féodalle, prinse
et vengence » (f. 8 v.).

4º Hommages plains à plaid et chev. de serv., rendus à Reñé
Chandellier, comme s^r de Cirères, pour : la bord. héb. du Chastellier, par. de Cirères, et la bord. déshéb. de Bertignolle, par. de Bertignolle (homm. pl.) ; — la bord. et demie héb. de la Mornesinère,
par. de Brétignolle, et la demi-bord. de la Bonelaye, par. de Cirères
(homm. pl.) ; — la bord. appelée Boisdanne et Tillasson, par. de
Brétignolle (1). « En toutes lesquelles chouses j'ay justice et jurisdiccion foncière de fief, prinse et vengence » (f. 9).

5º Hommage plain à plaid et chev. de serv., rendu à Martin des
Bretaiches, chev., s^r de Cirères (2), pour : l'Escoublelère, joignant au
chemin de Cerezay à Bressuire, aux terres du Boismoreau, à « mes
terres » de Chasteller et aux terres de la Clergie, « contenant en
soy » une bord. héb. ; — la demi-bord. déshéb. de la Petite-Huy-
linère, joignant aux terres du Tiers et de la Clergie ; — la demi-
bord. héb. formée par la Joullonnère (joignant à la terre de Puy-
Rousty, à la terre Trochon et à celles de Cadron et du Cousdray)
et la Courtière (joignant aux terres des Roches, de Cadron, du Cous-
dray-Museau et à « ma terre de l'Escoublelière ») ; — et un quarteron déshéb. sis en la paroisse de Glénay. — « Item... sont tenues
de moy » les deux bord. déshéb. des Boydoynères, par. de Cirères,
que « vous, mond. s^r,... tenez et exploictez sans m'en fere foy ny
hommage..., lesquelles deux bord.... avons acoustumé a tenir de
mes s^{rs} de Cirères a foy et a hommage plain..., pourquoy je vous
requer en aide de droyt et en tout ce que vous me povez estre tenu
comme s^r de fief au regart de ce que j'en pourroye tenir de vous,
et aussi en tant que vous en pourriez et en devroiez estré mon homme
et subget ou teneur vous commande... de m'en estre en aide et
secourt a garder mon droyt et de m'en fere... tel devoir... que l'on

---

(1) La mention de cette borderie a été rayée peu après pour ce motif :
« demouré ou partage de la Sorinère ».

(2) Mention rayée et remplacée peu après par celle de Gilles Clarambault,
éc., s^r de la Plessie et de Cirères.

m'en est tenu de faire..., et ou cas que vous ne feroyez... je... vous signifie que je useroy de mes droiz selon que... a faire sera... Et en toutes les chouses dessusdites j'ay justice et jurisdiccion de fief et foncière, prinse et vengence » (f. 10).

6° Hommages rendus à Guy de Monfaucon, chev., comme s^r de Saint-Mesmyn. — 1° Homm. lige à rachat pour : le moulin de la Branle, sis devant le pont dudit lieu, avec « retenue de l'ayve qui descend ...des estangs et molins de Saint-Mesmyn et de la Soyvre » ; — le bois de la Haye, le pré Robineau et autres prés y adjacents le long de « l'ayve qui vient de Saint-Mesmyn en la Soyvre » ; — une rente de 4 setiers de seigle, mes. de Bressuire, sur le village de la Petite-Branle. — 2° Homm. plain à plaid et chev. de serv. : la bord. héb. de la Grant-Branle, joignant au tènement de la Petite-Branle, à la Soyvre, au tènement de Robineau, aux terres de la Parraudère et du Raffouz et au chemin de Robineau au pont de la Branle. « Et sur lesquelles chouses j'ay justice et juridiccion foncière, prinse et vengence » (f. 11).

7° Hommage plain à plaid et chev. de serv., rendu au s^r de Cenzay pour : la moitié de « sept borderies de terré touchant le Poictou ou environ par indevis herbergées séans... aux Marchaix en la paroisse de Nueil-soubz-les-Aulbiers et environ, et premèrement » la masure héb. de la Brenardière, joignant aux terres de la Chavière (?) et de Monlouer ; « item une borderie et demie... herbergée tenant l'une a l'autre appellée lad. borderie la Terre-Tabaut (1) et lad. demie bord. le Carteron-aux-Moynnes, joignant aux terres de Longueville et de Poilevoisin ; « item » la demi-bord. de la Milcendière, joignant aux terres de la Chauvynère et de l'Espinaye ; « item » la bord. héb. de la Salle, joignant aux terres de Puy-Hervé et du Pairé ; « item » la demi-bord. héb. du Cailleau, joignant aux terres de Montlouer et du Pairé ; « item » la bord. héb. du Carteron-Meschin, joignant aux terres de Monlouer et du Pairé-Gaultereau. « Avecques toute justice, jurisdiccion foncière, prinse et vengence par devoirs non poiez, autrement scelon la coustume » (f. 12).

8° Hommage plain à plaid et chev. de serv., rendu à Joachim Girard, s^r de Bazoges, comme s^r de Mairé, pour : les 3 bord. héb. de la Morpenère, la Pinsonnère et la Robelinère, et la moitié de la demi-bord. héb. du Gast, « lesquelles chouses je tien a mon domayne ; — le quarteron héb. de la Piraudière, « que tient de moy a... hommage plain, a plait et cheval de service... Jehan Girard, s^r du Plessis-Bastart » ; — la masure héb. de Frezaye et le quarteron héb. de la Courtillière, « que tient de moy Alexis de La Pastelière... a hommage plain, a plait et cheval de service ». — Suit le

____

(1) *Terre Tibault* dans l'art. 146 qui précède.

dénombrement des fiefs inférieurs : Alexis de La Pastelière tient à homm. plain, plaid et chev. de serv. et deux quartauts de fèves par an le quarteron héb. de la Germitière ; — François Puischaut tient à homm. plain et 6 d. de service par an la bord. héb. de la Bironnère, « anciennement appellée les Nohes, que souloit tenir feu André de Partenay » ; — les héritiers de Philippe (?) Bernard, « succⁱ en ceste partie de feu... Jehan Bernart », tiennent à homm. pl. et 12 d. de service par an la bord. héb. de la Raynardière ; — les héritiers de Renaud Alizeau tiennent à homm. plain, plaid et chev. de serv. la bord. héb. de la Roche-au-Murz ; — François Puischaut et Alizeau (et auparavant Hilairet des Roches) tiennent à homm. pl. et un prévendier de fèves, mes. de Bressuire, par an, le retail déshéb. de la Germitière ; — les héritiers de Pierre Marciteau (et auparavant la veuve de Pierre Fougeron) tiennent à homm. pl., plaid et chev. de serv. le carteron de la Borrolière et le retail de Puybabin ; — Gillet Menanteau tient à homm. pl., plaid et cheval : la terre de feu Belhomme, sise « sur le pas du Veil-Gas » ; une séterée de terre joignant à la terre de la Morpennère ; le quart de la dîme de Frezaye, d'une valeur moyenne d'un prévendier de seigle ; une rente de 3 prévendiers de seigle et 18 d. (d'une valeur d'un retail déshéb.) ; et le retail déshéb. de la Charcellerie, joignant aux Foussetes et à la Porcellerie ; — les héritiers de Jeanne Pignarde tiennent à homm. lige une rente de 3 minées de seigle sur le Veil-Gas ; — François Banchereau, sʳ de la Longueraiere, tient un marreau de bois de 2 séterées joignant aux terres de Frezaye et du Boys-Autier ; — le prieur du Pin tient à homm. plain, plaid et chev. de serv. la bord. du Respin, par. de Brétignolle ; — Pierre de Brachechien tient à homm. pl., plaid et cheval la bord. héb. de la Bouzennère, « de quoy il ne me fait foy ne redevance, pourquoy je vous requier comme sʳ de fief que vous m'en facez jouir ». « Lesquelles chouses je les tien... avecques justice, jurisdiction et seigneurie de fief, prise et vengence » (f. 12 v.).

9º Hommages rendus à Jacques de Beaumont, chev., comme baron de Bressuire. — Homm. lige pour le village de la Roche-Mahon, par. de Breschausse, d'un revenu moyen de 12 set. de seigle, mes. de Bressuire ; — homm. lige à rachat et ligence pour « ce que je ay » en la dîme du Voultour, par. de Terves, d'un revenu moyen de 6 set. de seigle, mes. de Bressuire, 6 agneaux et 12 toisons, un pré près Saint-Cyprien de Bressuire et un masurau en la ville de Bressuire. — Hommage pl. à plaid et chev. de serv. pour la bord. héb. de Boys-Garnier, que « tient de moy les héritiers feu Jousselin de La Forest a foy et hommage plain et ung esperons blans quant le cas de mortemain y avient », par. de Cirères (f. 14).

10º Hommage plain à plaid et chev. de serv. rendu à Françoise Baratonne, veuve de Guyon Malineau, comme dame de Tourneloye, pour les Raffineries, comprenant 4 pièces de terre et un pré entre la Sorinère et Tourneloye, valant une demi-bord. déshéb. (f. 15).

11° Hommage pl. à plaid et chev. de serv. rendu à Jourdain du Payrac, curé du Puy-Notre-Dame (1), comme s^r de Vau-Regnart près le pont de Taison, pour « la derrière rouhe ou derrière molin du molin de Rochereou, contenant en soy demi-borderie... herbergée » (f. 16).

12° Hommages liges à rachat rendus à Louis de La Trimoille, comme vicomte de Mauléon, pour « le droyt de voirie, de justice et jurisdicion moyenne et basse... avecques l'amande de soixante souls, avecquez garenne..., deffens et pescheries d'ayves en tout mon fief du Fraigne appellé le Fief-Chabot » et les mêmes droits dans le fief du Gast (f. 16).

13° Hommage lige à rachat rendu à Jean de Montours, éc., s^r de Montours, comme s^r de Saint-Clémentin, pour « tout ce que j'ay... en la ville de Saint-Clémentin et environ », estimé une masure de terre (f. 17).

14° Hommage lige à rachat rendu à Jean de Villeblanche, éc., comme s^r du Pin, pour trois rentes de 6 et 4 set. de seigle et 10 s., le pré de la Prée et un pâtis voisin (f. 17 v.).

15° Hommage plain à plaid et chev. de serv. rendu au comte de Penthièvre, comme s^r de la Pégerie, pour la bord. héb. de la Godrelière, par. de Cerezay, la demi-bord. déshéb. de la Chevalerie, une rente de 4 set. de seigle, mes. de Cerezay, sur la bord. de la Fouchaudère, et le pré Anchier, sur la Soyvre, rente et pré estimés une demi-bord. déshéb. « Esquelles chouses... je advohe avoir justice, juridiccion foncière, prinse et vengence » (f. 18).

16° Hommage plain à plaid et chev. de serv. rendu à Jean Le Mastin, éc., s^r de la Roche-Jacquelin, comme s^r de Nueil (2), pour : un journal de pré sis au Burlouer près du moulin neuf, joignant à la terre Cantiveau, à celle de la Duberie et à la rivière de Nueil « a l'endroit de Prolain » ; — une provendrée de terre joignant audit pré ; — une maison à deux travées « que vous, mond. s^r, a présent tenez, assise ou bourg de Nueil, laquelle fut... a feu Couillaut, qui la vous bailla..., tenant... a la maison de vostre fourny et... a la grande porte de votre houstel dud. lieu de Nueil (3) » ; — une autre maison à deux travées au bourg de Nueil ; — le pré de Forges, de 3 journaux, joignant aux terres de la Sallonnère et de la Choistrière, estimé un quarteron déshéb. « Lesquelles chouses je avouhe a tenir... o justice, jurisdiccion foncière, prinse et vengence » (f. 19).

____

(1) Au *chapitre* du P.-N.-D., suivant une correction très peu postérieure.

(2) *Nueil* a été gratté et remplacé par *Beaumond près Nueil* à une date un peu postérieure.

(3) Corrigé postérieurement « dud. lieu de Beaumont oud. bourg de Neuil ».

17° Hommage pl., à plaid, chev. de serv. et 5 s. de devoir par an, rendu à Aliénor, abbesse du bourg Saint-Jean, près Thouars, et en cette qualité, pour : quatre pièces de terre dont l'une est sise au Bournoys-de-Luguet et une autre sur la rivière de Lugnet ; — la moitié indivise de la dîme de Luguet, limitée par le chemin de Thouars à Poitiers, le chemin qui descend de ce dernier au moulin de Praillon, le chemin dudit moulin à la croix d'Auzé et le chemin de ladite croix à Thouars, l'autre moitié de cette dîme appartenant à l'abbesse. — « Tient de moy soubz mond. hommage Guillaume Augibaut, demourant audit Luguet,... a hommage plain et a six deniers de cens ou service annuelx » son hôtel de Luguet avec ses dépendances. « Esquelles dites chouses je advohe a tenir justice et jurisdiccion foncière, prinse et vangence » (f. 20).

18° Hommage pl. à plaid et chev. de serv., rendu à Jean Le Mastin, éc., s^r de la Roche-Jacquelin, comme s^r de la ligence de Forges sise à Bressuire, pour : une demi-bord. déshéb. sise au Sablon de Boucqueur, consistant en 50 journaux de vigne ; — et une vigne sise au Fief-Charruyau. Le tout « o toute justice et juridiccion foncière, prinse et vengence » (f. 21 v.).

19° Hommage pl. à plaid et chev. de serv., rendu à François Mignot, éc., comme s^r d'Auzé, pour l'hôtel de Maulay avec ses dépendances, contenant une demi-bord. déshéb. (f. 22).

20° Hommage pl. à plaid et chev. de serv. rendu à Guyon Carrion, éc., comme s^r de Nerluz, pour le village de la Charpenterie, sis à Chatenay, par. de Moustier, estimé une bord. héb., avec « toute justice et juridiccion foncière ». « Lesquelles chouses vous, mond. s^r, me devez garentir envers le Roy... a cause de sa s^{te} de Montaigu et toutes autres personnes... de tout devoir de fief qu'ilz vouldroient prétendre sur lesdites chouses, comme il appert par lettres... de votre main... du XXIXme jour de décembre l'an mil IIII^c IIII^{xx} et troys » (f. 24).

21° Hommage pl. « a vingt et cincq souls... d'abonny pour tout plet... et a XV d. aussi d'abonny pour le cheval de service », rendu à René de La Flocelière, comme s^r de Cerezay, pour : l'hôtel de la Roche, près Cerezay, avec ses dépendances ; les villages d'Orfousse (joignant aux terres de lad. Roche, de la Goudronière et de Léolière), des Vallonnères (joignant aux terres de la Roche, du Vignau et du Chastellier), de la Rivière (tenant aux terres de Dalgon et de Bournigalle) et de la Martinère (tenant aux terres de Puyguion et de Boisregner) ; — le « rastelin ou droyt de prandre... le rastelin du foyn qui demeure après la fourche de votre pré Poyne-Perduc (tenant au ruisseau qui descend de l'étang de la Roche à celui de Cerezay), à charge d'entretenir la clôture de ce pré et du pré de la Court, qui lui est attenant, et de « tenir netes » et en dreis [?] les rivières [?] desd. deux prez » ; — la taillée d'Appellevoisin,

tenant aux terres d'Orfosse et de la Goudronière, à charge de la
clore d'épines ; — trois maisons en la ville de Cerezay ; — le pré
de la Nohe-à-la-Giraude, tenant aux prés de la Roche et de Cerezay ; — un courtil tenant à ce pré ; — l'ouche du Chasteigner ; —
la maison « ou souloit estre la grange de Mautravers ; — la maison
de Colas Fachet ; — les maisons et terres de la Blancharderie ; —
la maison de la Gordeterie en la ville de Cerezay ; — les dîmes de
la Chèverie, de la Ragotière, de la Fouchaudière, de la Brunetière,
de la Rouerie, de la Richardière, de la Martinère, de la Rivère (1)
et de la Godrelière ; — une « place ou souloit avoir jadis ung molin
à vent » sise au champ de la Tonnelle, tenant au chemin de Cerezay
au Vignau ; — la bord. héb. des Merlatières, par. de Cerezay ; —
la vérolie sur tous les articles qui précèdent ; — la basse justice
des hôtel et moulin de la Roche, des villages et tènements susdits
d'Orfosse, des Balonnières, de la Rivère, la Martinère et la Merlatière, et d'une maison avec verger tenant au cimetière de Cerezay
et au tènement des Voultes. Le tout tenu conformément à une transaction passée entre les pères des parties (2) (f. 24 v.).

*II. « S'enssuit la desclaracion de ce que... Aymery de Meulez...
puet devoir pour les pleciz et chevaulx de service a ses seigneurs des-
queulx il tient par hommaiges plains pour la mort... de... Regnault...
son père... pour raison des lieux... qui s'enssuivent »* (3) :

Le Chastellier, par. de Nueil : 50 s. et 30 s. (4).

Le Chastellier, par. de Cirères, et Bertignolle : 75 s. et 60 s.

La Mornesinère et la Bonelaye : 75 s. et 45 s.

Boidanne et Tillasson : 25 s. et 30 s.

Deux borderies et deux demi-bord. relevant de Martin des Bre-
taisches, sr de Cirères : 100 s. et 60 s.

La Grant-Branle : 50 s. et 30 s.

La moitié de la Bernardière et de quatre autres borderies et demie :
106 s. 4 d. et 60 s.

La Morpennère et plusieurs autres borderies, quarterons et retails : 17 l. 7 d. et 60 s.

Boisgarnier : 50 s. et 30 s.

Les Raffineries : 12 s. 6 d. et 15 s.

La « derrière rouhe... du molin de Rochereou » : 12 s. 6 d. et 15 s.

---

(1) On a ajouté ici *la Vallonère* à une date un peu postérieure.

(2) Ce qui explique les variantes d'avec le registre précédent.

(3) Il est probable que les aveux qui précèdent furent rendus dans cette
circonstance, par conséquent en 1482 ou 1483.

(4) Le premier de ces chiffres est celui du plaid et le second celui du cheval.
Il ressort de l'inspection de ce tableau que la bord. héb. est taxée généralement à 50 s. de plaid et 30 s. de chev. ; et la bord. déshéb. à 25 et 30 s.

La Godrelière et deux demi-bord. relevant de la Pégerie : 75 s. et 30 s.

Deux quarterons déshéb. relevant de Nueil : 25 s. et 30 s.

Une demi-bord. déshéb. relevant de l'abbesse de Saint-Jean de Thouars : 27 s. 6 d. pour les deux taxes.

Demi-bord. du Sablon-de-Boucqueur : 12 s. 6 d. et 15 s.

(Additions postérieures :)

Les Varnères : 50 s. et 30 s.

Maulay : 12 s. 6 d. et 15 s.

La Charpenterie : 50 s. et 30 s.

« A... Jean de Brie, s^r de Serizay, à cause de Renée de Surgères, sa femme, pour le plaid de plusieurs borderies tant de la mestayrie de la Roche-Cerizay, Valonnère, Orffosse et autres » : 25 s. et 15 d.

La Merlatière : 50 s. et 30 s.

III. Hommage plain, à plaid et chev. de serv., rendu par Renaud III à cause de Marie Audouer, sa femme, à Jean Le Mastin, éc., comme s^r de Beaumont au bourg de Nueil, pour la bord. héb. des Varnières, par. de Nueil, avec « toute justice et juridiccion, prinse et vengence foncière » (f. 28).

IV. Hommages rendus à la s^{te} du Frêne-Chabot (1) *(entre les mains de Renaud I)* :

1º Homm. plain à plaid et chev. de serv. par Jean Baraton pour : Tourneloye, pris pour une masure et demie héb. ; la Nohe-Ronde, prise pour une bord. héb. ; la Chavinière, prise pour une masure héb. ; le moulin de Fesron, pris pour une bord. héb. ; le moulin d'Audon, pris pour une masure héb ; la Guillonnère, prise pour une demi-bord. héb. ; la Marrière, prise pour une bord. héb. ; le Moulin-Neuf, pris pour une bord. héb. ; « et cestes chouses je tien a domaynne ». — « S'ensuivent les chouses tenues dudit Baraton soubz ledit hommage » : la bord. héb. des Exars-aux-Naveaux ; une rente d'un setier de seigle, mes. de Mauléon, et de 2 s., et le « soulstre des monceaux des blez » des trois terres de la Savarière, des Cordes et des Exars, le tout pris pour un quarteron héb. ; le quarteron héb. du Pré-Chauvet, avec la dîme de la bord. déshéb. de la Pappinère et d'un retail déshéb. sis aux Pierres-Blanches et au Vignau ; la bord. héb. de la Savarière avec la dîme de la demi-bord. déshéb. des Cordes-à-Ballue ; le demi-retail héb. de la Nohe-Ronde ; la bord. déshéb. du Vergne-Chabot, tenue par Yvon Lemenay, s^r de Cirères, à homm.

---

(1) Je les analyse, parce que plusieurs manquent dans l'aveu général du Frêne-Chabot (qui est postérieur) et les autres présentent des variantes notables.

pl., plaid et chev. de serv., ainsi que les quarterons de la Chevrote
et de la Terre-Guytart ; la masure héb. de la Chauvynère, tenue
par le s^r de la Pastelière à homm. plain, plaid et chev. de serv. (1) ;
la bord. héb. du Chevron, tenue par les héritiers de Jean Jousseaume
a homm. pl., plaid et chev. de serv. ; la bord. héb. de Fesron, tenue
par le prieur de l'abbaye de Mauléon à homm. pl., plaid et chev.
de serv. ; une bord. sise au Veil-Ysle, tenue par les héritiers d'Hugues
de Beaumont ; la bord. héb. de Puymorin ; la bord. déshéb. des
Raffineries, sise « devant Tourneloye », tenue par « led. mons^r du
Fraigne » ; la bord. déshéb. de Povreau ; la dîme de 3 borderies
sises à Chaudère, la Salle et Monlouer, et d'une pièce de terre sise
à la Buffère ; les dîmes du Plesseis-Huvelin, de Rigalle, du Quarteron-des-Hommes, de la terre du Buisson, de la Salle, de Monlouer,
des Pierres-Blanches et de Montournaut, lesdites dîmes prises pour
une masure héb. ; le quarteron héb. de Maucoil ; les moulins de
Fesron, pris pour une masure héb. ; les « ters pars » de la dîme de
la terre de Guitart, prises pour un retail déshéb., tenues par Thibaud de Rouetays, s^r de la Dorbelière ; le pré Bertaut, sis entre
la Sorinère et le moulin de la Varenne, pris pour un quarteron déshéb. ;
le pré du Vignau, qui vaut 12 d. de rente ; un « coustau » près le
moulin d'Audon, qui vaut 12 d. de rente ; la dîme de la Petite-Fa-
vrière, de la Trardère et de la terre du Vignau, prise pour un quarteron déshéb. (2 juill. 1402) (f. 29).

2º Homm. plain à plaid et chev. de serv. par Pierre Banchereau
dit de La Longueraiere, valet, à cause de Colette Maynarde, sa
femme, pour le bois de la Brosse, d'une contenance de 2 séterées
mauléonnaises, tenant aux terres des Giraudières, de Frezaye et
du Bois-Autier ; et une rente de 7 prévendiers de seigle, mes. de
Mauléon, sur le village des Marchès, tenant aux terres de Montlouer,
de la Chauvynère et de l'Espinaye, et aux terroirs de Longueville
et de Chaudère ; le tout pris pour un retail héb. et comportant basse
justice ; « lesquelles dites chouses a baillé Pierre de Brachechien et
Héliete Vigière, sa famme, par eschange a moy » (f. 40 v.).

3º Homm. plain à plaid et chev. de serv. par Guillemette Barbouynne pour la bord. héb. de la Barbouynnère, par. de Nueil, « ouquel terroir le s^r de la Longueraire... tient soubz mond. hommage
troys mynes de segle, mesure de Bersuire, et vingt souls... de rente
et troys hommes de biain, chacun ung jour ou moys de mars...,
et led. s^r de la Longueraire est tenu contribuer a paier... la quarte
partie du devoir dud... terroir » (3 juill. 1402) (f. 45 v.).

------

(1) Ce passage a été rayé ultérieurement ; la Chauvinière est déjà men-
tionnée un peu plus haut.

V. Suite des hommages rendus à la s^le du Frêne-Chabot (entre les mains de Renaud II) :

1° Homm. plain à pl. et chev. de serv. par Jeanne Vernone, veuve Pierre des Loges, pour les dîmes de Montournaut (f. 31).

2° Homm. plain à plaid et chev. de serv. par la même pour la dîme des fruits de la Vrignoye-Sorin, par. de Nueil, limitée par la Sorinère, le chemin de la Sorinère aux Marchaix et les terres aux Raffins ; et la dîme de deux pièces de terre sises à la Chauvynère, « assises entre le chemin... de Nueil au Pin » et des prés de lad. Chauvynère ; lesd. dîmes d'un revenu moyen de 3 setiers de blé, mes. de Mauléon (f. 31 v.).

3° Homm. pl. à plaid et chev. de serv. par la même pour la bord. héb. de la Palaine, par. de Nueil, qu'elle « tient à son domaine » (f. 32).

4° Homm. pl. à plaid et chev. de serv. par Jean Legay, éc., s^r de la Guymonnère, à cause de Jeanne Belle, sa femme, pour le quarteron héb. de la Moulière, par. de Nueil, acensé à Pierre Baudouyn moyennant 6 set. de seigle et un set. d'avoine, mes. de Bressuire ; « et aussi ledit Baudouyn a cause desdites chouses doit... a Gillet Menanteau, seign^r de la Coussaie, deux sextiers de seigle de rente a lad. mesure, et au s^r de la Brosse autres deux sextiers de seigle » (f. 34 v.).

5° Homm. plain à plaid et chev. de serv. par Jacques de La Brosse, pour les deux bord. (l'une héb., l'autre déshéb.) des Marquisières, par. de Nueil, avec basse justice (f. 35 v.).

6° Hommage plain à plaid et chev. de serv. par Guillaume Banchereau, éc., s^r de la Longueraire, pour une rente de 5 set. de seigle, mes. de Mauléon, sur le village du Marchaix, par. de Nueil, avec basse justice (f. 41).

VI. Suite des hommages rendus à la s^le du Frêne-Chabot (entre les mains de Renaud I ou II).

1° Homm. pl. à plaid et chev. de serv. par Jean Florenceau, curé d'Aubepère, pour le village de Maucoil ou Gastine, près Fesron, par. de Nueil, qu'il « tient a son domaine », d'un revenu moyen de 6 setiers de seigle, mes. de Mauléon, et 2 chapons ; et 2 setiers de seigle de rentes foncières ; le tout apprécié une bord. héb. (f. 2 v. du double) (1).

2° Homm. plain à plaid et chev. de serv. par Jeanne de Pouillé pour un quarteron héb. sis aux Marchaix de Niolays, dont les habitants lui doivent une rente de 5 set. de seigle, mes. de Mauléon ; « et me sont deuz sur les teneurs dud. lieu dés Marchaix qui s'en-

------

(1) Un feuillet manquant à l'exemplaire principal.

suivent : et premèrement ung sext. et VII quartaux sur la masure
Bernardeau ; item sur l'Erbordière, sur la Salle, ung sext. et VII
quart. ; item sur la Terre-Tabaut et le Quarteron aux Moynnes
ung sext. ; item sur la Milcendière VI quartaux ; item sur les Quarterons-Meschins et sur le Quarteron-Tailleau trois prévendiers... ;
et en deffault de paiement puys prandre... jusquez a sept souls six
deniers d'amande » (f. 36 v.).

3° Homm. plain à plaid et chev. de serv. par Jeanne de Soyvre,
damoiselle, veuve Guyon Jarnigant, pour : la demi-dîme et le demi-
terrage « en troys borderies et ung quarteron de terre désherbergés,
dont l'un est appellé les Rochiers, l'autre la Bernardière, l'autre
les Rabanères, et sont assises en terrouer des Marchaix, tenans...
aux terres de Chaudère,... au ruau... qui descend de Montlouer a
la rivère de Barberu, et... a la terre de Longeville et de Pellevoi-
sins » ; le quart des dîme et terrage de la bord. héb. de l'Espinaye,
tenant à la Vrignoye-aux-Birotz, au Marchaix, à la Chauvynère et
à Puy-Hervé, « et me doyvent les teneurs de lad. borderie dix souls
de rente » ; la dîme des fruits de la bord. déshéb. de la Bordelière ;
la demi-dîme et le demi-terrage de la bord. héb. des Pruniers, tenant
à Puy-Morin, à la Vrignoie-aux-Birotz et à la Chaignelaie ; la dîme
de la terre du Bouillon, tenant à la Chaignelaie et au sentier du moulin Gabart à la Palaynne ; la demi-dîme du quarteron de la Roue-
lière, tenant à la Marquisière et à la rivère du Pont-Tibaut ; la
huitième partie des dîme et terrage de la bord. héb. de la Vrignoie-
aux-Birotz, « et me doyvent les teneurs de lad. borderie XII s. VI d.
de rente » ; le quart de la dîme des laines, agneaux et gorets du
village de l'Espinaye, d'un revenu moyen de 2 s. (f. 37).

4° Homm. plain à plaid et chev. de serv. par Guyon Jarnigant,
pour le quart indivis du tènement des Pruniers, « que tiennent les
Menanteaux de la Vrignoye-aux-Birotz de moy... a la dixme et au
terrage et a douze souls de queste » par an ; la moitié indivise du
bordage de la Pappelièvre, « que tient de moy... Morice Birot, de
la Vrignoye, c'est assavoir la moitié... a hommage plain, plet et
cheval de service..., et est pris pour le quart d'ung quarteron...
herbergé, et l'autre moitié a la dixme et au terrage et a cincq souls
de queste » par an ; le quart indivis de l'Espinaye-Marolleau, « que
tiennent les manssionneres dud. village de moy... a la dixme et au
terrage et a dix souls de queste » par an ; le quart indivis de la dîme
« des bestes croissans aud. village et des fruiz des osches » ; la « dixme
gitaisse » des terres de la Bordelière et de la Chaigneloye ; « et sont
prises icellesd. chouses par une borderie de terre herbergée » (f. 38).

5° Homm. plain par Louis de Brachechien, sr de Brachechien,
pour : une rente de 7 prévendiers de seigle, mes. de Mauléon, et
21 s. sur le village des Marchais de Nyoulays, tenant aux terres de
Montlouer et de la Chauvynère, et aux terroirs de l'Espinaye, de

Chaudère et de Longueville ; deux pièces de terre et un pré. —
« Item tien... sans hommage a quatre deniers de franc devoir... dudit... Regnàult... a cause de son fief du Gast le village... de la Bou-
zenère » (f. 39).

6° Homm. plain à plaid et chev. de serv. par Jeanne de Legon,
veuve Jean Bonnyn, pour le tiers de la dîme des fruits du village
de la Moulière, tenant aux terres du Chaillon, du Bois-Autier et
de la Roche-aux-Murs, par. de Nueil, ladite dîme valant un quarteron héb. ; « par laquelle dixme... les teneurs... de la Molière me
poient... chacun an... deux sextiers de seigle, mes. de Bersuyre »
(f. 47).

*VII. Suite des hommayes rendus à la s^{te} du Frêne-Chabot (entre
les mains d'Emery)* :

Homm. à 2 s. 6 d. de service annuel par Jean Girard, s^r du Ples-
seis-Bastart, éc., « a cause de... la s^{te} du Fraigne et soubz l'ommage
que vous faictes a... André de Choursses, seigneur de Saint-Aulbin-
du-Plain », pour : une bord. héb. sise à la Faye-Banchereau, par.
de Brétignolle ; le bois de la Courbe, tenant au bois de la Faye et
au bois aux Aujars (« tant pour moy que pour Georges du Vergier,
escuier », à 6 d. de cens). — « Item tien... de vous... par... hommage
plain a plait et cheval » le quarteron déshéb. de la Pirauderie,
« assis en vostre fief du Gast », tenant aux terres de la Morpennère,
de Frezaye, de Naveau et au chemin de Bressuire à Mauléon. — Le
tout avec basse justice (30 mai 1484) (f. 23).

*VIII. Hommayes rendus à la s^{te} du Gâl (entre les mains de Re-
naud II)* :

1° Homm. plain à plaid et chev. de serv. par Guillaume de l'Ysle,
prieur du Pin, pour la bord. héb. de la Bouzennère, « avecques ce
que je puys comprandre en lad. bord... de rente sur ung tènement
appellé la Piraudière, sur les terres appartenans a Jehan Naveau,
Texier, du Boys-Galart, sur lesquelles... chouses j'ay la dixme des
fruiz... et cincq sols... de rente ; ...tenans lesd. chouses » aux terres
du s^r de Brachechien, de la Robelinère, du Gast et de la Morpenière (f. 3 du double).

2° Homm. de Frezaye [18 avril 1461] (1) (f. 33).

3° Homm. plain à 6 d. de service annuel et « en chacune mutacion
de homme par chacun denier XII d. », par Colas Puischaut, héritier de François, pour : la bord. héb. des Nohes ou la Bironnère,
par. de Brétignolle ; et trois menues pièces de terre (f. 33 v.).

4° Homm. plain des Brouillères et de Puyvaslin [1449] (2) (f. 36).

---

(1) Voir l'analyse de l'original plus loin, art. 210.
(2) Voir l'analyse de l'original plus loin, art. 203.

5º Homm. plain à 6 d. de serv. annuel et « a mutacion de homme... six souls », par Jean de Pouíllé, pour deux marreaux de bois sis aux bois de la Faye-Banchereau, qui « furent austresfois a feu Guillaume Ogart » (f. 39 v.).

6º Homm. plain à plaid et chev. de serv. par Pierre Barlot, sʳ de la Trambloye, pour un retail héb. tenant aux terres de Frezaie, de la Morpenère et de la Bouzennère (f. 42).

7º Homm. lige à devoir de rachat par le même pour une rente de 3 mines de seigle, mes. de Mauléon, « sur les terres... du Gast assises en la paroisse de ...Bertignolle », avec « tout droyt de prise et de vengence sur lesd. chouses pour mad. rente non poiée,... et est pris pour ung quarteron... désherbergé » (f. 42 v.).

8º Homm. de divers biens en la par. de Bertignolle [20 août 1426] (1) (f. 43).

9º Homm. plain à 12 d. de serv. annuel, par Philippon Bernart, demᵗ à Colonges-Thouarçoyses, pour le quarteron héb. de la Regitardière, tenant aux terres de la Morpennère et de la Bironnère et à la Garde (14 mai 1423) (f. 43 v.).

10º Homm. plain à plaid et chev. de serv. par Guyot de Selnet, éc., sʳ de la Mestaierie, pour « mon village... du Gast, avecques la sergentize féalle de vostred. fief du Gast », led. village tenant aux terres de Montournaut, de Frezaye, de la Robelinère, de la Morpennère et de la Bouzennère ; le tout estimé une bord. héb. et à charge « d'estre vostre sergent féal en vostre fief du Gast et de garder... vos boys de la Faye... et vous doy fournir de homme ydonne... pour faire les adjournemens de vostre assise dud. fief et sur ce fere les prises en vosd. boys pour sur ce fere les rappors et adjournemens... pour sur ce en avoir les amandes a vostred. court... a vostre proufflt... et autres chouses despendans dud. office de sergentize, et led. homme... sera receu par vostre senneschal..: » (f. 44).

11º Homm. plain à plaid et chev. de serv. par Renaud Alizeau, paroissien de Beaulieu, pour une bord. héb. sise au village de la Roche-aux-Murs, tenant aux terres de la Bironnère, de la Garde, du Bois-Autier, de la Porcelière et des Soussêtes (2 mai 1425) (f. 4 vº).

12º Homm. plain d'un quart de bord. héb. sise en la par. de Brétignolles (27 juill. 1429) (2) (f. 47 v.).

IX. Suite des hommages rendus à la sᵗᵉ du Gât (entre les mains d'Emery) :

Homm. plain à plaid et chev. de serv. par François Boutet, pour la bord. héb. des Grandes-Breardières, « autrement les Giraudières », par. de Nueil (6 juin 1484) (f. 51 v.).

---

(1) Voir l'analyse de l'original plus loin, art. 206.
(2) Voir l'analyse de l'original plus loin, art. 205.

X. Hommage rendu à la s^ie de la Roche-de-Cerizay (30 juill. 1335).

Mémoyre est que je Jehan Doublet, autrement dit Molé, de la paroisse de Cirières, avohe a tenir de Jehanne de Grepie, [veuve] feu Jehan Maubert de la Roche, a foy et a hommage plain la quarte partie du tiers d'une borderie de terre assis au Chastellier, en la paroisse de Cirères..., et vault [?] le plait ou le devoir quatre souls et deux deniers quant le cas de mortemain y avient et deux souls et demy par cheval de service... Donné soubz le petit seel de la chastelenie de Berssuire... le jour do dumenne emprès la Saint Jame et Saint Christofle, l'an... mil troys cens trante et cincq (f. 40).

XI. Suite des hommages rendus à la s^ie de la Roche-de-Cerizay (entre les mains de Renaud I).

Homm. plain à plaid et chev. de serv. par Jean Ayré, paroissien de Brueil-Chaussé, pour le quart de la bord. déshéb. de la Bordenère, au terroir du Plesseis-Rouxeau, par. de Brueil-Chaussé, dont il « tient à son domaynne » la « quarte partie » (1) (12 mai 1403) (f. 46).

XII. Suite des hommages rendus à la s^ie de la Roche-de-Cerizay (entre les mains d'Emery) :

1° Homm. plain à devoir de rachat par Jean Bariteau pour le tiers d'une bord. héb. sise au Chastellier, par. de Cirères (25 juin 1490) (f. 27 v.).

2° Homm. plain « a ungs esperons blancs ou cincq sols d'abonny » par Gauvain de La Fourest, éc., s^r de la Ferretière, pour l'hôtel de Boys-Garnier, par. de Cirères (24 juin 1490 ?) (2) (f. 51).

XIII. Suite des hommages rendus à la s^ie de la Roche-de-Cerizay (entre les mains de Renaud III) :

1° Homm. lige à devoir de rachat par Jean Bariteau pour le tiers de la bord. héb. du Chastelier, par. de Cirères, (4 janv. 1496) (f. 52).

2° Homm. plain à plaid et chev. de serv. par Jean de La Haye, maréchal, pour une demi-bord. héb. sise au village du Chastellier, par. de Cirères (2 mai 1493) (f. 52).

Un reg. de 52 f. pap. (un fol. manque entre les f. 31 et 32) et un fragment de double de 9 f. (correspondant à peu près aux f. 31 à 40 et 48 du reg. principal).

---

(1) La dépendance de la Roche-de-Cerizay n'est pas spécifiée. Je la présume d'après la situation géographique.

(2) « Mil III^c IIII^xx [déchirure] ».

148. — 1534, 15 juin. — *Reconnaissance par François Marvilleau, éc., s^r de la Vergnaye, de Villeberlier et de la Beau-Regnault, de cinq hommages rendus par François du Vergier, à l'occasion de la mort de son frère Guy,* pour :

1º l'hôtel et bord. du Fontenyz-Quitteau, « à cause de mon... hommaige que je fays à cause de ce... au seigneur de Sainct-Clémentin » ;

2º une portion des bois de Villebertier, « à cause de mond. hostel de Villebertier » ;

3º la bord. déshéb. du Clodiz, par. de Beaulieu et de Bertignolles, « à cause de l'hommaige que je fays pour raison de ce... à Sainct-Saulveur-de-Gyvremay » ;

4º la bord. déshéb. des Guyrementières, à cause de la Beau-Regnault ;

5º une demi-bord. héb. sise près la Rochebaudin, à cause de la Beau-Regnault.

Le premier hommage est lige, les autres plains.

149. — 1546, 27 mars. — *Le Roi mande à ses sergents de prêter main-forte à René de Meulles, s^r du Fresne, du Gast et de la Roche-sur-Cerisay, toutes les fois qu'il aura à saisir des biens tenus de lui, nobles ou roturiers, pour défaut de devoir.*

Copie contemp.

150. — 1590 (?)-1606 (?). — *Le Plessis-Tristan, la Roche-Baudin, Bois-Regnault (1) (2 pièces).*

1590 (?), 5 juin. — Vente par Louis du Vergier à Charles Gauvain, pour 8600 écus (dont 2726 payés en argent comptant et le reste en endossant quatre obligations du vendeur) de la maison noble et s^te du Plessis-Tristan, de la mét. de la Roche-Baudin et de la maison noble et s^te de Bois-Regnault, le tout en la par. de Geay.

1606 (?). — Pièce mutilée relative au règlement de compte.

---

(1) Le Plessis-Tristan et Bois-Regnault relèvent de Bressuire (*Inv^re du chartrier de Saint-Loup*, p. 41) ; la Roche-Baudin relève de Thouars (*Fiefs de la vic. de Thouars*, p. 156).

151. — 1710, 8 août. — *Mandement de la Table de marbre de Paris aux fins d'enquête sur les contraventions aux droits de chasse et de pêche de Philippe-Armand du Vergier.*

Aux termes de la requête de l'intéressé, il a seul droit de chasse au poil et à la plume dans les paroisses de Saint-Aubin-de-Baubigné, Nueil-sous-les-Aubiers et Voultegon, et de pêche dans les rivières du Frêne-Chabot, de Nueil et de la Rochejaquelein.

152. — 1710, 18 août. — *Notice sur les obligations féodales réciproques de Philippe-Armand du Vergier et de M. de La Dubrie (à l'occasion de la succession d'Armand-François du Vergier).*

M. de La Dubrie réclame l'hommage de : 1° « la masure... appellée Boutelly, l'Ardouinière et la Couvitière » ; 2° Beauvoir, par. de Nerlu, dont le revenu est de 24 boiss. de grosse avoine ou 48 de menue, 6 chapons et 5 s. ; 3° la Noue-Froide, par. de Saint-Aubin-du-Plain ; 4° le Chiron-Charle ; 5° Pellegrole ; 6° diverses vignes à Champigny, « sous l'hommage qu'il fait au seigneur de Bressuire à cause de son fief de Lezay » ; 7° les bois de la Fuie, de Brétignoles, de la Robelinière, de la Croix-de-Poyrier et de la Roche.

Ph.-A. du Vergier réclame l'hommage du Vergier et du moulin de la Tavardière.

153. — Entre 1736 et 1743 (1). — *Mémoires du duc de Châtillon contre les du Vergier au sujet du titre de premier baron du Poitou et des droits de fondateur dans les églises de Saint-Aubin-de-Baubigné et de Nueil (2 pièces).*

M. du Vergier s'est plaint de ce que le duc ait usurpé ces deux prérogatives dans un dénombrement. Le duc réplique que le titre de première baronnie du Poitou est bien attaché à la baronnie de Mortemer, appartenant aux du Vergier, mais qu'il l'est aussi à celle de Mauléon (transformée en 1736 en duché de Châtillon) ainsi qu'à deux autres seigneuries du Poitou ; on cite un dénombrement du 10 août 1551 par Charles de La Trémoille qui en fait déjà foi (2).

---

(1) Mauléon ne fut nommé Châtillon que depuis 1736, et Mortemer sortit en 1743 de la famille du Vergier.

(2) Pendant toute la durée de leur possession de Mortemer, les du Vergier s'intitulent dans les actes « premiers barons du Poitou ».

Quant aux droits de fondateur dans les deux paroisses, le duc les reconnaît attachés à la ligence de la Durbelière (sise à Châtillon près l'église Saint-Melaine), mais en vertu d'une concession des barons de Mauléon, qui ont conservé le droit de faire apposer leurs armes sur la clé de voûte du sanctuaire et partout ailleurs dans ces églises au-dessus des armes de leurs vassaux, ainsi que les droits de banc et de sépulture et celui d'être nommés les premiers aux prières du prône ; les propriétaires de la ligence de la Durbelière n'ont droit aux honneurs seigneuriaux qu'après les barons de Mauléon et doivent les insérer dans leurs dénombrements.

154. — 1773, 5 août. — *Homm. pl. rendu par* [prénom mutilé] *Roulleau, receveur d'amendes des eaux et forêts, à Henriette de Granges* :

1º A cause de la s^ie du Fresne, pour la moitié indivise de la mét. de la Vergnais-Sorin (1), par. de Nueil, et la moitié indivise de la mét. de la Sorinière, même par. ; — 2º à cause de la s^ie du Moulin-aux-Chèvres, pour le quarteron déshéb. des Giraudières ou des Grandes Brardières, même par.

Très mutilé.

II. — Mouvance de la baronnie d'Argenton-Château

1. HOMMAGES GÉNÉRAUX

[**154** *bis*]. — 1239. — *Reconnaissance d'hommage rendu par Guillaume Chabot à Geoffroi, s^r d'Argenton.*

Universis... presentes litteras inspecturis, Gaufridus, dominus Argentonii, vir nobilis, salutem ...Noveritis quod Guillermus Chaboz, miles, de omnibus feodis quæ de nobis habet... pro Guillermo... filio suo, cum assensu... Aymerici d'Argentum, filii nostri, placitum de mortua manu nobis fecit, ita tamen quod si dictum Guillermum ...valetum mori contigerit priusquam pater suus prænominatus decedat,

---

(1) C'est probablement une sous-inféodation postérieure à 1545 (voir ci-après, art. 304).

pro Aymerico Chaboz, fratre dicti Guillermi... valeti, placitum factum est et pagatum ; Guillermus vero... pater corum feoda supradicta... in tota vita sua... possidebit...

D'ap. l'extrait donné dans Fonteneau, t. VIII, p. 29.

155. — 1529, 22 juin. — *Reconnaissance d'hommage lige rendu par Jean de Meulles à Claude de Châtillon, comme s^r d'Argenton, à l'occasion de la mort de Tristan, frère de ce dernier.*

156. — 1757, 13 sept. — *Reconnaissance d'hommage lige rendu par Philippe-A. du Vergier à la baronnie d'Argenton-Château pour raison du Fresne-Chabot et de la Rochejacque- . lein (1).*

Expéd. contemp. du greffe d'Argenton.

157. — 1765, 21 août. — *Reconnaissance d'hommage lige rendu par Hardouine de Grange, veuve du Vergier, à Amable-Emilie de Châtillon, fille aînée de Louis Gaucher, duc de Châtillon, comme baronne d'Argenton-Château, pour raison du Fresne-Chabot et de la Rochejacquelein.*

Expéd. contemp. du greffe d'Argenton.

158. — 1765, 21 août. — *Reconnaissance d'hommages rendus par la même à la même comme dame de Mayré (2), pour les mét. de la Roblinière (par. de Brétignolle), de la Borde (par. de Saint-Aubin-du-Plain) et de Longlée (même par.), la s^{ie} du Livrault-Jousseaume (par. de Nueil), le fief de la Grange (par. de Saint-Aubin-du-Plain) et le Fontenit-Guitault (par. de Voulegon).*

Homm. lige pour ce dernier, pl. pour les autres.

Expéd. contemp. du greffe d'Argenton.

---

(1) La Rochejaquelein relevait de la s^{te} de Saint-Sulpice-de-Givre, unie alors à celle d'Argenton.

(2) Erreur en ce qui concerne le Fonteny-Guitault, qui relevait de la Vergnaie, s^{te} unie aussi à celle d'Argenton à cette date (voir art. 286 ci-après).

2. LE FRÊNE-CHABOT .

159. — 1273-1275. — *Origines du fief* (une pièce).

[*1273, 28 juill.* — « Don de baillie de Nieuil (1) situé dans le fief d'Argenton et dans la châtellenie de Mauléon fait à Guillaume Moreau par Guillaume Chabot, valet, seigneur de la Séguinère ».]

D'après la mention faite dans l'art. 1 ci-dessus.

[*1275, avril.* — Bail à ferme de la terre du Fresne à Renaud Jousseaume, bourgeois de Mauléon, par Guillaume Chabot, s^r de la Séguinière et du Fresne.]

D'après la mention faite dans l'art. 1 ci-dessus.

1275, 15 juin. — Concession par Guillaume Chaboz, valet, à Jean *Morelli* d'un domaine dont le nom est illisible, probablement le Frêne.

Pièce mutilée, lat.

160. — 1369-1705. — *Hommages du Frêne-Chabot* (2) (15 pièces).

[*1369.* — Hommage rendu par Guillemette Morelle, veuve Pierre de Meulles, à Guy, s^r d'Argenton.]

D'après la mention faite dans l'art. 1 ci-dessus.

1478, 23 avril. — Reconnaissance d'hommage lige rendu par Renaud de Meulles au baron d'Argenton.

1482, 15 nov. — Reconnaissance d'hommage lige rendu par Emery de Meulles à Philippe de Commines, chev., s^r d'Argenton et de Thalemond, avec injonction de bailler dénombrement du fief.

Signé : Commynes.

Le dénombrement en question est probablement celui qui est analysé ci-dessus, art. 147, I, 1°.

Autres pièces : hommages et quittances de rachat, très mutilés.

---

(1) La s^{ie} de Nueil àyant été unie à celle du Frêne à une date indéterminée, mais qui semble fort ancienne, et la presque totalité des documents subsistants ne distinguant pas l'une de l'autre, je les unis sous la même rubrique du Frêne-Chabot. La mention la plus récente de la s^{ie} de Nueil est de 1582 (assises, art. 221 ci-ap.).

(2) Au sujet des limites du fief, voir art. 185 ci-après, déposition Symonneau. Voir aussi sur les origines du fief l'art. 341 ci-après.

161. — 1530-1640. — *Chapelle du Frêne-Chabot* (une pièce).

[*1530, 7 sept.* — Accord entre René de Meulles, éc., s^r du Fresne, et Guy Sauvestre, éc., prieur-curé de Nueil : les s^rs du Fresne auront la disposition de la chapellenie ou stipendie fondée en leur hôtel noble par feu André de Meulles, s^r de Mautravers, toutes les fois qu'elle sera vacante ; en même temps René présente Guy à ce bénéfice.]

D'après la mention faite dans un inventaire des titres de la fam. de Meulles de 1575.

1534 (1). — Acte (mutilé) passé entre Jean de Meulles, s^r du Fresne, et René Sauvestre, prieur-curé de Nueil, où il est écrit que les prieurs-curés doivent dire une messe à note en la chapelle du Fresne tous les ans la veille de l'Ascension et à la fête de la Décollation de saint Jean-Baptiste.

[*1538, 1er sept.* — Présentation de Pierre de Meulles, éc., par René de Meulles à la chapellenie du Fresne.

1555, 1er avril. — Présentation de Jean Gaymaud, bach. ès lois, procureur fiscal de Bressuire, à la même chapellenie.

1555, 3 avril. — Ledit Gaymaud afferme la métairie de l'Espinay, dépendance de la chapellenie.

1559, 8 juin. — Deux actes portant respectivement résignation dudit Gaymaud et présentation de René Sauvestre à sa place.]

D'après les mentions faites dans l'inv. de Meulles de 1575.

[*1640.* — « Extrait de la fondation de la chapelle..., dotée de la métairie de l'Epinay, alors affermée 120 l., de laquelle somme par le présent acte... on ôte 20 l. pour être affecté à la chapelle de la Durbellière. »]

D'après la mention faite dans l'art. 1 ci-dessus.

162. — 1510-1688. — *Droits de fondateur en l'église paroissiale de Nueil-sous-les-Aubiers* (2) (11 pièces).

1510, 7 août. — Plainte de Jean de Meulles, s^r du Fresne, au sénéchal de Poitou, contre les habitants de la paroisse, qui ont enlevé son banc seigneurial, appuyé au mur de la chapelle de droite du chœur, pour le mettre derrière les autres et détruit une partie de la litre.

---

(1) Date aujourd'hui illisible, donnée par l'inventaire Gabard.
(2) Voir aussi la pièce 153 ci-dessus.

[*1514*. — Accord entre Marie Audoyer, veuve Renaud de Meulles, dame du Fresne, et les habitants pour l'édification d'une chapelle dans le chœur de l'église.]

D'après la mention faite dans l'art. 1 ci-dessus.

1516, oct. — Enquête du sénéchal de Poitou contre Jean Banchereau, s^r de la Longueraire, pour rupture du banc seigneurial des barons de Mauléon en l'église de Nueil.

En 1513 René Gauvain, châtelain de Mauléon, reçut l'ordre de Gabrielle de Bourbon, dame de Thouars et de Mauléon, d'édifier un banc aux armes des La Trémoille dans le chœur de l'église de Nueil, côté Evangile, ce qui fut fait. En févr. 1514 ce banc est rogné par Jean Banchereau, comme touchant aux tombes des s^rs de la Longueraire et nuisant « pour bailler à comunier le corps de Jésus-Crist ès parroissiens ». La veille de Pâques 1515, le banc est enlevé par la fabrique, puis remis par ordre du procureur fiscal de Mauléon ; à la Pentecôte 1516, il est enlevé de nouveau par un certain Renaud, dit bâtard de Jean Banchereau, qui fait mettre une tombe à sa place.

Dépositions, entre autres, de Fiacre Cureau, maître régent des écoles de Nueil ; Etienne Bertrand, vicaire de Nueil depuis deux ans ; François Tisseau, prêtre dem^t à Nueil.

1528, 19 déc. — Sentence du sénéchal de Poitou condamnant la fabrique de l'église à faire remettre les armoiries de René de Meulles, s^r du Fresne, dans le grand vitrail du chœur et sur le côté droit dudit chœur.

[*1549*. — Transaction entre Charles de La Trémoille, baron de Mauléon, et Pierre de Meulles, s^r du Fresne, au sujet des droits honorifiques dans l'église.]

D'ap. la mention faite dans l'art. 1 ci-dessus.

1629, 18 nov., cour du Frêne. — Partage entre Pierre de Meulles, s^r du Fresne, et la fabrique de Nueil, des domaines communs entre eux.

Lot de P. de Meulles : 10 boiss. et demie de terres à blé.

Not. : Benestreau, de la châtellenie du Frêne-Chabot.

1636 et années précédentes. — Procès entre Pierre de Meulles, s^r du Fresne, et Gasparde de La Longueraire (1), femme de Salomon de Brémond, comme dame de la Longueraire, qui se disputent les honneurs seigneuriaux en l'église de Nueil.

------

(1) Nom porté par la famille Banchereau depuis le milieu du xvie siècle.

Détails relevés :

Les Banchereau portent les armes des La Forest depuis le mariage de Jean B. avec Françoise de La F. en 1487 ; mais ces armes ne figurent en l'église que depuis le mariage de Jean de Meulles avec Marie de La F. en 1571.

Les Meulles et les La Forest, naguères protestants, ont occupé et dévasté l'église de Nueil ; les Meulles l'ont plus tard restaurée.

Le s^r de la Favrière et de la Sorinière a une chapelle bâtie dans l'église sur un terrain relevant du Fresne.

Le droit de sépulture dans le chœur n'appartient qu'aux s^{rs} du Fresne, bien qu'il ait été vendu aux s^{rs} de la Longueraire par les habitants de Nueil en 1486.

On cite des aveux de la Longueraire rendus au Fresne de 1408 à 1511.

Le procès est terminé par une sentence arbitrale du 10 juin 1636 (Poitiers, Baranger not.) maintenant P. de Meulles dans son droit.

1676-1688. — Procès en la sénéchaussée du Poitou entre Louis de Meulles, s^r du Fresne, et Louis Bodin, prieur-curé de Nueil, celui-là demandant à être recommandé nommément au prône.

Intervention de Claude-Eléazar, comte de Châtillon, comme baron d'Argenton-Château, prétendant au droit revendiqué par L. de Meulles.

Il est dit que ledit L. de Meulles fit relever à ses frais le logis prieural.

163. — *1566-1684.* — *Déclarations rendues aux s^{rs} du Fresne par les prieurs-curés de Nueil pour tenir d'eux en franche-aumône et sans charge le logis prieural* (9 pièces, dont 4 doubles).

1566, 13 juin. — Le prieur, Denis Bertault, déclare le logis, un jardin de 3 boisselées « à semer lin », le tout clos de murs et tenant à l'église, à la venelle qui va de la grande porte de l'église au chemin des Aubiers et à divers immeubles (1).

1633 (19 fév.) et *1642 (12 mai).* — Les prieurs Gabriel Benestreau, puis Louis Rousseau, déclarent un jardin de 4 boiss. « à semer lin », dans lequel il y a un masureau où autrefois était bâti le logis (2).

1653, 10 juin. — Le prieur Louis Rousseau déclare un logis nouvellement construit (3) comprenant deux chambres hautes et deux

---

(1) Les confrontations sont les mêmes dans les déclarations suivantes.

(2) Probablement dévasté au cours des guerres de religion.

(3) Il porte encore aujourd'hui la date gravée 1645.

basses, boulangerie, cellier, grenier, grange, écurie, et deux jardins de 4 boiss. « à semer lin », le tout clos de murs.

1684, 3 avr. — Même déclaration par le prieur Louis Bodin.

164. — 1776-1778. — *Foires et marchés de Nueil* (2 pièces).

1776, juill. — Lettres royaux accordées à la requête de la marquise de La Rochejacquelein, « propriétaire du bourg de Nueil », et des habitants de Nueil, établissant audit lieu un marché chaque vendredi et six foires par an (5 janv., mardi de la semaine de la Mi-carême, 15 avril, 15 mai, 15 juin, 7 sept.), « à la charge par les seigneurs dud. bourg... de ne percevoir aucuns droits sur les bestiaux ».

« Une grande partie des marchands qui vont acheter dans le Bas-Poitou des bœufs passent et repassent par ce bourg ».

1778, 28 mai. — Cession par les habitants à Hardouine de Granges, veuve de P.-A. du Vergier, s^r du Fresne, d'une portion du cimetière contenant 2 boisselées et demie, pour y faire le champ de foire, à charge de clore le terrain et de payer une rente de 3 l. amortissable au gré des bailleurs.

Signataires : Jean-Bapt. Flapart, prieur-curé, Denis Poupart, vic., etc.

Notaire : Godefroy, des Aubiers.

165. — 1787, 18 févr. — *Les habitants de Nueil autorisent Henriette-A. du Vergier, dame du Fresne, à établir son four banal « dans la cornière du cimetière qui joint à sa maison du Palais ».*

Cet emplacement « join... au terrin qui lui a etté cédé pour y construire le palais, les halles et chan de foire ».

166. — 1555-1652. — *Droits sur la rivière du Frêne et garenne du Frêne* (1) (5 pièces).

[*1555, 16 avr.* — Accord entre Françoise de l'Espronnyère, veuve Pierre de Meulles, s^r du Fresne, et Jacques Clémenceau, relatif au « droict de peschaige... et deffens d'eaux en la rivière du Fresne » du gué Paillard au pont de Tournellay, et au « droict de garennes à poil et à plume en tout le fief du Fresne », reconnus aud. s^r].

---

(1) Voir aussi plus loin, art. 185 et 194.

J. Clémenceau s'engage à « lever les esses et portage du moulin de la Chastryère » toutes les fois que les s^rs du Fresne voudront pêcher, moyennant un préavis d'une heure ou deux.

D'ap. l'analyse donnée dans l'inventaire de Meulles de 1575 (voir art. 161).

1555, 17 avr. — Accord entre la même et Colas, Jean, Pierre et René Aulmond, sur le même objet.

1559, 13 août. — Accord entre François de L'Espronnière, comme s^r de la Sorinière, Christophe Malinéau, comme s^r de Tournellaye, et les mineurs Jean et Renée de Meulles, comme s^rs du Fresne.

Le s^r de Tournellaye aura le « droict de peschage et deffens de peschage en la rivière de Nueil » depuis le fossé neuf qui sépare le pré sec lui appartenant du pré de la Herce, appartenant au s^r du Fresne, « jusques au moulin neuf... et encores oultre jusques à un... chiron estant en la petite prée du seigneur de Beaumond ». Les s^rs de la Sorinière et du Fresne auront même droit depuis ledit fossé jusqu'au gué Espaillard.

En outre, le s^r de la Sorinière cède à celui du Fresne les prés de la Herce et des Grand et Petit Malidort, en échange du pré Barreau, sis le long de la rivière, qu'il tiendra du Fresne « en frang gariment... sans foy et sans hommage fors ung denier de frang gariment... à chacune feste de Natyvyté Saint Jehan Baptiste ».

1633, 28 avril. — Vidimus de pièces exhibées par Pierre de Meulles dans une instance contre François Rigault, s^r de Millepied, qui contestait le droit de pêche du s^r du Fresne.

A citer entre autres : 1° partage entre Jean de Meulles et Pierre des Nouhes, du 9 mars 1576, d'après lequel le droit de pêche de la s^te du Fresne s'étend du gué des Paillart au moulin de la Sorinière ; — 2° articles des aveux du Fresne de 1592 et de 1612 relatifs aux moulins de Chanzé, dont les meuniers doivent au s^r dud. Fresne 12 d. de cens « pour leur avoir donné permission de construire leurs moulins dans ma rivière du Fresne,... bien que lesd. moulins soient au delà de la rivière et qu'il n'y a que l'attache desd. moulins sur ma terre du Fresne » ; — 3° articles des aveux du Fresne de 1598 et de 1612 relatifs au moulin de la Chastrière, dont les meuniers doivent au s^r dud. Fresne « chaque an deux chapons pour leur avoir donné permission d'ériger lesdits moulins... dans ma rivière du Fresne et de détourner la rivière de son cours actuel »..

1652, 11 déc., cour de Mauléon. — Accord entre François de Lespronnière, s^r de la Sorinyère, et Louis de Meulles, s^r du Fresne, au sujet des droits de garenne en la s^te du Fresne et de pêche dans la rivière du Fresne entre le gué Paillard et Tournelais.

Le s^r de la S. prétendait au quart indivis de ces droits. Il y renonce, moyennant la possession totale du droit de pêche entre le moulin de la Sorinière et le moulin de Daudon, dont le quart lui appartenait déjà.

167. — 1495-1515. — *Prés de la rivière du Frêne* (13 pièces).

1495-1506. — Contestation entre les héritiers d'Emery de Meulles, s^r du Frêne, et François de Lesperonnière, au sujet du pré de la Marzelle, sis « sur la rivière de Nueil, près... la Sorynière ».

1495, 15 janv. — Vente par Renaud, Jacques et Marquis de Meulles, fils de feu Emery, à François de Lesperonnière, éc., s^r de la Sorinière, pour 200 l., des trois quarts indivis de ce pré (l'autre quart appartenant déjà aud. François).

« Icelui achapteur... donne... grace... de retraire... lesd. chouses... vendues du jour... de saint Jehan-Baptiste prochen venant jusques a ung prochen ensuivant. »

1497, 30 mars. — Rétrocession du pré par François aux héritiers de Meulles, moyennant reversement du prix d'achat.

1503, 30 sept., Paris. — Lettres royaux de rescision en faveur de Renaud de Meulles.

« Loys,... roy de France, au sénéchal de Poictou ...salut. De la partie de... Regnault de Meulles... nous a esté exposé que en faisant par eulx certain contract ...avecques Françoys de Lesperronnyère pour raison de aucuns excès... dont procès estoit indécis... et ceddant par lesd. exposans au proffit d'icelluy de Lesperonnyère les troys quars... en... le pré de la Marzelle..., lesd. exposans ont esté... circonvenuz... d'oultre moictié de juste pris et... les auroyt..., soubz coulleur de ce que... Taneguy Guerrineau ratiffiroit facillement ledit contract, induitz à promettre de faire faire icelle ratiffi-cacion,... mais led. Guerrineau... ne veult entendre... Pourquoy nous... vous mandons... que se ...il vous appert que... iceulx exposans ayent esté... circonvenuz,... rescindez... led. contract... ou... leur faictes suppléer ...ce qu'il leur fauldra de just pris... Et ...mandons au premier huissier... sur ce requis qu'il adjourne parties... par devant vous pour veoir procéder à l'entérinement de ces présentes... »

1503, 22 (?) oct. — Rapport de René Denyau, sergent de Mauléon, au sénéchal dudit lieu.

« Le XXIIme [?] jour d'octobre... mil cincq cens troys, à la requête et en la compaignie de... Loys Gauvaign, nous transportasmes... à la maison et houstel de la Roche-Bardo près Chemillé, espérens y trouver Françoys de Lespronnère..., et... en l'absence dud. de Lespronnère led. Gauvaign, procureur... de... Marquis de

Meulles, prebtre,... fist offre de retraict lignager aud. de Lespronnère des chouses que Renault..., frère dud... Marquis, avoit vendu
aud. de Lespronnère,... en me requérant que adjournasse led. de
Lespronnère à vosd. assises en matière de retraict et sur reffuz d'argent, ce que feis par ma cédulle par moy atachée encontre la porte...
dud. lieu de la Roche-Bardo... »

1503 (21 nov.), 1505 (20 mai, 5 sept., 22 déc.), 1506 (10 janv.).—
Défauts prononcés contre Fr. de Lesperonnière par le sénéchal de
Mauléon, puis (la dernière fois) par le sénéchal de Poitou.

L'issue du procès est inconnue.

1515, 9 oct. — Echange de prés entre Jean de Meulles, éc., s^r du
Fraigne, et Pierre Bodet, laboureur, dem^t à la Sallonère, en vue
d'une rectification du cours de la rivière, qui les traverse.

Chaque pré donne annuellement deux mulons de foin environ.

1632, 1638. — Déclarations roturières du pré des Marais, de
2 journaux, tenant au « grand pré de Prouslain, la rivière entre
deux », aux prés de Dubet et de la Duberie et au champ du Brusly,
au devoir de 3 d. de cens.

168. — Vers 1330 — comm. du XVIIe siècle. — *Compta-*
bilité générale du Frêne (5 pièces).

Vers 1330. — Rôle de revenus annuels divers (très effacé). Le
début manque. Voici les totaux :

Rentes en deniers : A la mi-août, 9 l. 5 s. 6 d. — A la Notre-
Dame de sept. *(illisible).*

« Cens dehus... au Fraygne de la ville de Nueil » : A la mi-
août, 26 s. 3 d. — A la Toussaint, 17 s. 8 d. — A Noël, 20 s.
10 d. — A Carême-prenant, 25 s.

« Le bailliage de Fraygne dehu chascun an a l'an neuf » : total,
10 s.

« Chappons... dehuz au Fraygne chascun an » : total, 25 (?)

« Blez de rende dehuz au Fraygne chascun an a la me-aoust,
mes. de Mauléon » : total, 29 set.

« Les molins de Fraygne a vent et a eue » : affermés par an 24 set.
de seigle.

Dîmes et terrages sur les borderies *(inachevé).*

Rôle de 20 × 87 cm.

XVe siècle. — Rôle de revenus annuels divers (très effacé).

« Rentes de blez » (chiffres fort effacés).

« Rentes de deniers » :

A Pâques, 10 s. — A la Pentecôte, 12 s. — A Notre-Dame d'août,

16 l. 2 s. 7 d. — A Saint-Gilles, 18 d. — A Saint-Michel, 23 s. 7 d.
— A la Toussaint, 4 s. — A Noël, 10 s. — Au dimanche « Tollu » (?),
14 s.

« Fumages » : total, 4 à 5 s.

« Gaingneries appartenant au... Fraigne » : ce sont celles du
Fraigne, à 4 bœufs ; de la Poullonnère, à 4 ; de la Vergnoye-Sorin,
à 2 ; de la Morpennère, à 2 ; de la Robellinère, à 4.

« Boys... du Fraigne » : celui de la Faye.

« Prez du domayne du... Fraigne » :

Le Pré Saic et la Grant Rivère, 9 journaux. — La Marzelle,
8 journ. — La Rivère de Forges, 3 journ.

« Rentes... dues a cause... du Fraigne » :

Au curé du Brueil pour le service de la chapelle Saint-Jean de
Serron, 100 s. — Au s^r de [mot effacé], 15 s.

Rôle de 30 × 127 cm.

1572. — Compte de la recette du Fresne et de ses dépendances,
en grains.

1º Fermes (la Robellinière, le Payré, la Vergnays-aux-Birots,
la Chauvynière, les Linaux, la Poullinyère, la Vergnay-Sorin, le
Rochay, la Boullay, la Magdalleynne, les Marchays, la Marrière,
le Fournet, le Pastibault) :
Blé, 239 charges 1/2. — Seigle, 272 ch. 1/2.

2º Rentes (sur la Morrenière, Frezoys, le Gatz, la Vergnay-aux-
Birots, le Grand-Payré, la Mornesinière, la Nouhe-Ronde, les Es-
sards, les Tousches-Boutin, l'Espinay-Marolleau, la Garleschière) :
Blé, 28 charges 25 set. 7 boisseaux. — Avoine, 9 ch. — Froment,
7 ch. 6 b. — Seigle, 5 ch. 12 b.
Il ressort de ce compte que la charge vaut 18 boisseaux.

Comm. du XVIIe siècle. — « Mémoyre du revenu du Fresne ».
Cahier très mutilé.

1º La maison, jardin, petit étang, garenne, pré, « coutures »,
« vallant C l., à présant peu, n'estant point en réparation ».

2º Métairie du Fresne, « qui se laboure par deux métèries du
Fresne qui la font à moytié, et peult bien valloir bon an mal an
vingt cherges de blé... L'on tient » 6 vaches et 60 brebis, que les
métayers de la Poulinière et de la Vrignays, « qui la font, sont tenus garder à leurs dépens. Oultre plus le seigneur du Fresne prant
la disme dedans laditte métérie... »

3º Mét. de la Poulinière. — Affermée pour 16 charges de blé ;
100 s. « pour le nourin » ; un pourceau d'un an et demi, un chevreau, 2 moutons, 6 chapons, 6 poulets, 6 oisons, 12 fromages de
saison, 12 fromages gras, 10 livres de beurre, 3 de lin en poupée ;

« la disme au village sur se qui se disme », corvée à toute réquisition (1) tant « de beufs que de bras ».

4° Mét. de la Vrignays-Sorin.

5° Mét. de la Marière. — Affermée pour 8 charges de blé ; 100 s. pour le nourrin ; un chevreau, 2 moutons, 4 chapons, 6 poulets, 4 oisons, 6 fromages durs et 15 gras ; corvée à toute réquisition.

6° Mét. de la Chavinière. — Affermée pour 21 charges 4 quartauts de blé ; 150 s. « pour le profit du nourin » ; 2 moutons, un chevreau, 6 chapons, 6 poulets, 4 oisons, 6 fromages durs et 6 gras ; corvée à toute réquisition.

7° Moulin du Pastibault.

8° La Madeleine (2). — Affermée 19 charges 1/2 de seigle ; 6 l. pour le nourrin ; un pourceau, un chevreau, 2 moutons, 6 chapons, 6 poulets, 6 oisons, 3 livres de lin, 10 livres de beurre, 6 fromages durs et 6 gras ; la moitié de la menue dîme (l'autre due à la Favrière), corvée à toute réquisition.

9° Mét. du Rochays. — Affermée 10 ch. de seigle ; 100 s. pour le nourrin ; un pourceau, 2 mout., un chevr., 4 chap., 6 poulets, 4 oisons, 4 from. gras et 4 durs, 3 l. de lin ; corvée à toute réquisition ; la moitié de la dîme (l'autre due à la Favrière), le tiers du terrage (le reste à la Favrière).

10° Le Poyré. — Affermé pour « quinze setiers revenant au pris de treze charges sis boyceaux » ; 100 s. pour le nourrin ; 2 mout., un chevr., 4 chap., 4 oisons, 6 poulets, 4 fromages gras et 4 durs ; la moitié de la dîme (l'autre à la Favrière) ; corvée à toute réquisition.

11° Mét. de la Vrignays-Burot.

12° [très mutilé].

13° Mét. de Chastenay, exploitée à moitié ; « belle métérie où il est requis fère ferme » (on pourrait l'affermer à 24 charges de blé, en 3 parts égales de méteil, seigle et froment, et le reste).

14° La Boulays. — Affermée pour 9 ch. de seigle et une d'avoine ; 100 s. pour le nourrin ; un chevr., 2 mout., 4 chap., 4 oisons, 6 poulets, 4 from. durs et 4 gras ; corvée à toute réquisition.

15° La Robelinière. — Affermée pour 16 ch. de seigle et 6 d'avoine ; 15 francs pour le nourrin ; un pourc., un chevr., 2 mout., 6 chap., 6 poulets, 6 oisons, 15 l. de beurre et 3 de lin, 6 from. durs et 6 gras ; corvée à toute réquisition ; la menue dîme ; 2 « milliers de boys en ayde ».

16° Les Linaux. — Affermé pour 27 ch. de blé ; 60 s. pour le nour-

---

(1) L'expression employée ici et plus loin est « bien à toutes semonses ».
(2) Contenance en 1780 ; une provendrée (voir art. 280 ci-après).

rin ; quelques chapons, « quelque aultre chose, bien peu », à cause
d'un mauvais voisin qui empiète sur ùn beau pâtis et moleste « ses
pauvres jans, de fasson que la métèrie ne nous vault guère que ledit blé et quelques charays, bien peu souvent toutefoys ».

17° Bordage de la .Servanterie, « qui a aultrefoys esté baillé à
viquerie à la vie de quelques-ungs d'une ligne qui· s'en va finir, n'y
aiañt plus qu'un qui est asses agé », qui doit une charge de froment
et 6 francs ; « estant finy, l'on l'ocmantra ».

18° Maison noble de Maulay, avec pressoir et four banaux, et
autres dépendances parmi lesquelles : dîme de Luguet, partagée
par moitié avec l'abbesse de Saint-Jean-de-Bonneval ou le curé de
·Missé.

19° Autres menues 'dépendances.

169. — *1544-1666. — Baux à ferme des dépendances du
Frêne* (24 pièces).

1544, 7 mars. — Bail à ferme pour 5 ans par René de Meulles,
s^r du Fresne, à Jean Morin et Pierre Bénestreau, son gendre, pour
une moitié, et à Paynneau, Jean Turpault et François Bénestreau
pour une autre moitié, de la mét. de la Magdelaine, « avecques la
Mazure Bernardeau, alias la Bernardière,... y comprins... la huy-
tiesme partie de la Terre-Tabault et Quarteron au Moyne alias le
Rochays, sis... en lad. paroisse de Nueil, ou fief et jurisdiccion...
du Fresne ».

Redevances annuelles du fermier : 16 set. de seigle, mes. du
Fresne ; 115 s. « pour le nourryn et prouffict des bestes » ; un chevreau, 2 moutons, 6 poulets, 4 fromages de saison et autant de gras,
2 oisons, 3 livres de lin en poupée « pour toute dixme de jardrins »,
4 chapons, terrage des fruits, dîme « sur le charnage », « biains...
à toutes semonces ».

Not. : Rouauld, des cours de Mauléon et Bressuire.

1544, 7 mars. — Bail à ferme pour 5 ans, par le même, à Micheau
Clochard et Jean Maroleau, laboureurs au Grand-Marchays, de la
« mestayrie et village ...du Grand Marchays avecques ses appartenances... contenant à présent toute la borderie de la Salle et la borderie de l'Erbordère et la moytié du quarteron de la Milecendère,
sis... en la parroisse de Nueil et ou fief et jurisdiccion... du Fresne ».

Redevances annuelles du fermier : 20 set. de seigle, mes. du Fresne ;
115 s. pour le nourrin ;. un chevreau, 2 moutons, 6 poulets, 4 fromages de saison et autant de gras, 2 oisons, un gorron, 4 livres de
lin, 6 chapons, « dixme de charnage », « biains... à toutes semonces » :
pas de terrage.

Même not.

1677, 17 déc. — Baux à ferme pour 5 ans, par Louis de Meulles, de la Marière, la Poullinière, le Rochay, les Marchais, la Vergnais-Sorin, la Magdelaine, le P^t Poyré, la Robelinyère, la Chauvinière, l'Espinay, les Varnières, le P^t Fournet, le moulin du Pas-Tibault.

Voici les clauses concernant la Marière (elles sont généralement reproduites, aux chiffres près, dans les autres baux ; deux fermiers, seuls, savent signer ; les mesures sont celles de Mauléon) :

12 charges de seigle et 30 l. pour la réduction de 3 autres charges en argent ; 30 l. pour les « norins » ; 12 poulets, 6 oisons, 3 livres de lin en poupée, 5 livres de beurre, 6 chapons ; droits de fumage et de « convy à nôpces » ; 500 fagots ; planter 12 chênes par an ; corvée pour le service du Fresne à toute réquisition et aux frais des fermiers « fors aux grands biains que ledict seigneur les norira » ; faire moudre au moulin du Pastibaud ; entretenir les lieux, sauf la fourniture de bois, qui sera faite par le seigneur.

Not. : Clémenceau et Gaynard, de la b^le de Mauléon.

170. — 1744-1809. — *Compte courant des fermes dépendant du Frêne.*

Registre de 59 f. divisé en 19 parties consacrées au Frêne, la Poulinière, le P^t Fournet, la Papelièvre, la Noue-Ronde, la Marière, l'Epinaye, la Madeleine, les Varnières, les Marchais, la Chauvinière, le Rochais, la Petite-Vergnère-Birot, la Grande-Vergnère-Birot, la Roblinière, le Petit-Perré, le four banal, le Pâtis-de-Mals, les halles et le Palais.

Fol. 57. — Bail du Palais de Nueil à dater de 1780 pour cinq ans, moyennant 33 l. par an à Mathias Bénard, qui jouira « de toute la maison, à la réserve de la chambre du Pallais qu'il laissera libre ».

Fol. 22-24. — La Marière. Voici, à titre d'échantillon, les clauses du bail fait pour 5 ans en 1745 : 120 l., 2 livres de laine, 500 fagots, planter 12 arbres par an, corvée à toute réquisition, faire moudre au moulin du Patibeau, 30 l. à forfait pour la dîme ; « il ont à souche morte pour 914 l. de gros et menu bétail ».

171. — 1740-1748. — *Documents réunis par Philippe-A. du Vergier à l'appui d'une demande en réduction de la taille à Nueil-sous-les-Aubiers* (6 pièces).

1748. — Etat comparatif des taux de la taille en 1740 et en 1747. *(Cité ici à titre d'échantillon :)*

La Marière, mét. à une charrue, est taxée en 1740 à 64 l., en 1747 à 94 l.

Totaux de la paroisse : en 1740, 8764 l. ; en 1747, 9341 l.

1748. — Impositions de 1748. — Taille : 9343 l. Capitation et divers : 8499 l.

A l'art. 127, la mét. de la Marière est estimée 233 l. ; taille, 85 l. ; capit. et divers, 77 l.

FIEFS RELEVANT DU FRÊNE-CHABOT

172. — 1414-1769. — *Titres collectifs* (31 pièces).

1414, 18 août. — Homm. plain à plaid et chev. de serv. rendu par Colette Maygnarde, dame de Ruderte, à Renaud de Meulles pour le bois de la Brouce et une rente de 7 prévendiers de seigle, mes. de Mauléon, sur le Marchet, le tout pris pour un retail hébergé.

1425, 29 avril. — Homm. par Jean de Brachechien au même pour la bord. héb. de la Palenne, par. de Nueil, une rente sur les Marchais, deux dîmes et deux pièces de terre (1).

1472 [quantième mutilé]. — Procuration de Jeanne Vernone pour faire hommage de : 1° la bord. héb. de la Palenne ; 2° la dîme des « bestes gisans et regisans » au village de Montourneau, par. de Nueil, pouvant valoir 5 s. par an, et la dîme « en blez, terres et tènements » de ce village ; 3° la dîme des fruits de la Vrignoie-Sorin.

1490 (10 sept.), 1496 (9 avril), 1530 (4 mai). — Homm. plains à pl. et chev. de serv. par Jean Charrier successivement à Emery, Renaud et René de Meulles pour : 1° la moitié de la dîme et du terrage des Rochais, de la Bernardière et de la Rabanerie ; 2° le quart de la dîme et du terrage de l'Epinay ; 3° la dîme des fruits de la Bordelière ; 4° la moitié de la dîme des Pruniers ; 5° la dîme du Bouillon ; 6° le quart de la dîme des fruits de la Rulière ; 7° la huitième partie de la dîme et du terrage de la Vergnaie-Bureau ; 8° le quart de la dîme des laines, agneaux, veaux et pourceaux « des bestes gisans et couchans » au village de l'Epinay ; 9° en sous-inféodation (à François Birot, de la Vergnaie, en 1490 et 1496, à François Marolleau en 1530), un quarteron héb. à la Papelièvre.

1495, 16 déc. — Homm. pl. à pl. et ch. de serv., par Pierre Prévost, éc., à Renaud de Meulles pour : 1° le pré de la Folie en la rivière de Nueil, la terre de la Pollonière et une rente de 27 s. sur le Pt Payré, les Marchais et la Madeleine, le tout estimé une bord. héb. ; 2° le Pt Payré ; 3° les Marchais et la Madeleine, qui comprennent la Salle, l'Arbordière, la Milecendière, la Terre-Tabault ou Quarteron-au-Moine, la masure Bernardeau et les terres de la Madeleine (2).

---

(1) Identifications difficiles, l'écriture étant fort effacée.

(2) Les 2° et 3° sont probablement des sous-inféodations (voir art. 280 ci-après).

1505 (21 avril) et 1517 (10 mai). — Homm. pl. à pl. et ch. de serv. par Louis, puis Mathurin Prévost, éc., à Marie Audoyer, veuve Renaud de Meulles, puis Jean de Meulles, pour : 1º le pré de la Folie ; 2º la terre de la Pollonière ; 3º une rente de 27 s. sur le P¹ Payré, les Marchais et la Madeleine.

Sceaux aux contr. du Puybéliart sur la première pièce, et de Moncontour sur la seconde.

1508, 7 nov. — Homm. pl. à pl. et chev. de serv. par Jean Charrier à Marie Audoyer, veuve Renaud de Meulles, pour : 1º la moitié de la dîme et du terrage des Rocheys, de la Bernardère et des Rabasnères, au terroir des Marchais ; 2º le quart de la dîme et du terrage de l'Espinaye ; 3º la moitié de la dîme et du terrage des Pruniers ; 4º la dîme du Bouillon ; 5º la huitième partie de la dîme et du terrage de la Vergnoye-aux-Birotz ; 7º le quart de la dîme des laines, agneaux, veaux et pourceaux « des bestes gisans et couchans » au village de l'Espinaye.

1522, 8 avril. — Vente par Mathurin Prévost à Jean de Meulles, pour 265 l. : 1º du pré de la Folie, par. de Nueil, proche la Poullonnère ; 2º d'une rente de 27 s. sur le P¹ Payré, la Magdalène, le Rochay et les Marchaix, par. de Nueil.

[*1531, 11 mai.* — Vente par René Touzellet à Jean Lebault, éc., sʳ de Boisgallard, pour 50 l., de ce qu'il possède à la Vergnaye-aux-Burotz, Pré-Ervé et la Papelinèvre, par. de Nueil (lods et ventes payés à Jean de Meulles, sʳ du Fresne, le 9 sept.).

1532, 16 oct. — Vente par Françoise Gauvelle, veuve Vincent Girard, à René de Meulles, sʳ de la Roche-sur-Cerizay, pour 100 s., de ce qu'elle possède à la Vergnaye-au-Burot, la Papelièvre et Puy-Hervé, par. de Nueil (notifiée au greffe de la sᵗᵉ du Fresne).]

D'ap. l'analyse faite dans l'inventaire de Meulles de 1575.

1567-1681. — Rentes faisant un total de 11 boisseaux de blé et 4 l. 17 s. dus par les sʳˢ du Fresne aux sʳˢ de la Favrière sur les mét. des Marchais, de l'Espinay et du Poiré, « qui sont de ladite maison du Fresne », en vertu d'une transaction du 4 juin 1567.

Le 20 juillet 1681, Anne du Plessis, veuve Jean Paillot, sʳ de Boisbureau, fermier général du Fresne, verse plusieurs années d'arrérages à Antoine Bodin, sʳ de Beaulieu, fermier général de la Favrière.

1602-1678. — Pièces d'un procès intenté par Louis de Meulles en 1678 contre Françoise de La Pommerais, veuve de Pierre de Fontaine, en revendication des dîmes des métairies de la Madeleine et du Rochais, usurpées par les agents d'affaires successifs des de Meulles (Pierre Benestreau, sa veuve Renée David et Pierre de Fontaine, second mari de celle-ci).

1632-1727. — Rente de 3 set. 4 boisseaux de seigle, mes. de Mauléon, et 25 s. due au prieur de Notre-Dame des Chastelliers sur la Magdelaine, les Marchais, Rochais, Périé et Lespinays, par. de Nueil.

Déclarations roturières de cette rente rendues par les prieurs aux s^{rs} du Fresne, au cens de 3 s.

1639, 9 nov. — Homm. par Pierre de Fontaine, proc. fisc. de Pierre de Meulles, audit P. de Meulles, pour les « dixmes appellées les terrages de Gerniguand, sittuées en plusieurs lieux en la parr. de Nueil », et une autre dîme assise près le Moulin-aux-Chèvres, estimée un quarteron héb.

1653 (8 juill.), 1683 (5 oct.). — Homm. pl. à pl. et chev. de serv., par Pierre de Fontaine à Louis de Meulles, puis par (?) à Marie-A. du Vergier, pour : 1º le quart du terrage des blés de l'Espinay, par. de Nueil ; 2º la moitié (réduite au quart d'un aveu à l'autre) de la dîme des Pruniers, tènement « dépandant de la Vergnay-Burot » ; 3º une partie de la dîme de la Vergnay-Burot ; 4º la moitié de la dîme de la Grande-Bernardière (qui dépend de la Magdelaine) ; 5º la dîme du Rochay ; 6º celle de la Bordelière ; 7º la moitié de la dîme de la Rulière ; 8º la Papelièvre, sous-inféodée à Perrine Audebault. Le tout estimé une bord. héb.

1711 (5 sept.), 1773 (30 juill.). — Homm. pl. à pl. et ch. de serv. par Pierre-François Dyrodoys, chev., s^r de la Quetraye, puis Pierre-Marie Paynaud, pour : 1º la dîme au treizain des fruits de la bord. héb. de la Vergnaie-Sorin et un certain nombre de champs de la par. de Nueil ; 2º la dîme au treizain « des bêtes naissantes, croissantes et gissantes » de la mét. de Montourneau et des fruits de lad. mét. ; 3º la dîme au treizain des fruits de deux pièces de terre dépendant de la mét. de la Chauvinière, par. de Nueil ; 4º même dîme au champ du Moulin ; 5º la bord. héb. de la Palaine, par. de Nueil.

1769, 26 janv. — Déclaration de tenure en franche aumône par Louïs Delabat, prieur de l'abbaye de Châtillon-sur-Sèvre, comme titulaire de la chapelle Saint-Hilaire en lad. abbaye, à Hardouine-H.-S. de Granges, pour deux rentes en blé sur la Marière et le P^t Payré.

173. — 1277-1762. — *La Ligence (ou Ligeric) du Frêne-Chabot, à Argenton-Château* (9 pièces).

1277, août. — Don par Fouques de Montors à Jean Morea de Ceresey, en récompense de ses services, de son hébergement sis à Argenton, par. Saint-Gilles, qui appartint à Guillaume Meschin, chev.

Fouques s'en dessaisit entre les mains d'Emery, s^r d'Argenton, qui, à sa requête, en met en possession Jean Morea.

Écriture fort effacée. Au dos : Ligence du Fresne, écr. XVIIe s.

1573, 17 juin. — Déclaration roturière au s^r du Fresne d'une maison sise à Argenton-Château, au cens de 7 s. 6 d.

Au dos: « Déclaracion de la messon de la Ligence d'Argenton », écr. XVIIe s. Pièce très effacée.

1617, 15 juill. — Déclaration roturière rendue par [prénom illisible] Leyvrault, drapier, et Jeanne Bourion, dem^t à Argenton-le-Château, au s^r du Fresne d'une maison sise en ceste ville, avec jardin « à semer ung boisseau de lin », sur la place du marché, tenant à la maison des héritiers Jean Jouet et au jardin des héritiers Jean Sicaud, au cens de 7 s. 6 d.

1630, 25 juin. — Hommage lige à 60 s. de devoir de rachat rendu par Jeanne Bourion, veuve René Richaudeau, dem^t à Argenton-Château, au s^r du Fresne pour une maison sise en cette ville, près les halles, appellée la Ligence du Fresne, sur la rue qui va du château au pont neuf, tenant aux maison et jardin de Jeanne Sicault et à la maison de feu Jean Jouet.

1643, 1653, 1687, 1762. — Autres hommages semblables.

174. — 1450 (21 août). — *Les moulins d'Audon.*

Le sénéchal du Poitou fait remettre Jean de La [morceau déchiré] en possession des quatre sixièmes des moulins d'Audon, à l'encontre de Pierre Fleury et Renaud de Meulles, qui en ont indûment perçu les fruits.

En cas d'opposition, les contrevenants seront ajournés devant la sénéchaussée, qui a reçu du Roi la connaissance des cas privilégiés.

175. — 1653-1773. — *Le quart de la borderie déshéb. des Borderies, par. de Breuil-Chaussée (4 pièces).*

Hommages pl. à pl. et ch. de serv.

.[**175** *bis*]. — 1544-1545. — *La Chauvinière, mét., par. de Nueil.*

1544, 18 mai. — Contrat entre Jacques des Sotz, éc., fils aîné de Pierre, et Guillaume de Cahiduc, éc., s^r de Cruhé, au sujet du paiement de 900 l. t., prix de la vente par Jacques à Guillaume des trois quarts indivis de cette métairie.

1544, 24 mai. — Retrait « par puissance de fief » par René de Meulles, s^r du Fresne, sur ledit acheteur dudit objet vendu.

1555, 16 avril. — Vente par Pierre des Nouhes, éc., s^r du Pallys, à Françoise de L'Espronnyère, veuve Pierre de Meulles, s^r du Fresne, d'une rente de 3 set. de seigle, mes. de Mauléon, sur le tènement de la Chauvynière, par. de Nueil, par échange avec une rente sur la Chastrière, même par.

D'ap. les analyses faites dans l'inventaire de Meulles de 1575.

[175 *ter*]. — 1522, 8 avril. — *Pré de la Folie, par. de Nueil.*

Vente par Mathurin Prévost à Jean de Meulles, s^r du Fresne, moyennant 265 l., de ce pré sis près la Poullonnyère, contenant 8 journaux (notifiée au greffe du Fresne).

D'ap. l'analyse faite dans l'inventaire de Meulles de 1575.

176. — 1522, 29 juin. — *Dîmes et terrages Jarnigant.*

Procuration de Marguerite Girard, dame de Belleville, veuve Jean Charrier, pour rendre hommage à Jean de Meulles pour ces dîmes et terrages, « qu'elle prend en plusieurs lieux... en la parroisse de Nueil ».

[176 *bis*]. — 1544, 6 nov. — *La Marière, par. de Nueil.*

Vente par Louis Chambret à René de Meulles, s^r du Fresné, pour 300 l., de ce tènement, sis « en fief et jurisdiccion... du Fresne ».

D'ap. l'analyse faite dans l'inventaire de Meulles de 1575.

177. — 1468 (22 juin), 1483 (3 févr.), 1485 (29 oct.). — *Dîme de Montourneau (3 pièces).*

Trois homm. pl. à pl. et ch. de serv. rendus successivement par Pierre des Loges, marchand à Bressuire, à Renaud de Meulles, par Jeanne Vernone, veuve de Pierre des Loges, à Emery de Meulles, et par Hilaire des Loges au même, pour : 1° la dîme des « bestes regisans » du village de Montournaut, par. de Nueil, d'un revenu moyen de 5 s., limitée par le cours d'eau qui descend du Gas vers la Palaynne et par le chemin du Moulin-aux-Chèvres à Bressuire ; 2° la dîme des blés dud. village, d'un revenu moyen de 3 set. de seigle, mes. de Mauléon.

178. — 1430, 7 juin. — *La Morpenière, bord. héb.*

Procuration de Jean Girart, éc., s^r de Givrans, pour en rendre hommage de la part de Françoise Jouceaume, sa femme, à Renaud de Meules.

179. — 1483-1773. — *La Palaine, par. de Nueil* (9 pièces).

1483-1653. — Homm. pl. à pl. et ch. de serv. rendus : le 3 févr. 1483 par Jeanne Vernone, veuve Pierre des Loges, à Emery de Meulles ; le 29 oct. 1485 par Hilaire des Loges au même ; le 12 juin 1642 par Julien Brochard à Pierre de Meulles ; le 7 juillet 1653 par Charles Courault, s^r de la Primaudière, à Louis de Meulles ; — pour la bord. héb. de la Palaine.

Ceux de 1642 et de 1653 avouent, de plus, la dîme au treizain sur lad. bord.

1635, 14 déc. — Sentence du sénéchal de Mauléon relative à la mouvance de la Palaine. Il y est question, entre autres, de la rente ci-après.

1638-1773. — Aveux rendus le 10 sept. 1638 et le 10 juin 1653 par Gratien Roy, marchand à Bressuire ; le 13 sept. 1683 par Claude Roy ; le 3 août 1773 par Catherine Chauvin, veuve Joachim de Lauzon, chev. ; — pour une rente de 7 charges de seigle, mes. de Châtillon, sur la Palaine.

L'aveu de 1638 est à homm. plain et les suivants à 7 s. de cens.

180. — 1748-1786. — *La Papelièvre, bord., par. de Nueil* (15 pièces, dont 3 doubles).

Déclarations roturières rendues au Frêne-Chabot par divers pour des rentes en grains qu'ils ont droit de prendre sur cette bord.

181. — 1446, 10 juin. — *La Poulinière.*

Nicolas Couillaut, de Mauléon, donne quittance à Renaud de Meules, éc., s^r du Fraigne, de 50 écus d'or que le premier avait prêtés au second moyennant une rente de 100 s. sur le village de la Poulonère, ainsi éteinte.

182. — 1656-1658. — *Le quart indivis du tènement des Pruniers, par. de Nueil* (12 pièces).

Procès entre le s^r du Fresne et Pierre de Fontaine, donataire de sa femme Renée David, veuve André Benestreau, au sujet de la dîme et des terrages du tènement des Pruniers, dépendance de la mét. de la Vergnais-Burot.

D'après un aveu du Fresne à la b^te d'Argenton du 7 juillet 1612, cité au cours de ce procès, le quart du tènement est tenu à homm. pl. de lad. s^te du Fresne par André Bénestreau.

183. — *1773, 24 juill. — La moitié du terrage des blés de la bord. héb. de la Salle.*

Homm. pl. à pl. et ch. de serv. par Louis-Gabriel de L'Epinay, chev., s^r de Beaumond-en-Nueil. Le terrage en question est du sixième.

184. — *1772, 8 juillet. — La Sorinière.*

Arrêt du Conseil supérieur de Poitiers déclarant que « le fief de la Sorinière dépend... de la... châtellenie du... Fresne », à l'encontre du duché de Châtillon, dont les officiers ont indûment apposé les scellés sur l'hôtel de ce lieu, après la mort du seigneur, l'abbé de Vris.

185. — *1278-1783. — Tournelay, par. de Nueil* (14 pièces).

1278, 6 mars. — Vente par Jean Maucoil à Jean « Morelli, de Cerezaio », pour 50 s., d'une rente d'un setier de seigle, mes. de Mauléon, sur Fayron (1), par. de Nueil.

Lat.

1388, 19 juin. — Procès-verbal d'exécution par Simon de [mot effacé], sergent royal, des lettres royaux du 18 mai en cas de complainte et nouvelleté, obtenues par Gadifer de La Salle, chev., s^r du Fraigne à cause de sa femme Guillemette Morelle, adressées au gouverneur de Touraine ou à son lieut. à Chinon, en vue du rétablissement des droits seigneuriaux dud. Gadifer sur le lieu de Tournelay, méconnus par les frères Thibaud et Jean Baraton et 14 autres (parch. fort effacé).

Les prévenus ayant été cités à leur domicile et convoqués à Tournelay pour le 19 juin, Thibaud Baraton a déclaré faire appel et, « moult courroucé », voulut tuer le chien du sergent. Le jour venu, les frères Baraton et Etienne Dannort, Renaud Bonnet, Renaud Clochard, Simon et Colin Birot, autres prévenus, font opposition ; le sergent les requiert alors de rétablir en la main du Roi les choses débattues, et en signe de rétablissement Thibaud lui baille, en

------

(1) Féron relève de Tournelay (voir art. 147 ci-dessus).

son nom et au nom d'Etienne Dannort, un vieux chaperon, et, au nom de R. Bonnet, R. Clochard, S. et C. Birot, un autre vieux chaperon qu'il prend d'un sien page. Le procureur de G. de La Salle requiert alors qu'on lui donne défaut contre lesdits prévenus faute de rétablissement suffisant et pour autres causes. En conséquence, le sergent les assigne aux prochaines assises du siège royal de Chinon. Défaut est donné contre les prévenus absents.

1449. — Procès entre Renaud de Meulles, s^r du Fresne, et Jeanne Audebaud, veuve Jean Baraton, dame de Tournelay, au sujet du droit de chasse en la garenne de Tournelay et du droit de pêche en la rivière dudit lieu.

Déposition de Pierre Symonneau, lab. à Nueil, en faveur de Renaud (fragment non daté). — On y lit entre autres que le Fief-Chabot « commence d'ung cousté au chemyn tendant de Bressuyre a Mauléon tyrant au gué d'Espaillard et tout le long de la ryvyère d'Argenton jucques au pont de perre de Tournelaye et dud. pont tyrant jucques a la tonnelle du Moullin-aux-Chièvres, et au dedans desd. confrontacions dict estre scitué et assis le moullin de la Grand Boessière entre led. gué d'Espaillard et le pont de Tournelay et aussi le moullin de Grand-Fesron, et dict que quatorze ans sont ou environ le deppousant estant au long de lad. ryvyère et près led. moullin [en] ung pré appellé le pré de Pynault... vyt que les serviteurs de feu Jehan de Meulles,... s^r... du Fresne par retour,... alloient pescher es excluses dud. moulin de la Grand-Boessière,... et que l'année ensuyvant... vyt led. feu Jehan de Meulles et ses serviteurs qui peschoient es escluses dud. moullin ».

Conclusions motivées adressées au sénéchal du Poitou par Jeanne Audebaud et consorts (manquent le dernier feuillet sur 16 et la date). — A noter en particulier les dires suivants.

La s^te de Tourneloye, après avoir appartenu à Jean Baraton, éc., dont Françoise et Marie, ses filles, sont seules héritières, a été attribué à sa veuve pour son douaire ; Françoise et Marie ont épousé respectivement Guyon et Jean Malineau. Les s^rs de Tourneloye ont « droit de garenne et deffends a connilz auprès... de Tourneloye au dedans de certains fossez qui y sont d'ancienneté..., appellez lesd. lieux... la garenne de Tourneloye » ; cette garenne « tient d'une part au chemin par ou l'on vait au Pin de la Planche, autrement appellé la Perche de Tourneloye, estans sur la rivère qui passe au long dud. hostel, qui procède... de la rivère du Pin..., de lad. Planche... jusques a l'endroit du bout du pré de l'estang devers la sauzée de Barbereau autrement appellé la sauzée Eschinart, et le long dud. pré suyvant lad. rivière de Baraleu jusques au gué de Lussec et dud. gué montant contre mont le long de lad. rivière jusques a lad... Perche... de Tourneloye... Item... ont... pescherie et deffends a poissons en lad. rivière... dès le gué qui est au bout du vergier du Fraigne devers le bas, lequel vergier est au dessoubz du moulin de la Varenne... jusques au moulin de Tourneloye lequel se appelle le moulin Neuf ».

Six ans auparavant, Renaud de Meulles pêchant, avec quelques compagnons, à l'aide d'un tramail, dans les limites susdites, Jeanne Audebaude survint, saisit l'engin ; Renaud reprit celui-ci de vive force en renversant Jeanne, la piétinant et l'injuriant.

Le 29 août 1448 Renaud pénétra dans la garenne de Tourneloye avec André et Emery de Meulles, Pierre Fleury et 16 hommes en armes, qui abattirent deux faulx ou murgiers et les panonceaux du Roi qui les surmontaient. Accoururent au bruit Jeanne Audebaude, Françoise Baratonne, une jeune demoiselle appelée Isabeau Malvielle et des servantes. Jeanne fait des observations. Suit une rixe au cours de laquelle les femmes sont fort maltraitées.

Le procès sur la chasse et la pêche est alors évoqué de la cour féodale de Mauléon à la sénéchaussée de Poitiers.

1449, 20 janv. — Lettres royaux ordonnant une enquête sur l'agression commise le jour de la Toussaint précédent, en l'église de Nueil, pendant la grand'messe, par Jean, Guyon et Jacques Maligneaux et 15 à 20 hommes en armes, sur la personne de Jeanne Fleury, femme de Renaud de Meulles.

1449, janv. — Procès-verbal notarié d'une semblable agression commise le jour de Noël suivant par les mêmes et deux ou trois hommes en armes, en l'église de Nueil, pendant la grand'messe, sur la personne de Jeanne Fleury, qui eut la jambe brisée.

L'issue du procès est inconnue.

1783, 27 déc. — Vente par Charles-Alexis-Marie de Razes, chev., c^te d'Auzances, à François Chauvin, sénéchal de Châtillon et d'Argenton-Château, pour 1000 l. de rente et 17000 l. comptant, de la s^ie de Tournelaye, par. de Nueil, et de la sergentise féale de Boissière.

La s^ie de Tournelaye consiste dans « une maison assez logeable, jardins, ouches, prez, quelques terres labourables..., une métairie auprès », la mét. de la Dubrie et les moulins de Daudon (deux à eau, « l'un fromentier et l'autre seiglier », et deux à vent, « l'un aussy fromentier et l'autre seiglier », presque neufs). Le tout est affermé alors 1050 l. quitte de charges.

D'après une note jointe, il faut ajouter au prix de vente 2400 l. de pot-de-vin non portées au contrat.

Not. : Duchastenier, de Poitiers.

CENSIVE DU FRÊNE-CHABOT

186. — 1629, 1653, 1727. — *Déclarations collectives de deux maisons et de terres diverses de la paroisse de Nueil (3 pièces) (1).*

La Basse Maison, au bourg, avec jardin « à semer une quarte de lin », sur le chemin de l'église de Nueil à Mauléon. Devoir : 20 d. de cens (1629, 1653).

La maison du Lion d'Or, au bourg, avec jardin d'une demi-boisselée « à semer lin ». Devoirs : rente d'un quartier de mouton châtré, 14 d. de cens (1629, 1653, 1727).

187. — 1667-1711. — *Déclarations de la maison de la Charronnerie, au bourg de Nueil (2 pièces) (2).*

Sur la route de Bressuire aux Aubiers, contiguë à la grange du prieuré. Jardin « à semer une quarte de graine de lin ».

Devoirs : 6 d. de cens, 6 d. de fumage, moudre au moulin, gâteau et convi de noces.

188. — 1638, 1683, 1727. — *Déclarations de la maison de l'Ecu, au bourg de Nueil (3 pièces).*

Dite en 1638 maison des Trouvé (3). Sur la place de l'église. Jardin de 6 boisselées « à semer lin ».

Devoirs : 6 s. de cens, 6 d. de fumage, moudre au moulin, gâteau et convi de noces.

189. — 1617-1639. — *Déclarations de la maison de la Fabrice, au bourg de Nueil (2 pièces).*

Propriétaire : la fabrique de Nueil. Sur le chemin de Nueil à Voutegon. Jardin d'une boisselée « à semer lin ».

Devoirs : 3 s. de cens, 6 d. de fumage.

---

(1) Je fais un article pour chaque maison qui porte une dénomination particulière ; en dehors de ces maisons qui serviront de spécimen, j'ai groupé les autres en un article final.

(2) Je fais un article pour chaque maison portant une dénomination particulière ; j'ai groupé les autres en un article final.

(3) Elle appartenait en 1604 à Jacques Trouvé, élu à Mauléon (voir plus loin, art. 219).

190. — 1729. — *Déclaration de la maison de la Vergneterie,
au bourg de Nueil.*

Sur le chemin de Nueil à Voutegon. Jardin d'une demi-boisseléc
« à semer lin ».

Devoirs : 7 s. de cens, 6 d. de fumage, moudre au moulin du Pastibault, « drois de convis de nopce et drois de gasteau de la fleur
d'un boisseau de fromant ».

191. — 1543-1742. — *Déclarations de maisons et jardins
divers du bourg de Nueil* (76 pièces).

Les devoirs des tenanciers sont les suivants :

1º Le cens, payable à la mi-août, variant entre 2 d. et 10 s.

2º Moudre au moulin banal et (depuis 1711 au moins) cuire au
four banal.

3º « Tenir la mesure à blé et à vin de la châtellenie ».

4º Le droit de fumage de 6 d. sur chaque cheminée fumante.

5º Le droit de gâteau et celui de convi aux noces.

Les quatre derniers devoirs ne sont pas toujours exprimés dans
les déclarations, notamment les deux derniers, qui ne le sont jamais
avant 1629, mais semblent avoir été toujours compris tacitement.

192. — 1300-1604. — *Actes divers concernant des maisons
et jardins du bourg de Nueil* (7 pièces).

1300, 9 avril, cour de Mauléon. — Hugues Sorin, valet, vend à
Pierre Le Codurer, *de Niolio*, et à ses sœurs une masure et un jardin
sis audit *Niolium*, touchant la maison du cordonnier dudit lieu.

Lat.

1348, 19 févr., cour royale de Poitiers. — Jeanne, veuve Pierre
Dujon (?), paroissienne de Nuyl, constitue à Pierre de Meulles,
sʳ du Fraygne, un cens ou rente de 4 s. sur son hébergement sis en
la ville de Nuyl, moyennant la somme de 40 s.

1518, 4 janv. — Vente par Antoine de La Fourest, sʳ de la Pᵗᵉ
Bosse, à Jean de Meulles, sʳ du Fraigne, pour 7 l., d'une rente de
8 s. sur les biens des Nigreteau, au bourg de Nueil.

Autres pièces : ventes, arrentements.

193. — 1485, 10 sept. — *Arrentement par Jean Le Mastin,
sʳ de la Roche-Jacquelin, à André Clémenceau, demᵗ à la
Chastrière, par. de Nueil, du quart indivis du pré Chauvyn,*

*en la rivière de Nueil, et de biens divers sis à la Chastrière,
à la Chaumillière et à la Sarronnière, moyennant la rente de
2 set. de seigle, mes. de Mauléon, 45 s. et 2 chapons.*

194. — 1477-1638. — *Le moulin de Chanzé, par. de Nueil*
(5 pièces).

1477, 26 sept. — Renaud de Meulles, s[r] du Fraigne, cède à Colas
et Jean Gamer le droit de « prise et destour d'ayve » en la « rivière
qui descend du Pin en Poictou au Fraigne,... a l'androyt » du tènement de l'Odinère, par. de Nueil, pour y édifier plusieurs moulins,
sauf le droit de pêche réservé aux s[rs] du Fraigne, moyennant 12 d.
de franc devoir.

Au cas où le ou les moulins passeraient en d'autres mains que
celles desdits bénéficiaires ou de leurs ayants cause, le s[r] se réserve
le droit de retirer sa concession.

Au dos : « Moulin de Chanzé », écr. du XVIIe siècle.

1632, 1638. — Déclarations du « droict de souffrance d'eau »
du moulin de Chanzé et du droit « d'appuier l'un des bouts de la
rouhe » du moulin sur les terres du fief du Fresne, au cens de 12 d.

1653, 10 juin. — Déclaration du « droict de soufrance d'eau pour
faire moudre le bas moullin de Chanzey... et la sixiesme partye
dans le moullin... de devant l'estant ...du Fresne », au même cens.

195. — 1493-1781. — *La Chalrière, par. de Nueil* (21 pièces).

[*1493, 12 sept.* — Accord entre Renaud de Meulles, s[r] du Fresne,
et André Clémenceau, dem[t] à la Chastrière, au sujet des inondations
causées aux prés du Fresne par la hauteur excessive de l'écluse du
moulin de lad. Chastrière.

Clémenceau abandonne en compensation un demi-journal de ses
prés.]

D'après l'analyse faite dans l'inventaire de Meulles de 1575.

1542-1552. — Procès en la sénéchaussée de Poitou entre René,
puis Pierre de Meulles, s[rs] du Fresne, et Jacques Clémenceau, dem[t]
à la Chastrière, au cours duquel la censive de cette dernière est
disputée entre les s[ies] du Fresne et de Beaumont.

La Chastrière est sur la rive gauche de la rivière du Fresne et
communique avec les terres du Fresne par le gué du Ravry.

1781, 11 déc. — André-Jacob Gusteau de La Gerbaudière rembourse à Anne-H. du Vergier, dame du Fresne, moyennant 600 l., 14 boisseaux de seigle de rente sur 24 qu'il lui devait sur la mét. de la Chastrière.

196. — 1507-1543. — *La Rabanerie, par. de Nueil* (4 pièces).

1507, 1ᵉʳ oct. — Achat par Marie Audoyer, veuve Renaud de Meulles, sʳ du Fraigne, moyennant 15 l., d'une rente de 18 boisseaux ou une charge de seigle, mes. de Mauléon, sur le tènement de la Rabanerie, près le village des Marchaix, par. de Nueil.

1508, 20 mars. — Achat par la même de la sixième partie de la Rabasnerie, qui appartint à feu Jean Rabasnier.

1533, 15 avril. — Vente par Micheau Favreau, laboureur, à Méry Roustiau, demᵗ à Rigalles, par. de Nueil, pour 70 l., d'une rente de 60 s. sur le tiers indivis de la Rabasnerie et de la Terre Tabault, même par.

1544, 15 janv. — Vente par Méry Roustiau à René de Meulles, sʳ du Fresne, acquéreur « par puyssance de fief » (1), de la moitié de la Rabasnerie, pour 160 l.

Not. : Rouauld, des cours de Mauléon et Bressuire.

197. — 1684, 3 avril. — *Jardin près le moulin de la Varanne (par. de Nueil ?).*

Déclaration de ce jardin, contenant 5 boisselées « à semer lin », par Louis Bodin, curé de Nueil, au devoir de 3 d. de cens.

198. — 1604, 26 mars. — *Les Vernières, mét., par. de Nueil* (2).

Vente par Renée de Meulles, femme de François Verno, à Marie de La Fourest, veuve Pierre de Rehcautoy, pour 2262 l.

Not. : Guérin, de Bressuire.

199. — 1653-1769. — *Biens divers à la Barbolinière, aux Hautes-Morzinières et à la Roche-au-Mur, par. de Brélignolle* (7 déclarations).

---

(1) C'est-à-dire par retrait féodal, indice de la directe du sʳ du Frêne.
(2) Censive seulement présumée.

3. LE GÂT

(Fief uni au Frêne-Chabot en 1599) (1)

200. — 1276-1308. — *Origines du fief* (6 pièces).

1276, févr., cour du vic. de Thouars. — Pierre Escoblea, de Mauléon, reconnaît avoir donné à Jean Morea de Cerezey, « por le bon et léau service que ledit Jehan li ha ja fait », la borderie de la Mort-Vezinère, que Jean tiendra de Pierre à hommage plain.

1300, 24 déc. (2), cour du vic. de Thouars. — Jean du Pin, valet, du consentement de Guillaume, son frère aîné, cède à Emery de Chaligné, clerc, tout ce qu'il possède à Berteignolle dans le fief de Guy *de Nigra Terra*, chev.

Lat.

1301, 18 mars, cour de Guy, v^te de Thouars, s^r de Mauléon. — Vente par Etienne Ayraudeau et Marie, sa femme, à Emery de Chaligné, clerc, pour 50 s., d'une rente d'un setier de seigle « super villis et terris de la Bozonère et de Veteri Gasto ».

Lat.

Entre 1301 et 1308 (3), cour de Guy, vic^te de Thouars, s^r de Mauléon. — Hennor, veuve d'Emery de Chaligné, clerc, cède à Emery Morea, clerc, en récompense de ses bons services, tout ce qu'elle et son mari possédaient au terroir du Gast, par. de Berteygnole, et ce qu'ils avaient acquis de Jean et Guillaume du Pin, valets, dans lad. paroisse et celle du Pin.

Entre 1301 et 1308, cour de Guy, vic^te de Thouars, s^r de Mauléon. — Hennor, veuve de Chaligné, vend à Emery Morea, clerc, pour 50 s., la rente achetée par l'acte du 18 mars 1301 ci-dessus.

1329, 8 déc. — Hilairet du Plaisseys-Rousseau reconnaît devoir à Jean Maubert, valet, et sa femme Jeanne, fille de feu Jean Moreau, une rente de 3 set. et demi de seigle, mes. de Bressuire, sur les biens dudit Hilairet en la par. de Berteignole, rendable à leur hébergement de la Roche-de-Serezay.

Fragment de sceau de la cour royale de Poitiers.

---

(1) Sur la consistance de ce fief, voir ci-après, art. 203, mémoire postérieur à 1626.

(2) Date précisée à l'aide de *Fonteneau*, t. VIII, p. 39.

(3) Guy, vic. de Thouars, mourut le 26 sept. 1308.

201. — 1755, 4 juin. — *Hommage lige rendu par Marie et Madeleine-Colombe de Borstel à Philippe-A. du Vergier, comme s^r du Gast, pour une rente de 3 mines de seigle sur la métairie du Gast, par. de Brétignolle* (1).

202. — 1632, 1653, XVIIIe siècle. — *Déclarations roturières rendues au Gast pour des biens divers sis en la par. de Brélignolle, spécialement aux Hautes Morzinières* (les H^{tes} Mornezinières, en 1632) (3 pièces).

FIEFS RELEVANT DU GÂT

203. — 1408-1769. — *Titres collectifs* (28 pièces).

1408-1711. — Hommages pl. à pl. et chev. de serv. rendus : le 7 avril 1408 par Pierre Marietea, de la par. de Saint-Sauveur, à Renaud de Meules ; le 26 juin 1412 par le même à Jean de Meules ; le 25 août 1425 par Jean Marietea à Renaud de Meules ; en 1429 par (?) au même ; le 15 mai 1437 par Pierre du Vergier, éc., s^r de Ridejeu, au même ; le 1er février 1449 par Macé de La Gaubertère, s^r de la Chalopinère et de l'Espinaye, à cause de Perrette Guye, sa femme, au même ; le 31 mai 1451 par lad. Perrette, veuve dud. Macé, représentée par son fils François, au même ; le 26 avril 1484 par ladite Perrette, veuve dudit Macé, à Emery de Meules ; le 4 mai 1496 par Jean de La Gaubertère, fils de Macé, à Renaud de Meules ; le [?] 1516 par Jean Julyot, alias de La Gaubretière, s^r de l'Espinaye, à Jean de Meulles ; le 16 nov. 1565 par Milet Goupil, fils de feu Mathurin, à Jean de Meulles ; le 9 juillet 1629 par Antoinette Lyot, veuve Pierre Goupil, à Pierre de Meulles ; le 20 juin 1653 par Marie Gouppil, veuve René Bréchard, à Louis de Meulles ; le 19 mai 1711 par Marie Bréchard, veuve Toussaint Texier, s^r de la Papinière, à Philippe-A. du Verger ; — pour le quarteron déshéb. appelé successivement les Brouillères et (depuis 1629) le Butet, et le retail déshéb. de Puyvaslin, situés en la par. de Brétignolle.

1492-1755. — Hommages pl. à pl. et chev. de serv. rendus : le 29 juin 1492, par André Banchereau, s^r de la Longraire, à Emery de Meulles ; le 29 juillet 1496, par Jean Banchereau, s^r de la Longraire, à Renaud de Meulles ; le 22 mai 1505, par le même à Marie Audoyer, veuve Renaud de Meulles ; le 18 août 1511, par le même

---

(1) Voir l'hommage de la même rente au XVe siècle, art. 147 ci-dessus, VIII, 7°.

à Jean de Meulles ; le 5 sept. 1527, par Hardy de La Longueraire,
sr dudit lieu, au même ; en nov. 1565, par René de La Longueraire
à René de Sainte-Maure, comme tuteur de Jean et Renée de Meulles ; le 4 août 1639, par René de La Pastelière, éc., sr de la Pastelière et de la Longueraire, à Pierre de Meulle ; le 10 sept. 1653, par
le même à Louis de Meulles ; le 26 juillet 1690, par Gabriel de La
Pastelière à Marie-A. du Verger, veuve Louis de Meulles ; le 29 mai
1711, par (?) Davy à Armand du Vergier ; le 17 juillet 1755, par
Pierre Le Royer à Philippe-A. du Vergier ; — pour : 1º le bois de
la Brosse ou de la Brousse, tenant aux terres des Giraudières, de
Frezays et du Bois-Autier ; 2º le tènement de Puyvaslin, tenant
aux chemins de Ridejeu à la Roche-aux-Murs et du Plessis-Hubelin à la Faye-Banchereau et aux terres des Foussettes et de l'Espinaye.

Ces aveux sont dits rendus à cause du fief du Gast, sauf ceux de
1653 et 1690, dits rendus à cause du fief de la Robelinière.

Après 1626. — Mémoire judiciaire pour un procès avec les srs de
la Roche-de-Cerizay et de Cirières au sujet de la mouvance des trois
borderies de la Brunelière, du Châtellier et du Petit-Brétignolle,
dont l'hommage est revendiqué par le sr du Fresne au titre de son
« fief de la Robelinière alias du Gast,... en lad. paroisse de Bertignolle, lequel consiste en treze borderies de terre et environ quarante arpans de boys..., partie duquel est tenue en parage dud. sr du
Fresne par le seigneur de la Sorinière, d'aultant que lad. maison ...de
la Sorinière est ung partage sorty de la maison du Fresne et tenu
en parage soubz les hommages que led. sr du Fresne fait aux seigneurs... desquels sont tenuz les fiefz, et le parsus dud. fief... est
tenu à foy et hommage par les sieurs de la Pastellière, le prieur du
Pin, le sr du Plessis-Bastard, les srs de la Roullière, Longuerayre,
Ridejeu, de Lespinaye... et aultres, lequel fief contient plus de la
moictié de lad. paroisse ».

1683, 1769. — Hommages pl. à pl. et ch. de serv. de la Buronnière (par. de Brétignolle), des Renardières et du champ des Bordes.

204. — 1623-1720. — *La Boulaye-Mignon, bord. héb.,
par. de Cirière* (2 pièces).

Homm. pl. à pl. et ch. de serv.

205. — 1429, 27 juillet. — *Un quart de borderie hébergée
sise en la par. de Brétignolle.*

Homm. pl., à 12 d. de service par an, rendu par Jean Reynart à
Renaud de Meules. La bord. est arrentée à 3 mines de seigle, mes.
d'Argenton, avec basse justice.

206. — 1426-1543. — *Divers biens en la par. de Bréli-gnolle* (6 pièces).

Hommages pl. à pl., chev. de serv. et 3 d. de service annuel rendus successivement : le 20 août 1426 par Gillet Menentea, valet, à Renaud de Meulles ; le 15 février 1507 par André Menenteau, prêtre, s^r de la Coussaye, à Marie Audoyer, veuve Renaud de Meulles ; le 16 sept. 1513 par le même à Jean de Meules ; le 3 mars 1522 par Jeanne Menanteau, dame de la Coussaye du Pin, au même ; le 17 juin 1529 par Geoffroy Gourbellier, éc., s^r de la Coussaie du Pin, au même ; le 17 avril 1543 par le même à René de Meulles ; — pour une terre sise près du village de la Morpenère, une autre tenant aux terres du Vieil-Gast et de Groisart, une rente de 3 prévendiers de seigle sur les teneurs du Gast, la huitième partie de la dîme de Fre-zays (d'un revenu moyen d'un prévendier de seigle), et une rente de 18 d. sur les ouches du Vieil-Gast (dit Gast Charrier depuis l'aveu de 1529).

207. — 1391-1653. — *La Buronnière* (11 pièces).

Hommages pl. à pl. et 6 d. de service annuel, plus 12 d. pour un à chaque mutation d'homme, rendus : en déc. 1391 par Etienne Puychaut à Renaud de Meulles ; le 31 août 1482 par Colas Puichaut à Emery de Meules ; le 20 mars 1493 par François Puichaut, fils aîné de feu Colas, au même ; le 20 mars 1496 par le même à Renaud de Meulles ; le 25 nov. 1505 par le même à Marie Audoier, veuve Renaud de Meulles ; le 28 oct. 1511 par le même à Jean de Meulles ; le 3 mars 1524 par Mathurin Puychault, fils de feu François, au même ; le 20 janvier 1541 par Pierre Puschault à René de Meulles ; le 22 mai 1559 par Emery Turpault au nom de sa femme, fille de feu Pierre Puychault, à René de Sainte-Maure, comme tuteur de Jean et Renée de Meulles ; le 22 juin 1629 par Pierre Bauldry, la-boureur, à Pierre de Meulles ; le 10 juin 1653 par J. Bauldry ; — pour la bord. héb. des Noues ou la Buronnière (la Bironnière jusqu'à l'aveu de 1540 ; la dénomination des Noues disparaît depuis celui de 1629).

208. — 1491 (18 mars), 1539 (27 mai). — *La Bousenière, bord. héb., par. de Brélignolle* (2 pièces).

Homm. pl. à pl. et ch. de serv. par Bertrand de Valence, puis Guillaume Bienvenu, comme prieurs de Notre-Dame du Pin, à Emery, puis René de Meulles.

209. — 1501 (?). — *La Coussaye, s*ie.

Procuration de Gillette des Nouhes, veuve Gabriel Barlot, éc., sʳ des Nouhes et de la Coussaye, pour exhiber au sʳ du Gast son contrat d'acquêt de cette sie.

Not. : Regnaudin, de la cour du Deffand.

210. — 1438-1684. — *Frezais, masure héb., par. de Brélignolle* (9 pièces).

1438-1684. — Homm. pl. à pl. et ch. de serv. rendus : le 8 mai 1438 par Guillaume de La Pastellière à Renaud de Meulles ; le 18 avril 1461 par Alexis de La Pastelière au même ; le 31 juillet 1493 par Jacques de La Pastelière à Emery de Meules ; le 20 mars 1496 par le même à Renaud de Meules ; en 1620 (?) par René de La Pastellière à Pierre de Meulles ; en 1684 par Alphonse de Toustin, sʳ du Marcusson, à Marie-A. du Verger.

1490, 3 juill. — Renaud de Meulles cède à Germond Rambaud une rente de 3 set. de seigle, mes. de Mauléon, sur Frezay (?)

Au dos, retrait et rescousse de cette cession par Marie Audoyer, veuve Renaud de Meulles, le 23 ju *(fin de mot déchirée)* 1504.

211. — 1551, 22 juin. — *La Girardière, quarteron, par. de Brélignolle.*

Homm. pl.

212. — 1632, 1650. — *La Pirauderie, par. de Brélignolle* (2 pièces).

Hommages pl.

213. — 1386-1640. — *Les Renardières* (8 pièces).

Hommages pl. à pl. et 12 d. de serv. annuel, plus 12 d. pour un à chaque mutation d'homme rendus : le 9 janv. 1386 par Denis Girard à Renaud de Meulles ; le 14 mai 1423 par Philippon Bernart à Renaud de Meulles ; le 7 janv. 1483 par Guillemette Bernarde, veuve Jean Raygnart, à Emery de Meulles ; le 14 nov. 1519 par Nicolas Bernart, éc., sʳ de Villeneufve, à Jean de Meulles ; le 24 févr. 1541 par Jonzeau à René de Meulles ; le 4 juill. 1629 par Michel Bernier, demᵗ aux Renardières, à Pierre de Meulles ; le 7 avril 1640 (?) par Cornuau, marchand, au même ; — pour le quartèron déshéb. de la Renardière (dit les Renardières depuis l'aveu de 1629).

LA ROCHE-AU-MUR

(Fief relevant du Gât jusqu'en 1683, réuni alors audit Gât.)

214. — 1482-1667. — *Hommages pl. à pl. et chev. de serv.,
rendus aux s^rs du Gast pour une bord. héb. sise à la Roche-
au-Mur, par. de Brélignolle (10 pièces).*

Rendus le 16 nov. 1482 par François Tibaut à Emery de Meules ;
en 1486 (?) par Jean Tibaut, fils de François, au même ; le 26 mai
1494 par le même à Renaud de Meules ; le 30 (?) déc. 1501 par Pierre
Janneau au même ; le 15 déc. 1507 par Jacquette Jannelle, fille
de feu Pierre Janneau, à Marie Audoyer, veuve Renaud de Meulles ;
le 1er avril 1508 par Guillaume Clochart, à cause de Jacquette Jannelle, sa femme, à la même ; le 17 janv. 1511 par le même à Jean de
Meulles ; le 10 juin 1653 par René Clochard, laboureur à la Roche-
au-Mur, à Louis de Meulles ; le 12 mai 1667 par le curateur de Jean
Clochard, fils de René, au même.

215. — 1683, 14 nov. — *Vente par Antoine et Jean Clochard, fils de feu René, et Jeannette Clochard, à Marie-A. du
Verger, femme de Louis de Meulles, pour 45 l., du « droit de
fief... de la Roche-au-Mur..., dont la moitié par indivis de
lad. mestairie leur appartient..., l'autre moitié à la veufve...
François Chargé, ...led. fief et mestairie tenu à hommage...
de la seigneurie... du Gast... soubs l'hommage que rend dud.
lieu Jean Clochard comme chemier... »*

Not. : Baufreton, de Saint-Aubin-de-Baubigné.

216. — 1711-1769. — *Hommages pl. à pl. et ch. de serv.
de la demi-bord. héb. de la Roche-au-Mur (3 pièces).*

Rendus à la s^te de la Roche-au-Mur : le 24 sept. 1711 et le 3 juin
1730 par Jacques Chargé ; le 9 mars 1769 par François Prisset.

217. — 1684 (10 juin), 1755 (15 juillet). — *Déclarations
rolurières par Pierre Prousl, puis Jacques Denis, à la s^te de
la Roche-au-Mur, pour une rente de 2 charges et demie de seigle, mes. de Mauléon, et 2 chapons, sur la Roche-au-Mur, au
cens d'un denier (2 pièces).*

4. JURIDICTION DU FRÊNE-CHABOT ET DES FIEFS Y ANNEXÉS

[**217** bis]. — 1423-1555. — *Hommages liges rendus aux s^rs de Mauléon pour la moyenne justice du Frêne-Chabot et du Gât* (1).

1423, 17 mai : par Renaud de Meulles à Louis d'Amboise, « pour raison de la moyenne justice, droict de garanne et pescherie » du Fresne.

D'ap. la mention faite dans l'art. 166 ci-dessus, vidimus de 1633.

1454, 18 sept. : par le même à « Mgr d'Amboise », pour « justice, juridiction et voyrie moyenne avecques l'amande de 60 s. et au dessoubs, des fiefs Chabot et du Gast ».

D'ap. la mention faite dans l'art. 218 ci-dessous, pièce de 1599.

1536, 28 mai : par René de Meulles à François de La Trémoille, pour « jurisdiction, garanne, droictz et deffans d'icelle..., droictz de deffances de pescheries de la s^te du Fresne et fief du Gast ».

Même source que l'aveu de 1423.

1540, 17 mai : par le même au même.
Mêmes objet et source que l'aveu de 1454.

1549, 3 févr. : par Pierre de Meulles à Charles de La Trémoille, pour « jurisdiction, droict de voyrie, garanne et pescherie du Fresne ».

Même source que l'aveu de 1423.

1555, 17 juin : par Françoise de Lesperonnière, veuve Pierre de Meulles.

Mêmes objet et source que l'aveu de 1454.

----

(1) J'ai tenu à rapprocher des dossiers du Frêne et du Gât ceux de leur juridiction, bien que celle-ci ne relevât point, féodalement, des mêmes seigneurs. On trouve ici une application de la maxime de l'ancien droit féodal : « Fief et justice n'ont rien de commun ». Voir sur la juridiction du Frêne-Chabot : Beauchet-Filleau, *Mémoire sur les justices seigneuriales du Poitou* (*Mém. Soc. Antiq. Ouest*, 1844), p. 438.

218. — 1599-1634. — *Création de la châtellenie du Fresne-Chabot* (5 pièces, dont 2 doubles).

1599, 14 juill. — Union « des fiefs Chabot et du Gast », sous le nom du Fresne-Chabot, avec érection en châtellenie et haute justice par Claude de La Trémoille, baron de Mauléon, à la requête de Marie de La Forest, veuve Jean de Meulles.

1634, janv. — Même érection par lettres royaux.

Les « terres du Fresne-Chabot, fief du Gast et de Nueil..., réunis ensemble soubs le nom et fief du Fresne-Chabot, » formeront désormais la « chastellenie du Fresne-Chabot ».

Copie collat. de 1688.

219. — 1604-1612. — *Hommages liges rendus aux s^rs de Mauléon pour la haute justice du Frêne-Chabot* (3 pièces).

1604, 30 juin. — Homm. lige à devoir de rachat abonné à 100 l., par Pierre de Meulles à Claude de La Trémoille, pour « le droit de juridiction, chastel et chastellenie, fief, terre et seigneurie du Fresne, de Nueil et du fief du Gast, avecq... juridiction et justice haulte, moyenne et basse quy despendent du droict de chastellenie ...avecq les droits de chasse, de garennes, pesches... en la rivière de Nueil, droit de vérollie et contrainte sur mes subjects rousturiers à moudre... en mes moullins, droit de convy à nopces avecq un gasteau d'un boiceau de fromant, le droit de prendre six deniers pour le fumage à moy deub chascun an par mesdits subjects rosturiers à raison de chascune cheminées fumante..., avecq droit de fondation de l'église... de Nueil ».

Dénombrement de la châtellenie :

1° « Ce que je tiens à mon dommayne et à ma main ». — Château du Fresne, « basty en forteresse avec pont-levis,... et despendances de courts, jardins, garennes, bois..., prez... et estangs » ; mét. du Fresne, « laquelle est sans herbergement » ; moulins du Pas-Thibault, à eau et à vent ; mét. de la Poullinière, de la Vergnaye-Sorin, de la Marrière, de la Chauvinière, des Grandes-Marchais, de la Magdelaine, de l'Espinaye-Marolleau, de la Vernaye-aux-Birots, du Moulin-aux-Chèvres (celle-ci consistant en taillis et landes), tout ce qui précède en la par. de Nueil ; une maison avec deux jardins ; mét. de la Robellinière, par. de Bertignolles ; partie des bois de la Faye.

2° « Tenu de moy en parage soubs mon hommage ». — Par Antoine de Lesperonnière, éc., s^r de la Rochebardoux : maison noble de la Sorinière, avec sa mét. et son moulin ; bord. de la Pinsonnière et de la Morpenière, par. de Brétignolles ; partie des bois de la Faye ;

demi-bord. de la Saulinière et quarteron de la Courtière, par. de
Cirière. — Par François de Verno, éc., s^r de Chausserays, à cause
de « Renée de Meulles, sa femme, ma tante » : grands prés de Nueil,
mét. des Rochais et du Petit-Poiré ; rente de seigle sur les Tousches-
Bouttins, le tout par. de Nueil ; bord. de la Boullays, par. de Cirière.

3º « Tenu de moy soubs mon hommage à foy et hommage ». —
En la par. de Nueil : hôtel de Tournellay, avec sa mét., les moulins
Neuf et de Daudon, les mét. de la Nouhe-Ronde et de la Guillonnière ; bord. de Maucoil, de la Moullière, des Grandes-Bérardières,
des Giraudières, de la Palayne (et une rente de seigle sur celle-ci) ;
hôtel et tènement de la Marquisière (?) ; tènement de la Papelièvre ;
dîmes sur la Nouhe-Ronde, les Bérardières, la Magdelaine, le Rochais, le Poiré ; quarteron de Chilloup. — En la par. de Brétignolle :
bord. du Gast, de la Buronnière, de la Roche-au-Mur, de Reslin
(ancienne dénomination), de la Bouzenoire, de la Faye-Banchereau ; de Tillasson, de Boisdanne ; masure de Frezay ; demi-bord.
de la Renardière ; retails de la Germitière, de la Porcellerie ; bois
de la Brosse ; quarteron du Puyvaslin ; rentes de seigle sur le Gast
et sur le tènement de la Robellinière ; dîmes sur la Piraudière. —
Partie des bois de la Faye. — En la par. de Cirière : bord. de la Brunelière.

4º « Tenu de moy en franche aumosne ». — Prieuré de Nueil.

5º « Tenu de moy rosturièrement ». — En la par. de Nueil : la
place de l'église et la maison de la Frairie, par les habitants ; les
maisons dites la Grande-Maison, la Basse-Maison, l'Appentis, la
Droguerie (ancienne dénomination), la maison des Paillers ; les
maisons de Jacques Trouvé, élu à Mauléon ; celles des hér^rs Pierre
Godin à cause de Renée Trouvé, sa femme ; 14 autres maisons du
bourg ; un jardin ; la bord. de la Barbouinière ; les trois quarts
des tènements de la Vergnaye-aux-Birots, du Quarteron-Salleau,
du Puy-Hervé et des Pruniers. — En la par. de Brétignolle : les
bord. du Petit-Brétignolle (au bourg) et de la Haute-Mornezinière.
— En la par. de Cirière : la bord. de la Petite Huslinière, faisant
partie de la mét. de la Girardière.

Limites de la châtellenie : « fief du commandeur du Temple »
[de Mauléon], « terres de la Féronnière et de la Tousche ainsy que
se poursuit le cours de la rivière de Nueil », terres des Forges, en la
par. des Aubiers ; garennes et préclôtures de l'hôtel de la Fave-
rière, terres du Pas-Guyet, bois de l'hôtel de la Longueraire, en la
par. de Nueil ; terres des Foussiettes, de la Tourette, « du grand
chemin Mauconseil », en la par. de Bertignolles ; terres de la Donne-
terie, du s^r de Cirières, de Puy-Rosty, en la par. de Cirière ; terres
du prieuré du Pin, du Vergier-Burlot, de la Bordelière, de la Connil-
lière, en la par. du Pin.

Copie collat. de 1688.

1612, 24 nov. — Même hommage par le même à Charlotte de Nassau, veuve Claude de La Trémoille.

Orig. et copie collat. de 1688.

220. — 1402 (25 août)-1403 (20 mars). — *Procès entre le vicomte de Thouars, s^r de Mauléon, et Renaud de Meulles, s^r du Fraigne, au sujet de la nomination du tuteur de (prénom en blanc) Baralon, fils de feu Thibaud, de Tornelaye (3 pièces).*

Le s^r de Mauléon, en vertu de son droit de haute, moyenne et basse justice sur sa s^{ie}, prétend notamment aux droits de « bailler tutelles » et d' « avoir [?] mesure a blé et a vin », et a assigné les « prochains parens et affins » du mineur pour nomination de tuteur. Le s^r du Fraigne reconnaît à son suzerain tout droit de mesurage, mais revendique, en vertu de sa moyenne justice, la nomination des tuteurs en la s^{ie} de Tornelaye, relevant du Fraigne. Il est assigné aux assises de Mauléon pour se justifier ; le sénéchal nomme quatre commissaires enquêteurs ; Renaud produit cinq témoins. L'issue est inconnue.

221. — 1508-1770. — *Assises du Frêne et des s^{ies} y annexées (11 reg., 16 cah., 7 pièces).*

1508-1520. — Assises du Fresne.

1539. — Assises de la s^{ie} du Gast.

1539. — Assises de la s^{ie} du Fresne et de Nueil.

1540-1542. — Assises de la s^{ie} du Gast.

1542-1544. — Assises de la s^{ie} du Fresne et de Nueil.

1544-1547. — Assises de la s^{ie} du Fresne et de Nueil.

1548-1567, 1573, 1576, 1582. — Assises des s^{ies} du Fresne, de Nueil et du Gast.

1601, 1629-1633, 1642-1667, 1683-1687. — Assises de la châtellenie du Fresne.

1768-1770. — Assises de la châtellenie du Fresne et des fiefs du Gast, de la Roblinière, Nueil et la Roche-aux-Murs y annexés.

1576-1581, 1631-1638, 1640-1669, 1688-1711, 1714. — Insinuation des contrats du ressort de la seigneurie, puis châtellenie.

Sénéchaux (1). — 1539-1567 : Jean Gaymaud, bach. ès lois (tou-

---

(1) Ce sont toujours les mêmes pour le Frêne et pour le Gât, même quand les assises sont distinctes.

jours représenté de 1540 à 1542 par son commis Jean Bureau) ;
1573-1583 : René Gauvaing, lic. ès lois ; 1601 : Michel Bilheu ; 1629-
1653 : Jacques Bilheu, s^r de la Braudière, lic. en droit, av. au Présidial ; 1653-1666 : Guillaume Andrault, lic. en droit ; 1666-1667 :
François Chiron, s^r de la Sauzays ; 1683-1684 : Louis Barbot, s^r de
la Petitière, av. en Parlement ; 1684-1687 : Pierre Surreau, s^r des
Lineaux, lic. ès lois ; 1768-1770 : Jean-Armand Gautronneau, s^r du
Tellier, lic. ès lois.

III. — Mouvance de la s^{ie} de Basseville

222. — 1510-1634. — *Le Breuil, bord., au terroir d'Esti-*
vault, par. de Voullegon (9 pièces).

Surtout aveux. Propriétaire : famille du Vergier. Seigneur de
Basseville en 1612 : Philippe Goibault.

IV. — Mouvance de la s^{ie} de Bauventre

223. — 1592-1770. — *Soussais, s^{ie}, par. de Sainte-Verge*
(57 pièces).

Ces pièces concernent les biens roturiers dépendant de la s^{ie}, qui
appartint successivement aux familles de Meulles et du Vergier.

V. — Mouvance de la s^{ie} de Bois-Fichet

224. — 1491, 25 avril. — *Rente de 6 l. sur la Girardière*
et le Grand et le Petit-Poiron, par. de Saint-Amand.

Vente de cette rente par André des Noyers, prêtre, s^r de la Pilletière, à Jacques du Vergier, s^r de Ridejeu, son cousin, moyennant
120 l., à charge d'en rendre hommage à Jean Petit, s^r du Bois-Fichet.

VI. — Mouvance de la b^{ie} de Bressuire

225. — 1505-1703. — *Reconnaissances d'hommages collec-*
tifs rendus aux barons de Bressuire (16 pièces).

1505-1594 : par les de Meulles, pour le village de la Roche-Mahon, par. de Breuil-Chaussée, une portion de la dîme du Voultour, par. de Terves, et la bord. héb. du Bois-Garnier, par. de Cirière.

1545, 3 nov. : par Pierre de Meulles, pour la Roche-Mahon, la portion de la dîme du Voultour, l'hôtel et mét. de l'Archenault, par. de Saint-Porchaire, et Bois-Garnier.

1578-1703 : par les de Meulles, puis les du Vergier, pour Bois-Garnier et la portion de la dîme du Vétoux, par. de Terves.

226. — 1683, 1er sept., — *Bois-Garnier.*

Homm. par Marie-A. du Vergier.

227. — 1633, 15 juin. — *Bailliage et sergentise féale de Courlé.*

Homm. par Anne Viault.

228. — 1575, 9 juin. — *Saint-Aubin-du-Plain, châtellenie.*

Homm. lige par Charles du Vergier, éc., « seigneur dudict lieu, Mazières, la Jarrie et de... Sainct-Aulbin-du-Plain », pour cette châtellenie, sise dans les par. de Saint-Aulbin, Champbroutet, Noirlieu, la Chappelle-Gauldin, Brétignolès, Nueil-sous-les-Aulbiers et Voultegon.

Dénombrement de la châtellenie et réception de l'aveu par le sénéchal de Bressuire en date du 17 août 1576.

Reg. de 26 f. parch., d'une conservation impeccable qui tranche avec l'état du reste du chartrier. Cette pièce, provenant d'un membre de la branche aînée, a dû être acquise après la Révolution par un membre de la famille du Vergier de La Rochejaquelein.

229. — 1299-1763. — *Demi-dîme du Vautour* (10 pièces).

1299, 6 juin. — Bail des dîmes du Vautour, par. de Tarve, en la s^{te} de Bressuire, par Pierre Dopuy, valet, à Jean Gotedour, chev., moyennant 40 l., plus 2 set. de seigle, mes. de Bressuire, « de anuau et perpétuau ferme ».

1634, 1683. — Hommages liges rendus par Pierre de Meulles et Marie-A. du Verger aux barons de Bressuire, pour la moitié indivise des dîmes dés fruits (au douzième) de la Chaise, la Grande et la Petite Sicaudière, du Haut et du Bas-Vautour, du Bouillon et des Caillères, en la par. de Terves, appelées les dîmes du Vautour.

1508, 1630, 1631, 1711, 1762. — Hommages liges rendus (pour sous-inféodation) aux de Meulles, puis aux du Vergier, pour cette demi-dîme.

VII. — Mouvance de la s^{ie} du Breuil-Bretière

230. — 1601-1633. — *Bordage du Pinier, par. de Courlay* (12 pièces).

Baux à ferme par les du Vergier et pièces accessoires.

VIII. — Mouvance de la s^{ie} de la Brucellière

231. — 1494-1777. — *Les Places* (3 pièces).

La dépendance de la Brucellière ne repose que sur la pièce suivante, peu explicite, de 1494. D'après une concession de la chasse des Places du 4 février 1555 (arch. des Deux-Sèvres), ce fief relèverait du petit château de Vouvant : la Brucellière pouvait alors être réunie à ce dernier.

1494, 9 août. — Exhibition de deux aveux.

Sachent tous que par devers moy Colas David, escuyer, seigneur de la Grange, est venu Jullyen Berland, escuyer, seigneur des Plasses, lequel m'a présenté... deux fiefz... par escript... au nom de... Jehan Bernard, prebtre, s^r de la Brucellière, dont led. s^r m'a donné charge de ce faire, savoir est l'un desd. fiefz faisant mencion comme Mathurin Berland, escuyer, s^r des Plasses, tien led. fief par hommage plain qui souloit estre a feu Estienne Girard a cause dud. lieu de la Brucellière,... dacté du Xme jour de juillet l'an mil IIII^cIIII^{xx} et trèze... ; item ung autre fief... faisant mencion comme dessus comme Julyen Berland... tient dud. Bernard... lesd. foy et hommage..., qui est dacté du vingt-six^e jour de juing l'an mil IIII^cIIII^{xx}XIIII... »

1671, 22 août. — Cession par Armand-F. du Vergier à sa sœur Marie-Anne de la haute futaie des Places.

1777, 16 déc. — Sous-bail de la s^{ie} des Places par Marie Coyaud à Jean Aubrit.

IX. — Mouvance du prieuré du Busseau

232. — 1631-1785. — *La Touche-Beugnonel* (3 pièces).

1631, 2 juin. — Déclaration roturière d'une terre sise au Champ-Prieur, rendue à Anne Viault, veuve Louis-du Vergier, dame de la Touche-du-Buignonnet, demᵗ au château dudit lieu.

1773, 26 sept. — Compte du fermier du château de la Touche-Buignonnet, affermé à 1100 l. par an.

1785, 30 oct. — Vente par Henri-L.-A. du Vergier, à Joseph-Victor Garnier, préyôt de la maréchaussée à Saint-Domingue, demᵗ à Port-au-Prince, pour 60000 l., du château et de la sᵗᵉ de la Touche-Bignonet, par. du Busseau.

Not. : Girard, de Fontenay-le-Comte.

X. — Mouvance de la sᵗᵉ de la Chassée

233. — 1481-1789. — *Fiefs de la Chaussonnière, de la Guinesandière, de la Ribardière (par. des Aubiers), de Bory (par. de Saint-Aubin-de-Baubigné)*, de 1481 à 1789 ; *des Driz (par. des Aubiers)*, de 1481 à 1545 ; *de l'Oriolière (par. des Aubiers)*, de 1495 à 1789 ; *mél. rolurière de la Grande Girardière (par. des Aubiers)*, de 1677 à 1708 (52 pièces).

Ces fiefs sont possédés jusqu'en 1510 par la famille Le Mastin, et depuis 1521 par la famille du Vergier.

Sʳˢ de la Chassée : 1482, François du Bouchet ; 1495-1503, Jean du Bouchet ; 1510, René du Bouchet ; 1544, Charles du Bouchet ; 1787-1789, baron de La Haye.

Surtout aveux et quittances de devoirs.

XI. — Mouvance de la sᵗᵉ de Châteaumur

234. — 1492, 14 oct. — *Beauchêne*.

Vente par Jean de Bretagne, comte de Penthièvre, sʳ de Chasteaumur, à Elie Chambret, éc., cons. et avocat au Grand Conseil, pour 2000 l., de l'hôtel et sᵗᵉ de Beauchesne, avec droit de pêche dans la Sèvre, et du droit de patronage de « la chapelle... fondée en l'église... de Beauchesne ».

Ladite seigneurie relèvera féodalement de Chasteaumur.

Au cas où « Monsʳ de Brosse » priverait l'acheteur de la jouissance du quart de la sᵗᵉ de Beauchesne, auquel il prétend, le vendeur lui assignera 25 l. de rente sur la sᵗᵉ de la Guerche ; et si cette privation devient définitive, il lui assurera la même rente en assiette territoriale ou lui remboursera 500 l.

Le vendeur se réserve le droit de retrait pendant quatre ans.

Copie collationnée du 22 mai 1498, pour Claude de Brosse, duchesse de Savoie, sur l'orig. d'E. Chambret (1).

XII. — Mouvance du duché de Châtillon

(baronnie de Mauléon avant 1736)

235. — 1549-1791. — *La Durbelière* (49 pièces).

[*1549, 13 juin.* — « Aveu de la Durbellière... rendu par Jean de Rortais... à... Charles de La Trémoille... »]

D'ap. l'analyse donnée par Fonteneau, *t. XL, p. 455.*

[*1620.* — « Concession faite par Henri de La Trémoille, duc de Thouars, baron de Mauléon, à Pierre de Meulles,... d'édifier tours et pont levis en sa maison de la Durbellière. »]

D'après la mention faite dans l'art. 1 ci-dessus.

1765, 27 mars. — Rapport de Chauvin, sénéchal d'Argenton, expert choisi par M. de La Guibretière, curé de Saint-Aubin-de-Baubigné, et la marquise de La Rochejacquelein, sur divers sujets de contestation.

Le curé doit fournir aux sʳˢ de la Durbelière déclaration de la cure, ainsi que de la maison des Gilbert (dépendance aliénée le 5 avril 1543 au profit de Jacques Gilbert). La déclaration des Petites Ecoles est due par la fabrique.

---

(1) Ce sʳ de Brosse prétendant à une portion de la sᵗᵉ de Beauchêne est Jean de Brosse, mari de Nicole de Blois, sœur de Jean de Bretagne ; Claude est sa fille (*note de M. le comte de Saint Saud*).

Beauchêne appartint successivement aux Vigier (1439), aux Chambret (dep. 1492), aux Barillon (dep. 1544), aux Granges de Surgères (dep. 1680) et aux du Vergier (dep. 1743) (d'ap. Beauchet-Filleau, *Dict. des Fam. du Poitou*).

1771, 29 sept. — État de l'argenterie et du linge du château de la Durbelière.

3 douzaines de cuillères et fourchettes, 2 grandes cuillères à soupe, 10 cuillères à ragoût, 2 salières couvertes, 2 écuelles « avec leur couverture », 1 grand plat à potage, 1 moins grand pour le bouilli, 8 plats d'entrées, 1 friquet, 10 flambeaux et 1 bougeoir, 4 flambeaux avec bobèches, 2 paires de mouchettes, 2 porte-mouchettes, 4 flambeaux « de similaure », 1 réchaud, 1 grande cafetière, 12 cuillères à café, 2 couverts pour les enfants.

37 paires de draps fins, 45 de draps communs et 25 de gros draps, 43 douzaines de serviettes fines ouvrées et 40 de serviettes unies, 32 nappes ouvrées et damassées et 29 unies.

1791. — Avis des officiers municipaux de Saint-Aubin-de-Baubigné sur la pétition du sieur du Vergier en indemnité pour dîmes inféodées lui appartenant dans la commune et les communes voisines, à eux transmise le 27 juillet 1791 par le District de Châtillon.

La quotité de la dîme est du douzième, d'après l'usage de la paroisse. L'indemnité est fixée à 30000 l.

Brouillon.

1791 (?). — « État des domaines sur lesquels Monsieur de La Guerrivière a droit de percevoir les dîxmes en grains nommées de la Millardière, dans la paroisse de Saint-Aubin-de-Baubigny, dues à la ci-devant seigneurie de la Saulais-Escoubleau, avec le dénombrement du terrain de chaque domaine. »
Beaucoup de biens appartenant aux du Vergier y figurent.

1773, 24 juillet. — Homm. pl. rendu par Louîs-Gabriel de L'Epinay, chev., s^r de Beaumond [-en-Nueil], à Hardouine de Granges, comme dame de la Durbelière, pour le Fourcaban et la Verrollière, par. de Nueil.

1629-1788. — Censive de la Durbelière (maisons et jardins au bourg de Saint-Aubin-de-Baubigné ; sur la paroisse, pré de la Mauléonnière, mét. de la Touche-Auger et de la Touche-Frémonière ; sur la par. de Nueil, pré de la Claye ; sur la par. de Saint-Jouin-sous-Châtillon, mét. de la Gindrie).

A signaler particulièrement la maison du Rabot (vis-à-vis l'église de Saint-Aubin, une chambre basse et une chambre haute, dépendances, jardin de 3 boisselées « à semer lin »), vendue en 1681 par Jean du Tranchet, s^r du Plessis, aux héritiers Le Hay, acquise depuis par les du Vergier, qui la réédifièrent en habitation bourgeoise pour leur propre usage (1).

---

(1) La date de cette acquisition est inconnue ; mais la construction actuelle porte le millésime 1785 sculpté dans le granit au-dessus du blason familial.

Devoirs de chaqué maison de Saint-Aubin : 1º cens à la Notre-Dame d'août ; 2º un denier de tourteau le lendemain de Noël ; 3º « lorsque ceux qui demeureront dans lad. maison se marieront, le marié ou mariée ou leurs gens vous doivent convier à leurs nopces, Monsieur votre fils ou fille ou votre sergent, six jours devant qu'elles soient, auxquelles nopces votred. sergent doit être en votre absence assis devant la mariée aux dîné et soupé, et le marié lui est tenu bailler deux sols et deux gelines pour vous aporter si elles ne vous avoient été baillées en vous conviant, et encore est tenu ledit marié bailler aud. sergent six deniers pour son salaire ».

1631, 1632, 1736. — Assises.

236. — 1521-1788. — *Ligence de la Durbelière à Châtillon (ci-devant Mauléon) et droits divers dans le fief de Boissière et la voirie de Saint-Aubin-de-Baubigné* (1) (33 pièces).

1521 (17 sept.) et 1608 (8 juillet). — Homm. liges rendus par Jean de Rortays à Louis de La Trimoille, et par Pierre de Meulles à Charlotte de Nassau, veuve Claude de La Trimoille, à cause de la b^{le} de Mauléon, pour :

1º la Ligence de la Durbelière, sise à Mauléon, près l'église Sainte-Melaine ;

2º le chauffage à prendre dans les bois de Boissière et de Logerie ;

3º « les mestivages... à prandre... oudit fief de Boissière et sur ceux qui pasturagent oudit fief..., avecq ce les mestivages... en la voyrie de Saint-Aubin-de-Baubigné », le tout d'une valeur d'environ 23 set. de seigle ;

4º le droit de convi de noces sur « tous ceux qui se marient oudit fief de Boissière et voyrie de St-Aubin » (même détail qu'à l'article précédent), sous peine d'amende de 60 s. 1 d. (dont 7 s. 6 d. pour le sr de Mauléon), « et en deffault de ce mondit sergent peut prandre le tapis ou siège du lit du maryé ou autres gaiges de la valleur de lad. amande » ;

5º certaines redevances en œufs (environ 240 œufs) et en fromages dues par les manants du fief de Boissière ;

6º la sergentise féale dudit fief et de la voirie de Saint-Aubin-de-Baubigné (garde des bois de la Boissière et de Logerye, droit de garder les délinquants pendant 24 heures « en mondit hostel de Mauléon ou de la Durbellière » pour les amener ensuite au château de Mauléon et de percevoir sur chacun 7 s. 6 d. d'amende).

Copies collat. de 1657.

---

(1) Dans le chartrier de Mme la duchesse de La Trémoille, on trouve mention d'un aveu de la ligence de la Durbelière rendu par Jean de Roortais le 13 oct. 1519 (liasse 1912, inventaire de 1713).

1661, 16 nov. — Transaction entre Henri de La Trémoille, châtelain de Mauléon, et Louis de Meulles, sr de la Durbelière.

Le châtelain de Mauléon a « tout droit de justice et juridiction » sur la paroisse de Saint-Aubin-de-Baubigné ; à la « ligerie de la Durbelière » sont attachés les droits de fondateur en l'église dudit Saint-Aubin.

Copie informe très mutilée, à compléter par les mentions faites dans l'art. 1 ci-dessus et dans la liasse 1912 du chartrier de La Trémoille (invent. de 1713).

1720-1788. — Procès entre les barons de Mauléon (puis ducs de Châtillon) et les du Vergier au sujet de la sergentise féale de Boissière.

Les 27 pièces de ce procès renferment les données qui suivent (1) :

La forêt de Boissière s'étendait en 1650 beaucoup plus loin ; une partie défrichée depuis lors a formé les mét. du Bois, du Verger, de la Poterie, la Bernardière, la Bonauderie, la Bodelerie, et les grands taillis ont été presque entièrement remplacés par des landes. Depuis longtemps cette forêt appartint aux srs de Mauléon, qui en confièrent la surveillance dès avant 1100 aux srs de la Durbelière ; ceux-ci en furent dénommés sergents féaux et durent nommer les gardes, détruire loups et renards, surveiller les troupeaux, arrêter les délinquants ; ils eurent dès avant 1400 une ligence à Mauléon, comme marque de dépendance ; là ils conduisaient les prisonniers pour les transférer ensuite au château.

Plus de 60 métairies menaient paître leurs troupeaux dans cette forêt, en se conformant aux prescriptions suivantes édictées par le maître des eaux et forêts de Fontenay en 1718. Les bestiaux seront conduits sur les cantons indiqués par les officiers de Mauléon et annoncés au prône un dimanche de février ; les bestiaux de chaque paroisse seront marqués d'une marque déposée au greffe de Mauléon ; ils seront gardés par des pâtres choisis par les usagers devant notaire ; il est défendu d'amener des chèvres, moutons ou brebis, même dans les landes.

En outre, les usagers pouvaient couper des brandes, et les nouveaux mariés prendre deux charretées de bois.

En 1720, le baron de Mauléon voulant faire défricher une partie de la forêt, le sr de la Durbelière réclame en son propre nom comme devant perdre ses redevances sur les usagers, et au nom de ceux-ci, qui seraient ruinés, ne pouvant plus nourrir leurs bestiaux, dont ils font un grand commerce. Une sentence arbitrale maintient le *statu quo*. Le même litige, renouvelé en 1788, se termine semblablement.

------

(1) Je les fournis surtout d'après l'analyse de l'abbé Gabard, qui a vu ces pièces alors qu'elles étaient vraisemblablement en bien meilleur état qu'aujourd'hui.

237. — 1783-1784. — *Les Haules et les Basses-Forges,
mélairies, par. de Sainl-Aubin-de-Baubigné* (4 pièces).

1783. — Deux baux.

1784, 23 mai. — Vente de ces mét. par Charles-Alexis-Marie De-
razes, comte d'Auzances, à Henri-L.-A. du Vergier (deux exemplaires).

Not. : Bourbeau, de Poitiers.

238. — 1780, 25 avril. — *Chaudeville, borderie rolurière,
par. de Sainl-Aubin-de-Baubigné.*

Arrentement par l'hôpital de Châtillon à Henri-L.-A. du Vergier,
à raison de 120 l. par an.

Not. : Maugrain, de Châtillon.

XIII. — Mouvance de la s^{te} de la Chevrie-Ourseau

239. — 1778-1779. — *La Grande-Cheverie-Forasleau, mé-
lairie, par. de Coron* (21 pièces).

Procès relatif à son acquisition le 22 avril 1778 par Henri-L.-A.
du Vergier par-devant Baranger, not. à Vihiers.

XIV. — Mouvance du marquisat de Chollet

240. — 1711, 10 mai. — *Homm. simple* (1) *rendu par
Philippe-A. du Vergier à Marlhe-Henrielle de Froullay de
Tessé-Maulévrier, veuve de François-Edouard Colbert, m^{is} de
Maulévrier et de Chollet.*

A. A cause du marquisat de Chollet, pour « la moityé par indivis
touchant l'Anjou (2) » :

1° de la mét. de la Poulinière, estimée une borderie, par. de Nueil,
« et la tient led. s^r de la Rochejacquelin en son dommaine » ;

------

(1) Le dénombrement des fiefs est fort détaillé et donne, en particulier,
toutes les contenances.

(2) Voir, art. 280 ci-après, l'autre moitié « regardant le Poitou ».

2º de la bord. héb. « appellée anciennement la Bernardière et en laquelle est à présent construite la mestairye de la Magdelaine..., et peut contenir [*la Madeleine*] six boisselées... à semer bled » ;

3º de la bord. anciennement héb. de l'Herbordière ;

4º de la demi-bord. anciennement héb. de la Milsandière ;

5º de la bord. héb. de la Salle, « en laquelle est bastie la mestairye des Marchays ;

6º de la bord. héb. du Quartron-Cailleau ;

7º de la demi-bord. anciennement héb. du Quartron-Meschin, « en laquelle... est construit et compris le village du Petit-Payré » ;

8º de la bord. héb. de l'Espinay ;

9º du tènement des Pruniers, estimé une bord. déshéb. ;

10º du tènement de la Vergnays-aux-Burots.

« Item tient dud. seigneur de la Rochejacquelin soubs sond. hommage » Louis-Augustin de L'Espronnière... « la moityé par indivis touchant l'Anjou... de la mestairye... de la Vergnays-Sorin (laquelle estoit du dommaine... du Fresne soubs led. hommage auparavant l'eschange fait entre... Louis de Meulles... et... François de L'Espronnière »), du pré Cloux, de la mét. et des moulins à eau de la Sorinière.

« Item tient dud. seigneur de la Rochejacquelin soubs sond. hommage... Anne Gaynard, veuve... Louis Chauveau, s^r des Esmonnières,... la moityé par indivis... touchant l'Anjou de la sixième partie des dixmes et terrages qu'elle prend... sur les bordryes des Rochays, la Bernardière, les Rabasneryes,... la Salle, l'Herbaudière, la Milsandière et la Mothe ».

« Tous les articles ci-dessus... sont situés dans le fief du Fresne » (note marginale contemporaine).

B. A cause de la s^{ie} de la Suplicière, annexée au marquisat de Chollet, pour « la moityé par indivis touchant l'Anjou » :

1º de la mét. des Touches-au-Geay, estimée une demi-bord. héb., par. de Saint-Aubin-de-Baubigné ; « cet article est de la terre de la Durbelière » (note marginale).

2º du tènement de la Grande-Vau-Taupinière, même par.; « réuni au château de la Durbelière » (note marginale).

XV. — Mouvance de la s^{ie} de la Crilloire

241. — 1761-1783. — *La Haute-Limousinière, bord. rolurière, par. des Echaubrognes (3 baux).*

XVI. — Mouvance de la s^te de la Dubrie

242. — 1523-1625. — *La Noue-Froide, le Chiron-Charles* (10 pièces).

1523-1578. — Homm. pl. rendus aux s^rs de la Dubrie pour le quart héb. de la Noue-Froide, à savoir : le 22 mai 1523 par Jean Aucouyn à Olivier de Seilly, éc. ; le 19 mai 1535 par Pierre Aucouyn, fils de feu Mathurin ; le 8 juin 1556 et en mai 1559 par Jacques du Vergier ; le 30 avril 1578 par Louis du Vergier, à René de La Haye.

1556, 21 mai. — Acquisition de la Nouhe-Froide par Jacques du Vergier sur Pierre Aucouin, lab. à bras, Jeanne Aucouin, femme de René Bérauld, et *(prénom illisible)* Aucouin, fils et héritiers de feu Mathurin, par échange avec la Terre-Jacquelin, pièce de 10 cartolées de terre à seigle, sise en la par. de Saint-Aubin-du-Plain (1).

1615, 2 juin. — Reconnaissance d'homm. pl. rendu par Anne Viault, femme de Louis du Vergier, au s^r de la Dubrie, pour la bord. héb. du Chiron-Charles, par. de Voultegon, et le quarteron héb. de la Nouhe-Froide, par. de Saint-Aubin-du-Plain.

1619 (août), 1625 (15 févr.). — Homm. rendus par Anne Viault à René de La Haye, s^r de la Dubrie, à cause de son fief de Pouillé, pour le quarteron jadis hébergé de la Nouhe-Froide ou fief des Aulcoins.

1625, 15 févr. — Homm. pl. par la même à René de La Haye, éc., comme s^r de la Dubrie, pour le Chiron-Charles.

XVII. — Mouvance de la s^te de l'Etoile

243. — 1599-1614. — *Le Fief-Noulleau, bord., par. de Saint-Aubin-du-Plain* (12 pièces).

Propriétaires : Louis du Vergier, puis Anne Viault.

XVIII. — Mouvance de la s^te de Faye-l'Abbesse

244. — 1622, 6 juillet. — *Terres diverses à Faye-l'Abbesse.*

Déclaration roturière rendue par Anne Viault à l'abbesse de Saint-Jean-de-Bonneval, comme dame de Faye-l'A.

---

(1) Voir aussi plus loin, art. 266, l'hommage de 1764, la Dubrie ayant été réunie à la châtellenie de Saint-Aubin-du-Plain.

XIX. — Mouvance de la s^{te} de la Faye

245. — 1473, 1er déc. — *Portion des bois de la Faye, par. de Brélignolle.*

Reconnaissance d'hommage pl. rendu par Georges du Vergier à Jean Girard, éc., s^r du Plessis-Bastard et de la Faye.

XX. — Mouvance de la s^{te} du Fief-Gaultier

246. — 1688, 16 janv. — *Rentes en grains sur les mét. du Fournel et de la Saunerie, par. de Saint-Aubin-de-Baubigné.*

Déclaration roturière rendue par Marie-A. du Verger à François Colbert, comte de Maulévrier, comme s^r du Fief-Gaultier.

Copie contemp.

XXI. — Mouvance de la s^{te} de la Forêt-Montpensier

247. — 1685-1780. — *Le Haut Vrillé, borderie et demie déshéb., par. de Voullegon (61 pièces).*

Appartient aux du Vergier.

1685-1736. — Procès relatif au paiement de la dîme au prieur de Voullegon.

1780, 26 août. — Hommage lige à Adrien-Henri Bodet, s^r de la Forest-Monpensier.

248. — 1490-1761. — *Vrilly, borderie et demie déshéb., par. de Beaulieu (3 pièces).*

1490. — Reconnaissance d'homm. rendu par Louise de Lesperonnière, veuve du Vergier, à Guy de La Fourest, chev., s^r de la Fourest-de-Montpencier et de Vaudoré.

1759, 11 juin. — Homm. à François-Victor Bodet, chev., s^r de la Forest-Monpensier.

XXII. — Mouvance de la s^te de la Jaudonnière (?)

249. — 1578-1773. — *Milleau, maison noble el mél., par.
de la Jaudonnière el de Saint-Hilaire-du-Bois* (6 pièces).

Appartiennent en 1704 à Henri-Louis de Caumont, en 1772 à
Jacques-Louis-Alexandre-Tancrède de Caumont, et ultérieurement
aux du Vergier.

XXIII. — Mouvance de la s^te de Liniers

250. — 1420-1568. — *La Sauzaie-Raguit, bord. héb., par.
des Aubiers* (3 pièces).

1420, 7 janv. — Quittance donnée par Geoffroy Bouer, s^r de la
Frogerie et de Liners, à Jean Présac, métayer de la Sauzoye-Raguit,
pour 4 l., à titre de « rachapt... pour la mort de... Hugues de Beaumont, chevalier, a cause... dudit lieu ».

1564 (12 juin ?), 1568 (10 nov.) .— Homm. pl. rendus par Christophe du Vergier, puis Renée de La Fourest, veuve François du
Vergier, à Ambroise de Vendet, dame de Linyers.

XXIV. — Mouvance de la s^te de Méré.

251. — 1495-1780. — *La Borde, 14 borderies de la par. de
Brélignolle, la Grange, le Livrault-Jousseaume, Longlée; la
Pinsonnière, la Roblinière* (22 pièces).

1495 (25 août), 1502 (17 mars). — Hommages pl. par René Gourbeiller, éc., s^r de la Gourbeillerie, à Renaud de Meulles, comme s^r du
Fraigne, pour une rente de 4 set. de seigle sur le village de la Robelinère, par. de Bertignolles.

1497, 3 février. — Accord entre Renaud de Meulles et François
de Léperonnière, s^r de la Roche-Bardoul et de la Sorinière, au sujet
d'une chaussée de 12 pieds 1/2 de haut construite par ce dernier
pour former un étang à la limite des terres de la Morpenière, lui
appartenant, et de la Robelinière, appartenant à Renaud.

François restituera à Renaud, en terres prises sur la Morpenière, celles de la Robelinière qui seront entamées de ce fait.

1539. — Procès-verbal de défaut contre le s^r de Mayré, absent de son château de Mairé (près Argenton-Château), pour René de Meulles, venu lui rendre hommage pour ses 14 bord. « sises en la paroisse de Brétignoles, en fief du Gast ».

1563-1780. — Hommages pl. rendus le 4 mai 1563 par Christophe du Vergier, le 9 juillet 1605, par Louis du Vergier à Gabrielle des Essars, veuve Charles de Tusseau, le 2 mai 1625 par Anne Viault à Charles de Tusseau, en 1780 par H.-L.-A. du Vergier à Marie-François-Emmanuel de Crussol, pour les bord. héb. de la Grange et de Longlée et la demi-bord. héb. de la Borde, sises en la par. de Saint-Aubin-du-Plain.

1581, 14 nov. — Reconnaissance d'homm. pl. rendu par Pierre de Meulles au s^r de Méré pour les trois bord. héb. de la Pinsonnière, la Morpenière et la Robelinière et 14 bord. de la par. de Bertignolles.

XXV. — Mouvance de la b^te de Moncontour

252. — 1740-1747. — *La Razelière, s^te, par. de Brie* (2 mémoires judiciaires impr.).

Acquise le 11 avril 1696 par Jean-Baptiste du Vergier, s^r de la Pillière, puis héritée par son frère Armand-François.

XXVI. — Mouvance de la s^te de Montravers

253. — Entre 1617 et 1655. — *La Charantonnière, mél.*

Fragment d'un mémoire pour Anne Viault contre Claude Audebault, éc., s^r de Mautravers.

XXVII. — Mouvance de la s^te de la Motte-de-Vandeloigne

254. — 1467-1750. — *La Pilière* (55 pièces).

Pièces d'un procès relatif à des rentes sur ce lieu revendiquées par le prieur de Vandeloigne.

1724, 14 déc. et jours suiv. — Visite du lieu noble de la Pilière, consistant en un logis avec métairie y joignant, la mét. de la Gru-, gerie et autres dépendances, en la par. de Vandelogne.

Not. : Pierre Barrion, de Parthenay.

1725. — Deux inventaires de titres concernant la Pilière, d'où j'extrais les renseignements qui suivent :

S⁣ʳᵉ de la Pilière : 1467-1478, Mathurin Berland ; 1482, Julien Berland, éc. ; 1519-1540, Joachim Berland, éc. ; 1558, Louis de Grange ; 1587-1610, Renée Girard ; 1624-1660, Anne Viault, veuve Louis du Vergier.

Curé-prieur de Vandeloigne en 1624 : Mathurin Marolleau.

XXVIII. — Mouvance de la s⁣ᵗᵉ de Noireterre

255. — 1604-1642. — *Les Cruonnières (bord. déshéb., par. de Boismé), la Faye-Garrot (bord. héb., même par.), la Gui-gnonnière (bord. héb., par. de Courlé)* (3 aveux, 1 bail).

XXIX. — Mouvance de la s⁣ᵗᵉ de la Perronnière

256. — 1657, 21 août. — *La Grande Girardière, la Terre-Raoul-Chapeau, les Oudres, la Terre-Raoul et Laujauffraye, borderies, par. des Aubiers.*

Reconnaissance d'hommage pl. rendu par Anne Viault.

257. — 1752, 23 sept. — *Rente sur les Touches* (bien ro-turier).

Vente par François de Callais, chev., sʳ de Pillouet, à Philippe-A. du Vergier, pour 900 l., d'une rente de 144 boisseaux d'avoine, mes. de Châtillon, et 8 chapons, sur les mét. des Touches-au-Geay, des Touches-en-Gibault et des Touches-Aubrières, par. de Saint-Aubin-de-Baubigné, dont l'acquéreur est « seigneur propriétaire ».

Cette rente est tenue noblement de la s⁣ᵗᵉ de la Perronnière, aux Aubiers.

Not. : Godefroy, des Aubiers.

XXX. — Mouvance de la commanderie de Prailles

258. — 1553, 12 mars. — *Baubereau, au bourg de Voullegon* (1).

·Arrentement par Jacques du Vergier à Nicolas Lebrun, maréchal à Bressuire, du « fondy ou mazurau » de ce nom, sur le chemin qui va du grand cimetière à « la chappelle et croix ozannière », ·au fief de la commanderie de Praigles, moyennant 12 d. de rente foncière et perpétuelle.

Le bailleur demeure chargé des devoirs envers la commanderie. Le preneur ne pourra aliéner sans le « congié » du bailleur, lequel « oudit cas sera le premier préféré et au retraict de lad. vendition qui en seroyt sur ce faicte ».

Not. : Bourgeois, de la cour de Bressuire.

XXXI. — Mouvance de la s^te du Pressoir-Bachelier

259. — 1600, 14 mars. — *Dix journaux de vigne au village du Chillou, par. de Saint-Varent.*

Déclaration roturière rendue par Louis du Vergier.

XXXII. — Mouvance de la s^te du Puy-au-Maître (?)

260. — 1389-1467. — *Moulin de Rochereou, par. de Terves* (2 pièces).

1389, 19 févr. — Homologation en la cour de Bressuire d'une transaction entre Nicolas de Brachechien, valet, et Catherine Guerroudelle, sa femme, demandeurs, et Jean Massotteau, défendeur.

Les premiers soutenaient que les auteurs de Catherine devaient recevoir l'hommage plain du moulin de Rochereo, sis entre le pont de Cornet et le village de Puyffort, appartenant au défendeur et estimé une bord. hébergée. Pour défaut d'hommage, ils avaient saisi le moulin, dont le défendeur avait néanmoins perçu les fruits, soit environ 25 l. Celui-ci est quitte en s'engageant à payer 3 s. par an.

---

(1) Probablement roturier.

1467, 24 mars. — Sentence du châtelain de Bressuire, maintenant Pierre du Vergier, chev., en possession d'un cens de 20 s. dû par les nommés Aucoyn et Finault pour tenir roturièrement dudit Pierre le moulin de Rochereou, sis sur la paroisse de Terves, tenu lui-même noblement par ledit Pierre de Gilles Brachechien, éc., s^r du Puy-au-Maître.

XXXIII. — Mouvance de la s^{ie} de Puygaillard

261. — 1478-1675. — *Titres collectifs* (9 pièces).

Vers 1474. — Reconnaissance d'hommage rendu par Georges du Vergier, à l'occasion du décès de sa mère Jacquette de La Forest, à Louis des Sotz, éc., comme s^r de Puigaillart, pour les borderies de la Surrellière, par. de Voultegon, et de la Courtière, par. de Bruilchaussé, et un quarteron déshéb. sis en la par. de Cirères.

1527, 29 avril. — Reconnaissance d'hommage plain rendu par Jacques du Vergier, à l'occasion du décès de Renée Le Mastin, à Pierre des Sotz, fils de feu François, pour la bord. appelée le Champ-Noir, le Pré-de-la-Ville et la Ferrebuère.

1545-1567. — Reconnaissances d'hommages pl. rendus le 15 oct. 1545 par Christophe du Verger, le 20 avril 1548 par Jacques du Vergier à Jacques des Sotz, et le 23 juin 1567 par Christophe du Vergier à Renée de Rogemond, veuve Jacques des Sotz, pour les bord. de la Courtière et de la Surrellière, le quarteron de Bonnefain (par. de Cirière) et la bord. appelée le Champ-Noir, le Pré-de-la-Ville et la Ferrebuère (par. de Voultegon).

1646, 2 juillet. — Homm. plain rendu par Anne Viault à René Chambret, chev., pour la bord. appelée la Ferrebuère et le Pré-de-la-Ville (contenant, entre autres, le Champ-Noir), les bord. de la Surrelière et de la Tramblay (faisant partie de la mét. du Fonteny-Guiteau), par. de Voultegon.

262. — 1553, 23 juin. — *Les Clémentières, bord.*

Reconnaissance d'homm. rendu par Jacques du Vergier au s^r de Puigaillart.

263. — 1620-1629. — *La Ferrebuère, bord., par. de Voultegon* (2 pièces).

Homm. pl. rendus en sept. 1620 par Marie de La Roche, dame de la Roullière, femme de Pierre de Cremeuille, éc., et le 8 août 1622 par Pierre Richeteau, s^r de Vaurenard, élu de Thouars, à Anne Viault, comme dame de la Ferrebuère, de cette bord. héb. dépendant de la mét. de Vaurenard.

264. — 1768-1782. — *Le Moulin-aux-Chèvres* (1) (3 pièces).

1768, 27 nov. — Lettre du nommé Roulleau, propriétaire du quarteron déshéb. des Giraudières ou des Grandes Brardières, par. de Nueil, à Mme de La Rochejaquelein, concernant les bornes de ce quarteron, qu'il a acheté de l'abbé de Vritz, lequel le tenait par suite d'un partage du 10 févr. 1446 entre Renaud de Meulles, d'une part, et Françoise de Meulles, femme de Pierre Fleury, s^r de Bouillé-Saint-Paul, d'autre part, ce dernier étant l'auteur dudit abbé (2).

1781, 15 déc. — Vente par André-Jacob Gusteau, Perrine Roulleau, sa femme, Marie-Renée et Marguerite-Renée Roulleau, sœurs de celle-ci, à Anne-Henriette du Vergier, pour 600 l., du quarteron déshéb. des Grandes-Brardières, anciennement les Giraudières, « pour la majeure partie en landes », relevant noblement du fief du Moulin-aux-Chèvres, qui appartient à l'acheteuse.

Not. : Maugrain; de Châtillon.

265. — 1432-1637. — *La Tremblaye, bord. déshéb., par. de Voullegon* (6 pièces).

1432-1535. — Reconnaissances d'homm. pl. rendus : le 15 oct. 1432 par Pierre du Vergier, à l'occasion de la mort de son oncle, à Louis de La Brousse, éc., s^r du Payron ; le 10 sept. 1449 par le même à Jean de La Brosse, éc., s^r du Pairon ; le 23 janv. 1486 par Jacques du Vergier, à l'occasion de la mort de son frère Georges, au même ; le 8 juillet 1504 par le même à Jacques Légier, éc., s^r du Poyron ; le 14 août 1535 par François du Vergier à Pierre Deshoulières, éc., à cause de Pernelle Légier, sa femme ; — pour cette bord. sise près l'hôtel et mét. du Fonteniz-Guitteau, sous l'hommage qu'en rendent lesdits s^rs suzerains aux s^rs de Puygaillard.

1637, 20 juin. — Saisie féodale.

---

(1) La mouvance de Puygaillard est donnée d'ap. Ledain, *Hist. de Bressuire*, 1866, p. 231.

(2) Ces derniers renseignements résultent d'un rapprochement avec l'article 154 ci-dessus.

XXXIV. — Mouvance de la s^{ie} de St-Aubin-du-Plain

266. — 1543-1764. — *Titres colleclifs* (4 pièces).

1543, 19 déc. — Homm. lige rendu par Jacques du Vergier à Félix de Choursses, chev., comme s^r de Saint-Aubin-du-Plain, pour une demi-bord. héb. sise au village de Beauvoir, par. de Noirlieu, et la mas. héb. « appellée Boutelé, la Hardouynière et la Couvytière », par. de Beaulieu, « soubs laquelle masure... tiennent... de moy... les héritiers feu Jehanne Fouchier,... dame de la Duberie, a foy et hommage plain... » le moulin à eau de la Tavardière, en la rivière du Dolo (« en laquelle descend la rivière d'Arsolle »), « lequel moullin est... audedans de lad. masure ».

1627, 2 juin. — Homm. pl. rendu par Anne Viault à Gabriel Barbezières, chev. , à cause de Françoise de La Haye, sa femme, comme dame de Saint-Aubin-du-Plain, pour la masure héb. « appelée Boutellé, l'Ardouynière et la Couvytière », par. de Beaulieu.

1764, 25 juin. — Reconnaissance de 7 hommages rendus par Hardouine-H.-S. de Granges, veuve Ph.-A. du Verger, à Gabriel-René de La Haye-Monbaut de La Dubrie, comme s^r de Saint-Aubin-du-Plain, à savoir :

2 liges pour les fiefs de Beauvoir, par. de Noirlieu, et de la Faye-Banchereau, par. de Brétignolle ;

5 plains pour : la mét. du Chiron-Charles, par. de Voultegon ; le fief de Boutellé, l'Ardouinière et la Couvitière, par. de Beaulieu ; le fief de la Noue-Froide, dépendance de la mét. de la Borde, par. de Saint-Aubin-du-Plain ; le fief de la Borde, même par. ; des vignes à Champigny, par. d'Argenton-l'Eglise.

267. — 1622-1763. — *L'Hardouinière, demi-bord. héb., par. de Beaulieu* (5 pièces).

1622-1688. — Hommages plains rendus : le 8 août 1622 par René Chaigne à Anne Viault ; le 6 juin 1633 par Simon Achard, éc., à la même ; le 14 juill. 1660 par Jean Cantineau, chev., à la même ; le 30 mars 1688 par Claude Roy à Armand-F. du Vergier, sous l'hommage rendu par les du Vergier à la châtellenie de Saint-Aubin-du-Plain.

1763, 2 déc. — Déclaration roturière rendue à Philippe-A. du Vergier par François Chauvin, s^r de la Verronnière, ancien cons^r du Roi et lieutenant de la maréchaussée de Thouars, pour le memê bien.

268. — 1517-1630. — *Boutelé, masure héb., par. de Beau-lieu* (4 pièces).

Hommages pl. rendus : le 27 oct. 1517 par Al *(suite du nom mu-tilée)*, « nommé... pour dire... les messes par feu... Jehan Sicault..., seigneur de Boutelieu, en son testament ordonnées estre dictes... en l'église Nostre-Dame de Berssuyre a l'aultel... saint Yves », à Hardouin Le Mastin (avec sceau aux contrats de la b[te] de Bressuire) ; le 20 mars 1595 par Jeanne de Mallemouche, comme tutrice de Charles Viault, éc., fils aîné de René, son premier mari, à Louis du Ver-gier ; le 26 juin 1610 par François Richetteau, chapelain de Saint-Yves à Notre-Dame de Bressuire, résignataire de Philippe Gri-mouard, à Anne Viault ; le 13 mars 1630 par Louis Richetteau, titulaire de la même chapelle, à la même ; — à cause de la s[te] de la Rochejaquelein (1).

Sceau de la b[te] de Bressuire, 1517.

269. — 1581-1633. — *La Petite Sorinière ou la Couvi-lière, quarteron héb., par. de Beaulieu* (3 pièces).

Hommages pl. rendus : le 29 mai 1581 par Etienne Boutet, labou-reur à bœufs, à Louis du Vergier ; le 8 août 1623 par Claude, fils aîné d'Etienne, à Anne Viault ; le 2 mai 1633 par François Aude-bault, meunier du Sablon à Saint-Aubin-du-Plain ; — (en 1581, à cause de la s[te] de la Rochejaquelein, en 1623 et 1633 « à cause des fiefs de Boutellé, l'Ardouynière et Couvitière tenus par hommage du... chastellain de Sainct-Aubin-du-Plain ») (1).

XXXV. — Mouvance de la s[te] de St-Clémentin

270. — 1411-1701. — *Pièces concernant les hommages rendus à la s[te] de Saint-Clémentin successivement par les familles Le Maslin et du Vergier* (2) (15 pièces).

1534, 8 mai (3). — Homm. rendu par Jacques du Vergier pour : les bord. héb. de Vrillé et de la Gerbaudière, par. de Voultegon, la Combe, par. de Beaulieu, et l'hôtel de Beaumont ou du Pressoir au bourg de Saint-Clémentin.

L'hommage de Beaumont est lige, les autres plains.

____

(1) Voir plus haut l'introduction à la série B.
(2) A compléter par Michaud, *Saint-Clémentin*, p. 135.
(3) Quantième douteux. Pièce très mutilée.

1440-1514. — Hommages pl. rendus : le 24 juin 1440 par Jean Bouhet à Gillet Le Mastin ; le 20 avril 1445 par le même à Jean Le Mastin ; le 10 juillet 1460 au même, et le 16 mai 1514 par Antoine Courtin à Hardouin Le Mastin ; — pour la bord. héb. de Vrillé, par. de Voultegon, à cause de la s^ie de la Rochejaquelein (1).

1494-1701. — Hommages pl. rendus par les prieures de la Madeleine de la Fougereuse aux s^ie de Vrillé pour la bord. héb. de.la Gerbaudière, par. de Voultegon.

Prieures : 1494, Andrée de La Chappelle ; 1544, Jeanne Tiercelin ; 1688, 1689, Anne Turpin de Crissé (son sceau est plaqué au bas de son aveu) ; 1701, Marie-Anne-Françoise Tuffin de La Royrie.

XXXVI. — Mouvance de la s^ie de St-Porchaire

271. — 1615, 27 juin. — *Borderies de la Comberlrie, des Denizières el de l'Aiguenière.*

Pièce mutilée où il est question de l'hommage à rendre par Anne Viault à la châtellenie de Saint-Porchaire pour ces borderies.

XXXVII. — Mouvance
de la s^ie de St-Sauveur-de-Givre-en-Mai

S^ie DE LA ROCHEJAQUELEIN

272. — 1603-1780. — *Hommages pl. rendus pour la s^ie de la Rochejaquelein à cause de la s^ie de Saint-Sauveur-de-Givre-en-Mai (3 pièces).*

Le 10 mai 1603 par Louis du Vergier ; en 1619 par Anne Viault à Gilles de Chastillon, baron d'Argenton ; le 26 sept. 1780 par Henri-L.-A. du Vergier à Marie-François-Emmanuel de Crussol.

L' « hostel et maison noble » de la Rochejaquelein est ainsi décrit en 1603 (2) :

______

(1) Voir plus haut l'introd. à la série B.

(2) Cette description est citée pour son intérêt archéologique, les lieux subsistant à peu près intacts.

Ung grand corps de logis couvert de thuille construict
de neuf ouquel y a une salle basse et une chambre et trois
chambres haultes ; ung vieulx corps de logis non doublé
avecques une estable, ung portal faict en voulte, sur laquelle voulte y a deulx chambres l'une sur l'autre, couvert
d'ardoyses, et soubs laquelle voulte y a une grande et petite
entrée pour venir en la basse court ; ung cellier sur lequel
y a ung grenier et mes escuryes, couvertes de thuille ; un
corps de logis auquel y a seullement deulx chambres basses
et une cave par dessous ; ung aultre corps de logis auquel
est ma boullangerye, four et fourny, une chambre basse
au dessus et des greniers par dessus icelle et tout du long,
avecques une chappelle couverte d'ardoyse et ung corps de
logis ouquel y a deux ou trois chambres basse et deux ou
trois chambres haultes, en l'une desquelle est ma cuysine ;
le tout joignant l'un à l'autre et en carré avecques la basse
court, estant par le dedans desdicts corps de logis ;

Item une autre grande cour renfermée de muraille et
grande et petitte porte, au dedans de laquelle y a une grande
grange et deux ou trois petittes estables, ung jardin que de
nouveau j'ay faict faire en ladicte court renfermé de murailles ; une autre petitte court ou yssue par le derrière de
mondict logis allant à mon moulin, en laquelle y a ma fuye
à pigeons couverte de thuille platte ; ung autre jardin aussy
renfermé de murailles ; le tout joignant ensemble et contenant douze quartollées de terre ou environ.

En 1619, description identique.

En 1780, les lieux n'ont pas changé, sauf le bâtiment de la chapelle, désigné « un emplacement partie en masure où étoit autrefois
une chapelle et un corps de logis composé de plusieurs chambres,
suivant qu'il paroist par les vestiges ».

273. — 1706, 17 juin. — *Bail de la s^{te} de la Rochejacquelin et de ses dépendances par Armand-F. du Vergier à François Benoist, laboureur, pour 7 ans à raison du prix annuel
de 30 charges de seigle, mes. de Bressuire, et 1.200 l.*

Détail des biens compris dans le bail : la maison noble et ses préclôtures, les mét. du Fonteny-Guitteau, du Chiron-au-Charles et

du Ht-Vrillé, en la par. de Voutegon ; la mét. de la Borde et les moulins à eau et à vent, dans les par. de Saint-Aubin-du-Plain et de Voutegon ; les borderies, vignes et pressoirs de Champigny et du Chillou ; rentes diverses.

Not. : Berthonneau, de Bressuire.

MOUVANCE DE LA ROCHEJAQUELEIN

274. — 1451-1600. — *La Bourlière, bord. déshéb., par. de Chambroutel* (fief) (6 aveux)..

Seigneurs : en 1451, Geoffroy Tutaut, à cause de sa femme Françoise Olarde ; en 1600, Antoine Clahet, éc.

275. — 1763, août et 19 déc. — *Ridejeu, fief, par. de Beaulieu* (2 pièces).

Homm. pl. et dénombrement rendus par Gabriel-René de La Haye-Monbault à Hardouine-H.-S. de Granges, comme dame de la Rochejacquelin, pour le corps de logis de Ridejeu (salle avec chambres basse et haute, grenier, écurie, grange, « amplassement où il y avoit une chapelle, qui est en mazure », cour et jardin) et la mét. du même nom.

276. — 1312-1763. — *Le Vergier, fief* (6 pièces).

1312, août. — Lettres de Philippe le Bel, roi de France, permettant à Jean *de Viridario* de fortifier son hébergement *de Viridario* (1).

1552-1763. — Hommages liges rendus : le 27 mai 1552 par Guy du Vergier, éc., s^r du Vergier et de Saint-Aubin-du-Plain, à Jacques du Vergier ; le 19 avril 1623 par Gabriel de Barbezières, chev., à cause de Françoise de La Haye, sa femme, à Anne Viault ; le 19 déc. 1763 par René-Gabriel de La Haye-Monbault à Hardouine-H.-S. de Granges ; — pour l'hôtel du Vergier, sa mét. et ses dépendances, par. de Beaulieu.

L'hôtel est ainsi décrit en 1625 (2) :

Une grande cour autour de laquelle sont les édiffices et bastimens et entre aultres ung grand corps ou masse de

____

(1) Publié dans *Arch. hist. du Poitou*, t. XX, p. 267.

(2) Cette description est citée pour son intérêt archéologique, les lieux subsistant à peu près intacts.

logis, eslevé en pavillons, tours et aultres logis, partie couvert d'ardoise et partie à thuille platte, où sont la chapelle, salles, cuysines, offices, haulte et basses chambres, avecq ung escallier en rond montant au hault dudict logis, avecq la grange, greniers et sceliers estans quelque peu séparé dudict corps de logis, boullangeries, estables et aultres herbergemens à serrer les bestiaux ; et une aultre petitte court appellée la Caillère estant à main senestre sortant par le grand portal de mond. hostel, avecq ung jardin estant entre lad. court et l'estang, contenant l'assiette du tout 'une septrée de terre à semer bled ; plus une aultre pièce de terre appellée le grand jardin contenant une septrée estant circuit de murailles joignant ausdictz logis, à deulx coings duquel jardin sont une tour appelée la Tour-Peinte et une fuye à pigeons ; item la garenne et bois de fustaie, entre laquelle et ledit estang est ung jeu de mail, contenant ladicte garanne, bois de fustaie, jeu de mail avecq partie dud. estang trois septrées... ; item... ma mestaierie... du Vergier, contenant... une minée..., tenant... au grand jardin de mondict hostel...

La pièce porte le sceau de la châtellenie de Saint-Aubin-du-Plain. En 1763, description analogue.

277. — 1586-1723. — *Censive de la Rochejaquelein* (15 pièces).

Paroisses d'Argenton-l'Eglise, des Aubiers, de Saint-Aubin-du-Plain, de Sainte-Radegonde-de-Pommiers.
Déclarations, un cahier de recette, pièces diverses.

278. — 1583-1716. — *Assises de la Rochejaquelein* (2 cah., 7 pièces).

Assises féodales de 1583 et de 1602 ; pièces annexes de 1688 et 1716.

XXXVIII. — Mouvance de la prévôté de Sᵗ-Varent

279. — 1630, 7 juillet. — *Vigne de la Guilleterie, sise au fief de ce nom, près le village du Chillou, par. de Saint-Varent.*

Déclaration roturière rendue par Anne Viault à René Sapinaud, comme prévôt de Saint-Varent.

XXXIX. — Mouvance du comté de Sanzay

280. — 1402-1780. — *Le Marchais, par. de Nueil (20 pièces).*

1402-1780. — Hommages pl. rendus : le 19 août 1402 par Renaud de Meulles à [Robert de Sanzay] (1) ; le 13 nov. 1493 par Renaud de Meulles à René de Cenzay ; le 4 juin 1505 par Marie Audoyer, veuve René de Meulles, au même ; le 21 août 1765 par Hardouine-H.-S. de Granges à Anne-Gabrielle Le Veneur, veuve d'Alexis, duc de Châtillon et comte de Sanzay ; le 25 sept. 1780 par Anne-Henriette du Vergier à la même, à cause du comté de Sanzay ; — pour le fief désigné comme il suit dans la dernière de ces pièces (la plus lisible et complète) :

« La moitié par indivis regardant le Poitou (2) de sept bordries... herbergées sises... aux Marchais et ès environs en la paroisse de Nueil-sous-les-Aubiers : Premièrement une mazure... herbergée appellée les Bernardières, laquelle... est composée d'une métairie vulgairement appellée la Madelaine... contenant une prévandrée... [*etc.*] ; Item ...une bordrie et demie... herbergée... appellée... ladite bordrie la Tête-Tabault et ladite demie-bordrie le Cartron-au-Moine, les herbergemens desquelles dites choses sont à présent nommées... le Rochais... ; Item... autre bordrie... désherbergée appelée l'Herbordière... ; Item... autre demie-bordrie ...herbergée... appellée la Milsandière... ; Item... une bordrie... herbergée appellée la Salle, située au village des Marchais... ; Item... autre demie bordrie... herbergée appellée le Cartron-Caillaud... ; Item... demie-bordrie... herbergée ...appellée le Cartron-Meschin..., en laquelle... est situé

---

(1) Lu par Gabard ; aujourd'hui effacé.
(2) Voir, art. 240 ci-avant, l'autre moitié « touchant l'Anjou ».

le village du Petit-Payré, lequel est composé d'une maison, deux loges, un four et fournil, plusieurs toits à bestiaux, le pailler, qué-reux et layreau, le tout (1) contenant deux boisselées et demie de bled... ; lesquelles choses cy-dessus déclarées... avec toute justice et jurisdiction basse et foncière, prise à [*sic*] vengence selon la coutume... »

1482 (quantième effacé). — Homm. pl. à pl. et ch. de serv. par François Banchereau, sʳ de la Longueraire, à Emery de Meulles pour une rente de 5 set. de seigle sur le village des Marchaix, par. de Nueil, « o tout droit de basse jurisdiccion a cause du fons » suivant la coutume.

1482-1503. — Hommages plains rendus : le 5 nov. 1482 par An-toine de Pouillé, éc., sʳ de la Roullière, à Emery de Meulles ; le 3 juin 1497 par le même à Renaud de Meulles ; le 22 déc. 1503 par (prénom mutilé) de Pouillé au même, à cause de la sᵗᵉ du Fresne (2) ; — pour le quarteron des Marchaix-de-Nueloys, dont les « teneurs, mansionnaires et habitans » doivent audit avouant une rente de 5 set. de seigle, répartie sur la masure Bernardeau, la Borderie et la Salle, la Terre Tabault et le Quarteron-au-Moine, la Millacendère, le Quarteron-Meschin et le Quarteron-Cailleau.

XL. — Mouvance de la vicomté de Thouars

281. — 1550, 22 oct. — *Jardin à Thouars.*

Vente par Brethoumée Favereau à Jacques du Vergier (représenté par Mathurin Marsault, prêtre, de Voultegon), pour 15 l., d'un jar-din de 3 boisselées « à faire chanvre » sis à Thouars.

Not. : Marillet, de la cour de Sanzay.

XLI. — Mouvance de la Tour Maubergeon de Poitiers

282. — 1729-1750. — *Morlemer, baronnie* (8 pièces).

Contestations relatives aux droits honorifiques en l'église de Saint-Martin-la-Rivière et aux dîmes de Salles-en-Toulon.

---

(1) A savoir le Pᵗ-Payré.
(2) Sous-inféodation. Voir ci-dessus, l'introduction de la série B.

XLII. — Mouvance de la s^te de la H^te-Trappe.

283. — 1780, 20 janv. — *La Grossinière, bord., par. de Saint-Aubin-de-Baubigné (roturière)*.

Acquisition par Henri-L.-A. du Vergier, pour 655 l.
Not. : Maugrain, de Châtillon.

XLIII. — Mouvance de la s^te de la Vaugrolière

284. — 1544, 17 sept. — *Le Petit-Fournel, tènement, par. de Saint-Aubin-de-Baubigné.*

Vente par Marie Audoyer, dame de la Roche-sur-Cerisay, à Pierre de Meulles, s^r de la Rivyère.

Copie contemp.

XLIV. — Mouvance de la s^te de la Vergnaie

285. — 1438, 2 avril. — *Les Clodis, bord. déshéb., par. de Beaulieu.*

Hommage pl. rendu par Pierre du Vergier à Pierre Marvilleau, chev., s^r de la Vergnaye.

286. — 1600-1780. — *Le Fonteny-Guitault, mét., par. de Voultegon (7 pièces).*

Hommages rendus par les membres de la famille du Vergier à ceux de la famille de Châtillon, comme s^rs de la Vergnaie, pour cette mét., dépendance de la Rochejaquelein ; baux à ferme.

XLV. — Mouvance de la s^te de Villebretiers

287. — 1619, 31 déc. — *Biens en la par. de Courlay.*

Déclaration roturière rendue par Anne Viault à René Vignerot, comme s^r de Villebretier.

XLVI. — Mouvance de la s^te de Villeneuve

288. — 1556, 1er sept. — *Borderie sise au bourg de Saint-Aubin-du-Plain.*

Hommage pl. par Jacques du Vergier à Louis Bernard, prêtre, comme s^r de Villeneuve.

XLVII. — Mouvances inconnues

289. — 1781, 10 déc. — *Quarteron de terre à l'Audebaudière* (1).

Vente par André-Jean Gusteau, s^r de la Gerbaudière, procureur en l'élection de Châtillon, au nom d'André-Jacob et Perrine Roulleau, ses père et mère, et de Marie-Renée et Marguerite-Renée Roulleau, ses tantes, à Anne-Henriette du Vergier, pour 600 l.

290. — 1368, 6 sept. — *Bois de Beaurepaire.*

Simon de La Fourest, éc., et Jeanne Belle, sa femme, paroissiens de Berchaucé, donnent à Jean du Verger, éc., pour bons et agréables services, « lours boys... que il... ont... en boys Auffrey vulgaument appellé... le boys de Beareppayre, lesquelx... furent aultreffois a... Nicholas Bea et... Agunour [?] Guerraudelle, sa fame..., père et mère de ladicte Jahane Belle », moyennant 2 d. de « franc devoir et noble annuu ».

Sceau aux contrats de la châtellenie de Bressuire.

291. — 1599, 14 nov. — *Vigne à Champigny, par. d'Argenton-l'Eglise.*

Vente par Louis du Verger et Anne Viault, sa femme, à René Robet, pour 30 écus sol, d'une vigne sise au village de Champigni, « qu'ils ont déclaré estre en leur fief et... subjecte a aulcuns debvoirs ».

Not. : Audebault, de la châtellenie de Saint-Clémentin.

Copie contemp.

(I) On ne peut savoir si ce bien est noble ou roturier.

292. — 1490-1532. — *Biens divers en la par. de Chiché* (1) (12 pièces).

1490, 9 sept. — Vente par Bertrand Joussemeau, lab., et Jacques Aygron, charpentier, à Jacques du Vergier, pour 74 l., de la moitié indivise du tènement de la Papaudière ou fief de la Guillemère.

L'acheteur se réserve une rente de 2 set. de seigle, 4 boiss. d'avoine (mes. de Chiché) et 2 chapons sur ce tènement.

La totalité de la Papaudière fut acquise en 1623 « avec saisie féodale », d'après une annotation au verso.

1498, 3 mai. — Vente par Pierre Jalet, lab. à bœufs, à Jacques du Vergier, de la moitié indivise d'une minée de terre « plantée en bois tranchés » attenante au bois Morin, qui appartient à l'acheteur.

1499, 25 mai. — Vente par les frères Michelot à Jacques du Vergier, pour 40 s., de la sixième partie (2 boisselées sur 12) du Champ du Navet, près le village des Deffens.

1499, 1er août. — Vente par Pierre Jalet à Jacques du Vergier, pour 7 l. 10 s., du champ de la Mauvaise-Pièce (7 quartollées), sis aux Auffrayres ou fief du Plessis-Olivier.

1499, 9 oct. — Vente par Laurent et Marie Vrignault à Jacques du Vergier, pour 8 l., du tiers indivis : 1° du pré Cloux, au village de Nautigle ; 2° du pâturage dit de Denis, clos de haies, près les Deffens.

L'acheteur paiera sa part d'une rente de 2 boisseaux d'avoine (mes. d'Hérisson) assise sur tous les héritages des Vrignault aux Deffens, payable à la s^te d'Hérisson.

1499, 14 nov. — Vente par Mathurin Michelot à Jacques du Vergier, pour 65 s., du tiers indivis de 7 quartollées à prendre sur le champ du Navet.

1499, 11 (mois effacé). — Vente par Jean Michelot à Jacques du Vergier, pour 60 s., du tiers indivis d'une pièce de verre de 6 boisselées sise près la Fosse-au-Bonhomme.

1500, 10 janv. — Vente par Micheau à Jacques du Vergier, pour 8 l., d'une pièce de terre de 2 boisselées, dite le Noillon.

1504, 17 oct. — Transaction entre Jacques du Vergier et Colas Moyne, qui lui vendit en 1498 divers biens sis aux Deffens et aux environs : l'acheteur verse 100 s. et un setier de seigle pour ce qui reste dû.

----

(1) Ces biens sont probablement roturiers.

1513, 4 juin. — Transaction entre Jacques du Vergier et Pierre Pihon, châtelain de Bressuire, comme s^r des borderies de Montigné, et Bardonneau (près le village de la Chapelle Saint-Martin) au sujet de 3 journaux de pré acquis par Jacques dans ce fief.

Pierre réclame les « ventes et honneurs ». Jacques transige en lui accordant une rente noble de 2 chapons.

1515, déc. — Micheau Moyne cède à Jacques du Vergier un jardin aux Deffens pour asseoir une rente d'une mine de froment (mes. de Bressuire) qu'il lui devait sur l'ensemble de ses biens.

1532, 14 mars. — Vente par Mathurin Geffart et Jean Thibault à Guy et François du Vergier pour une moitié indivise et à Jacques Leblanc pour l'autre, moyennant la somme totale de 20 l., de : 1º la moitié ind. de deux prés en la rivière de la Chèze ; 2º trois quarts indivis d'un verger à la Chèze ; 3º le quart ind. d'une moitié ind. d'un pré à la Chèze ; 4º les trois quarts ind. de la maison de la Chèze et de ses dépendances.

Non compris dans la vente « le septain ou septiesme partie esdits achapteurs appartenant sur lesd. choses vendues ».

293. — 1565, 5 janv. — *Vigne des Girardières* (bien roturier).

Vente par Jean Faulchon, homme de labour, à Christophe du Vergier, pour 105 l., de la vigne de la Girardière, contenant 10 journaux, sise au fief des Gourbeillières, près le village du Chillou, par. de Saint-Varant, dans le fief de Guillaume Beau, chargée envers lui de 5 s. de rente féodale.

Not. : Gaschignard, de la cour de Thouars.

294. — 1664, 22 avril. — *La Faye-Garreau, mét. roturière.*

Transaction entre René du Vergier et Jacques Gentet, éc., s^r de l'Ouche, dem^t à la Touche, fils de feu François, éc., s^r d'Estrie, et d'Anne du Vergier, frère de René, éc., s^r d'Estrie.

Malgré la renonciation de son contrat de mariage du 9 janvier 1625, Jacques reçoit de René la mét. de la Foy-Garrot, par. de Boismé.

Not. : Gaborit, de la châtellenie du Busseau.

295. — 1618, 7 déc. — *La Moulière* (1), *mét., par. de Bonneuil-Matours.*

____

(1) On ne peut savoir si ce bien est noble ou roturier.

Bail à ferme par Anne Viault de la mét. de la Moulière ou du Gros-Bois.

Not. : Doré, de la cour de Poitiers.

296. — 1446-1470. — *La Jacquelinière* (2 pièces).

1446. — Bail à ferme pour neuf ans, par Pierre du Vergier, sᵣ de Ridejeu, à Thomas Baritea, boucher à Bressuire, du village de la Jacquelinière dit Moquessoriz, par. de Saint-Porchaire, ainsi que des tènements des Groleries et du Pressoir.

Très effacé.

1470, 28 sept. — Bail à ferme par Pierre du Vergier, sᵣ de la Jacquelinière ou Mocque-Souris, de Bourdeaux et de la Roche-Baudin, à François Bariteau, marchand à Bressuire, pour onze ans, moyennant 200 écus d'or neufs, poids de Florence, valant chacun 27 s. 6 d., des terroirs de la Jacquelinière ou Mocque-Souris, par. de Saint-Porchaire, et de Bordeaux, par. de Geay.

297. — 1410, 22 juin. — *Mairé.*

Hommage rendu à Madame de Basoges par Christophe du Vergier, au nom de Jeanne Massotelle, sa mère, pour le lieu de Mairé.

298. — 1535, 8 avril. — *Le Pâtis de Malle* (bien roturier).

Bail à ferme par René de Meulles, pour 5 ans, du pâtis dit de Malle, près le moulin de la Varanne.

299. — 1433, 8 mai. — *Biens sis à la Roche-Baudin.*

Homm. pl. rendu par Pierre du Vergier, éc., fils de feu Christophe, à Margaute du Chillo.

300. — 1525, sept. — *Pré en la rivière de la Roche-Baudin.*

Sentence du sénéchal de Poitou maintenant Guy du Vergier en possession de ce pré.

301. — 1491, 25 avril. — *Biens en la par. de Saint-Amand* (1).

____

(1) On ne peut savoir s'ils sont nobles ou roturiers.

Vente par André des Noyers, prêtre, s^r de la Pilletière, à Jacques du Vergier, éc., s^r de Ridejeu, son cousin, pour 230 l., de : 1° la moitié, indivise avec l'abbé de Mauléon,. du bois Jaleau, près les villages de la Nohe et de la Palaire ; 2° une rente de 7 setiers 12 boiss. de seigle sur les villages de la Grolière et de la Resmonnère.

302. — 1773-1787. — *Biens en la par. de Sainl-Aubin-de-Baubigné* (1) (3 pièces).

Acquisitions par Hardouine de Granges de la borderie du Bordage Courtin, au village des Oulleries (1773) ; par Henri-L.-A. du Vergier, du champ de la Raballe (1785) et d'une maison aux Oulleries (1787).

303. — 1405. — *Dîme de Sauves* (2 pièces).

1405, 16 sept., officialité de Poitiers. — Accord entre Jean *Gorrini*, curé de *Salvia*, et Jean *de Viridario* lic. ès lois, procureur de Jean *de Viridario,* à cause de Jeanne Massotelle, sa femme, au sujet de la dîme de grain et de vin dite *de Viridario,* sise près le village de Luigné, relevant de ladite cure en droit commun et possédée de temps immémorial et dès avant le concile de Latran [1215] par ladite Jeanne et ses auteurs.

Lesdits époux sont maintenus en possession de cette dîme ; mais les terres de la cure en seront exemptes, et le curé en prélèvera 2 setiers de grain à charge du devoir de 12 d. et d'un anniversaire à la Mi-carême pour lesdits époux et leurs familles.

Lat.

1405, 24 sept. — Approbation de cet accord par Pasquier Bonaudin, lic. en décr., chan. de Dreux, vic. gén. de l'évêque de Poitiers.

Lat.

304. — 1541-1545. — *La Vergnaie-Sorin, mét.* (18 pièces).

Procès entre René, puis Pierre de Meulles, et fr. André Ogier, comme prieur de la Grande-Boissière, au sujet d'une rente de 10 boisseaux de seigle, mes. de Mauléon, sur cette mét., dont led. prieur réclame le paiement des frères Millaceau, colons de lad. métairie pour lesd. de Meulles, qui ont pris les gariment et défense desd. Millaceau comme s^rs de la Vergnaie-Sorin.

---

(1) On ne peut savoir si ces biens sont nobles ou roturiers.

Procès terminé en faveur du prieur par sentence du sénéchal de Poitou du 24 oct. 1544 confirmée par arrêt du Parlement du 27 nov. 1545.

305. — 1316, 6 févr. — *Mouvance en la paroisse de la Vergne.*

Aveu par Emery Oudart, valet, s^r de Chandoi [seau ?], à Jean du Vergier, chev., pour tout ce qu'il possède en la par. de la Vernhe.

Dénombrement : 109 s. de taille, 46 s. de cens, 6 mines de forment « d'oblies », 13 mines d'avoine « d'oblies », 10 chapons, 2 muids de blé « de terraiges », un muid de vin « de disme », le tout chaque année.

306. — 1507, 25 oct. — *Terres en la par. de Voullegon.*

Cession par Mathurin Lussault, laboureur à bras, à Jacques du Vergier, de la moitié (indivise jusque-là avec ce dernier) de deux pièces de terre sises près le village des Nouheries, pour asseoir et amortir deux rentes d'une mine et 2 quartauts (soit en tout 10 quartauts ou 5 boisseaux) de froment (1).

XLVIII. — Rentes foncières diverses

307. — 1502, 2 déc. — *Par. de Chiché.*

Vente par Mathurin Phelipon, chapelier, et Antoinette Alard, sa femme, à Jacques du Vergier, pour 10 l. en deniers et 2 boiss. de seigle, mes. de Bressuire, d'une rente d'une mine de seigle, même mes., sur une partie des terres de la Paulinairie, par. de Chiché, faisant partie d'une rente de 2 setiers de seigle dont Antoinette a déjà vendu une part (une mine) à Jacques le 21 janvier 1500, « du consentement et o l'auctorité dud. Phelipon, lors son fiancé ».

308. — 1370, 10 oct. cour de Bressuire. — *Par. de Courlay.*

Accord entre Jean du Vergier à cause de Jeanne Massotelle, sa femme, d'une part, et Jean Borrea, de la Bloinère, par. de Courlé, d'autre part, au sujet d'une rente de 9 boisseaux de seigle, mes. de

---

(1) Ces biens sont probablement roturiers.

Bressuire, que le premier réclamait du second sur le terroir de la Fouquerie.

Jean Borrea devra désormais un setier de seigle, même mes., sur le village de la Bloinère.

309. — 1586-1762. — *Ville de Thouars* (3 pièces).

1586-1762. — Rente de 30 s. sur une maison de la rue qui va de la porte au Prévôt à la Tour grenetière.

1631, 29 sept. — Vente par Anne Viault à Jean Boisson du « cas par droict de complanct » à prendre sur 7 journaux de vigne à la Croix-Blanche et 5 au Fief du Sollier (près Thouars), « qui avoient esté accoustumez estre payez... par ledict Boisson..., lesquelles vignes... demeureront à l'advenir quitte dudict cas », moyennant la rente d'une barrique ou busse de vin rendable à chaque vendange au pressoir de ladite Anne, sis au bourg Saint-Jacques de Thouars.

Not. : Audebault, de la châtellenie de Saint-Aubin-du-Plain.

C. — LES OBLIGATIONS

Les ressources provenant des biens fonds et, depuis le XVIIe siècle, des grades militaires, ne suffisant plus aux dépenses de la famille, on la voit recourir, dès la 'fin du XVIe, à des emprunts qui, peu à peu, la grèvent de lourdes rentes constituées, révélées par les dossiers ci-après. Ceux-ci m'ont semblé intéressants à exposer pour la connaissance de la situation de fortune, des besoins et même de la vie privée, d'autant plus que je crois avoir retrouvé la trace de toutes ces obligations.

Les dates qui précèdent l'énoncé de celles-ci dans le tableau suivant sont celles des titres de constitution, bien que ceux-ci ne figurent pas toujours.

Le taux est toujours du denier 20, sauf en 1720, en plein système de Law.

310. — 1588-1619. — *Obligations contractées par Louis du Vergier* (34 pièces) (1).

[1588, 7 févr. : 66 écus 2/3 envers Louis Gaschignard, s^r de la Rochefichonnière.

[1588, 7 déc. : 440 écus envers le s^r de la Coussaye.]

[1589 (7 févr. et deux autres jours illisibles)], 1593 (14 juill.) : 1083 écus, puis 2800 écus 2/3, puis même somme encore, puis 512 écus 2/3, envers Jean de Baudran, chev., s^r de Paraberre, lieut. gén. en Poitou.

En partie d'ap. les indications fournies par l'art. 150 ci-dessus.

1591 (7 nov.) et 1599 (29 avril) : 721 l. 10 s. envers Jacques Guérin, marchand à Bressuire.

1592, 19 mai : 244 écus envers Baptiste Jolly.

1593, 14 juill. : 512 écus 2/3 envers Jean de Baudran, chev., s^r de Paraberre, lieut. gén. en Poitou.

---

(1) Les sommes indiquées représentent les capitaux, sauf mentions contraires.

1594, 9 mai : 3900 l. envers Mathurin Courtinier, sʳ de la Millan-chère (amortie en 1697).

1601, 14 août : 100 écus envers Anne Mallet, de Bressuire.

1602, 1ᵉʳ mai : 50 l. envers Martin Robin, sʳ de la Maudevrye.

1605, 17 janv. : 700 l. envers Pierre Escot.

1610, 23 mars : 1000 l. envers Jean de Lauson, éc., sʳ de la Roul-lière, cons. du Roi, trésorier général des finances en Poitou.

1619, 1ᵉʳ janv. : 850 l. envers Jean Goullard, éc., sʳ de la Vernière.

311. — 1609-1661. — *Obligations contractées par Anne Viault, femme de Louis du Vergier (séparée de biens depuis 1608) (25 pièces).*

1609, 28 avril : 3900 l. envers René Guillebault, sʳ des Landes (amortie en 1678).

1611, 18 janv. : 320 l. envers Jean Cossin, élu à Parthenay.

1613, 5 avril : 2500 l. envers Pierre Richeteau, éc., sʳ de l'Espinay.

1614, 25 sept. : 800 l. envers Claude Gibot, éc. sʳ de la Perrinière (amortie en 1620).

1619, 13 févr. : 36 l. de rente envers François Audebault, proc. fiscal de Saint-Clémentin (amortie en 1697).

1628, 18 mai : 600 l. envers François Gentet, éc., sʳ d'Estrie.

1630, 19 sept. : 850 l. envers Marie Letellier, veuve de Louis Jau-donnet, sʳ de la Gueffrie.

1661, 14 mars : 300 l. envers Pierre Thomas, fermier du prieuré de Bandoulle.

312. — 1626-1650. — *Obligations contractées par René du Vergier (59 pièces).*

1626, 25 mars : 822 l. 10 s. envers Pierre Richeteau, sʳ de l'Espinay, élu à Thouars.

1627 (23 janv.) et 1628 (3 déc.) : 650 l., puis 245 l. envers François Gentet, éc., sʳ d'Estrie.

1628, 12 janv. : 88 l. envers Jérôme Marillet, marchand à Thouars, pour fourniture d'étoffe (dont 55 l. amorties en 1665).

1630-1635 (1) : 11 obligations de 565 l. 10 s., 450 l., 92 l., 8019 l.,

---

(1) Dans ces obligations René du Vergier paraît domicilié à Paris aux adresses suivantes : en 1630, rue des Arcis, à l'Aigle impériale ; en 1632, 1633 et 1638, chez Pierre Corolle dit Lapierre, tailleur de la Grande Ecurie du Roi, rue du Coq, par. Saint-Germ.-l'Aux. ; le 16 sept. 1633, rue des Fossés, même par. ; en 1635 et 1643, rue Garancière, par. Saint-Sulpice.

9000 l., 25064 l., 895 l., 485 l., 198 l., 650 l. et 4460 l., envers Robert Jollivet, bourgeois de Paris, marchand de draps de soie.

1632, 1638, 1640 : 3 obl. de 721 l. 13 s., 448 l. et 200 l. envers Claude Tourmon, bourgeois de Paris, « pour despence de bouche, logement et argent presté ».

1632, 7 avril : 1000 l. envers Bernard Barangier, tailleur et valet de chambre du duc d'Orléans, pour fournitures.

1632, 9 nov. : 800 l. envers Pierre de Poullain, éc., sʳ de la Follye, pour vente « d'un queval soubz poil noir et d'une quevalle soubz poil bay ayans train, queue et oreilles enharnachez de leurs selles, brides et licolz ».

1633 (13 avril et 29 déc.) : 93 l., puis 540 l. envers Robert Bourgeois, bourgeois de Paris, brodeur, pour broderies d'or et de soie.

1633, 16 sept. : 5600 l. envers René Légier, éc., sʳ des Porteaux, gentilhomme de la vénerie du Roi, pour vente « d'une paire de pendans d'oreilles d'or où sont quarante-deux diamans fins, ung cabinet façon d'Allemaigne et une table tirante sur ses colonnes garnis et couverts de naques de perles et filets d'argent ».

1643, 2 août : 900 l. envers Catherine Dubois, demeurant à Paris, rue Neuve, par. Saint-Paul.

1648, 22 juin : 4000 l. envers Jean Noel, éc., sʳ de Saint-Denis, demeurant à Paris.

1650, 30 nov. : 7200 l. envers Philippe Collot, opérateur ordinaire et valet de chambre du Roi.

313. — 1660-1661. — *Obligations contractées par Jean-Baptiste du Vergier* (12 pièces).

1660, 25 sept. : 385 l. 14 s. envers François Maritteau, marchand à Poitiers.

1661, 21 janv. : 350 l. envers Pierre Chevallereau, sʳ de la Maisonneuve.

314. — 1676-1700. — *Obligations contractées par Marie-Anne du Vergier, femme de Louis de Meulles (séparée de biens depuis 1675)* (21 pièces).

1676, 24 juill. : 8000 l. envers Guillaume Champy, conseiller-secrétaire du Roi, pour amortir une autre obligation de même valeur contractée en 1666 par son mari envers Claude Le Maistre, sʳ de Monsabert.

1676, 11 août : 3000 l. envers Laurent Sauvage, bourgeois de Paris (amortie en 1721).

1678, 3 juin : 500 l. envers René Touchalaume, commis du greffe de l'Hôtel de ville d'Angers (endossement d'une obligation de même valeur contractée par Louis de Meulles en 1671) (amortie en 1720).

1684, 24 nov. : 3000 l. envers Renée de Brissac, femme de Jacques de Girard, s^r de Gastine (amortie en 1720).

1685, 3 juill. : 1000 l. envers Augustin de Racappé, s^r de Laubinière (endossement d'une obligation de même valeur contractée par Louis de Meulles en 1667) (amortie en 1720).

1685, 20 juill. : 6000 l. envers Claude du Bois (amortie en 1720).

1686, 20 août : 360 l. envers Louis Merceron, marchand (amortie en 1720).

1689, 2 août : 800 l. envers Jacques Thomas, s^r de la Roussellière, cons. au Présidial de Poitiers (amortie en 1720).

1689, 2 août : 1000 l. envers François Davy (amortie en 1697).

1699, 11 déc. : 1620 l. envers Jean-B. Le Moyne, chev. (amortie en 1720).

1700, 31 juill. : 1000 l. envers Mlle Renou (amortie en 1720).

1700, 31 juill. : 8000 l. envers Marie-Jacqueline de Mesnardeau, veuve de Marin Boylesve, premier président au Présidial d'Angers (amortie en 1720).

315. — 1703, 26 mai. — *Obligation de 550 l. contractée par Armand-François du Vergier envers Pierre Bonchamp de Maurepart, s^r de la Baronnière (amortie en 1720).*

316. — 1714, 15 mai. — *Obligation de 10.000 l. contractée par Philippe-Armand du Vergier envers Louis-Henri de Caumont, son oncle (amortie en 1754) (3 pièces).*

317. — 1720. — *Amortissements de rentes opérés par Philippe-Armand du Vergier (5 pièces).*

Le 10 mai 1720, à Poitiers, il emprunte de Denis-Jean Amelot, s^r de Chaillou, 60000 l. en billets de la banque royale, moyennant constitution de la rente de 1200 l., « pour employer au remboursement des créanciers de la succession » de Marie-Anne du Vergier et « de ses créanciers particuliers » (1).

Entre le 18 et le 25 juin 1720, il emploie 40681 l. de la somme empruntée, à l'amortissement de 1812 l. de rentes (37800 l. pour le principal et 2250 l. pour les arrérages, en billets).

---

(1) Bon emprunt au denier 50 pour amortir des emprunts au denier 20. Un édit de mars avait fixé l'intérêt légal au denier 50. Toutes ces opérations de Philippe-A. du Vergier sont faites en plein discrédit du système de Law.

Le 13 août 1720, à Paris (1), il emprunte d'Henri-Auguste de La Tour, chev., marquis d'Ezenay, 60000 l. en billets de banque, à amortir en 20 versements de 3000 l. tous les deux ans. Cet emprunt est contracté pour rembourser celui de D.-J. Amelot (2).

318. — 1733-1746. — *Obligations contractées par Philippe-Armand du Vergier (45 pièces).*

1733, 26 sept. : 8000 l. et 4000 l. respectivement envers Jeanne Le Maistre, veuve d'H.-A. de La Tour, et Jean-Charles de La Tour, chev., marquis de Montseran (amorties le 24 déc. suivant).

1735, 23 nov. : 2000 l. envers l'hôpital d'Argenton-Château (amortie en 1753).

1743, 19 mars : 8000 l. envers Jeanne-Hélène de La Tour d'Ezenay.

1746, 26 avril : 9000 l. envers les enfants de Jacques Benoist, de Cirières (amortie en l'an XII).

319. — 1734, 29 mai. — *Obligation de 500 l. contractée par Jean-Baptiste-Jacques du Vergier envers Jacques Benoist, marchand, demeurant au grand logis de Sirière (amortie en l'an XII).*

320. — 1762-1773. — *Obligations contractées par Hardouine-H.-S. de Granges, veuve P.-A. du Vergier (5 pièces).*

1762, 23 janv. : 6000 l. envers Joseph Boutereau de La Lanfraire, ancien garde du Roi, demt au bourg de Foussay.

---

(1) Il est domicilié à l'hôtel de la Salamandre, rue de l'Hirondelle, par. Saint-André-des-Arts. Il est vraisemblable qu'à l'exemple de tant de provinciaux il dut à cette époque se rendre à Paris pour faire de l'agiotage.

(2) Cet emprunt n'est que la prorogation, avec un autre créancier, de celui du 10 mai dont le montant avait servi intégralement, semble-t-il, à éteindre des dettes antérieures. Si Philippe-A. du Vergier a dû rembourser en espèces 60.000 l. qu'il avait reçues en billets, par contre il semble bien qu'il se soit trouvé libéré de 60.000 l. de dettes. Il a même dû tirer avantage de ses opérations, non seulement parce que « qui paie ses dettes s'enrichit », non seulement à cause de la réduction au moins temporaire (il n'est pas dit à quel taux il emprunta le 13 août 1720) de sa charge d'intérêts, mais aussi parce que les 60.000 l. qu'il paya par fractions au marquis d'Ezenay, probablement à partir du 13 août 1722 (deux quittances de 3.000 l. en date des 13 août et 13 sept. 1740 figurent au dossier), ne valaient pas les 60.000 l. dont il paraît avoir été débiteur dès 1720 *(note de M. Auguste Dubois, professeur d'histoire des doctrines économiques à la Faculté de droit de Poitiers).*

1762, 12 juin : 3000 l. envers Hubert Berthelot, dem^t au château du Puiguyon, par. de Cerizay (amortie en 1792).

1771, 1er août : 8000 l. envers Jean Giraud, dem^t au château de Puiguyon.

1772, 29 juill. : 2000 l. envers François Cornuau, laboureur à la Petite-Roussière-Clochard, par. des Aubiers (amortie en 1777).

1773, 16 déc. : 8000 l. envers Jean Loyau, s^r de la Baudonnière (amortie en 1791) (1).

321. — 1775-1792. — *Obligations contractées par Henri-Louis-Auguste du Vergier (7 pièces) (2).*

1775, 21 juill. : 11000 l. envers Nicolas-René-Henri Grimouard, chev., enseigne de vaisseau, commandant la garde de la marine au département de Rochefort.

1780, 5 oct. : 4000 l. envers Marie-Renée Simon, veuve d'André Turpault, marchand d'étoffe à Châtillon (amortie moitié en 1782, moitié probablement en 1792).

1781, 13 avril : 6000 l. envers Auguste-César Brethé de La Guibretière, éc., curé de Saint-Aubin-de-Baubigné (amortie en l'an XII).

1785, 7 févr. : reconnaissance d'une obligation de 8000 l. contractée par Hardouine de Granges envers Jean Giraud, et obligation nouvelle de 1000 l. par H.-L.-A. du Vergier envers Louis-Hilaire Gaudrie, notaire de la châtellenie de Saint-Clémentin, gendre de J. Giraud (le tout amorti en l'an XII).

1789, 15 janv. : 48000 l. envers Armand-Henri-Hercule de Caumont.

1792, 21 janv. : 20000 l. envers M. Mounaye, avoué à Paris.

322. — 1788, 22 avril. — *Obligation de 300 l. contractée par Anne-Henriette du Vergier envers Pierre Drouineau, dem^t au bourg de Saint-Aubin-de-Baubigné (amortie en 1802).*

---

(1) Voir aussi l'article suivant, reconnaissance de 1785.

(2) Il est intéressant de rappeler ici le chiffre auquel montaient les rentes constituées dans la succession de Philippe-A. du Vergier : 65.117 l. en principal (voir art. 135 ci-dessus).

D. — LA LIEUTENANCE DU ROI EN BAS-POITOU

Aux revenus des biens-fonds, aux soldes militaires, aux ressources extraordinaires des emprunts, les marquis de La Rochejaquelein ajoutent depuis la fin du xviie siècle les appointements de lieutenant du Roi en Bas-Poitou.

Car c'est bien du point de vue fiscal qu'il faut surtout considérer cette charge à peu près uniquement honorifique, qui fut créée par l'édit de 1692 et qui se transmit dans la famille depuis 1694 jusque vers 1779.

323. — 1694-1710. — *Lieutenance d'Armand-François du Vergier* (10 pièces).

1694, 19 mars. — Quittance de 4500 l., prix de la charge.

Copie contemp.

1694, 20 mars. — Lettres de provision assignant au bénéficiaire « toute la partie du Bas-Poitou dont le sieur de Pardaillant est notre lieutenant général, à la réserve du diocèze de Luçon ».

3 copies contemp.

1694, 20 mars. — Armand-François hypothèque sa charge au denier vingt envers M. et Mme de Caumont, ses beaux-parents, pour la somme de 22048 l. 10 s. qu'ils lui ont prêtée pour l'acquisition de ladite charge.

1695, 27 août. — Prestation de serment.

Copie contemp.

Sans date. — « Département de Monsieur le marquis de la Rochejaquelein, l'un des lieutenant de Roy de la lieutenance généralle du Bas-Poitou ».

Ce département est entre les rivières du Lays, de l'Autise et du Toué, lesquelles en font la séparation.

Eveschés : La Rochelle, Luçon.

Bailliages : Fontenay (relevant nuement du Parlement), Vouvans (relevant du Présidial de Poitiers).

Elections : Partie de Fontenay, de Thouars, de Mauléon.

Villes : Fontenay, Bersuyre, Argenton-Chateau, Moléon.

Bourgs murés : Luçon, Vouvans, Cholet, Mortagne, la Chategneray.

Suit la nomenclature des paroisses.

Minute.

1699, janv. — Quittance donnée par A.-F. du Vergier à Charles Chambellain, rec. gén. des fin. du Poitou, de 2000 l. pour trois quartiers d'appointements de la charge de lieutenant de Roi (dont le total pour l'année est de 2676 l. 13 s. 4 d.).

Minute.

1706, 4 mai. — Lettre de Louis XIV à A.-F. du Vergier, lieutenant en Bas-Poitou, lui annonçant les victoires du duc de Vendôme en Itálie (1).

Monsieur le marquis de La Rochejaquelin, je ne [pouvais] espérer un succez plus heureux et plus éclatant au commencement de cette campagne que celuy dont mon cousin le duc de Vendosme vient d'en signaler l'ouverture en Italie. La victoire qu'il a remporté a suivy de si près son retour a l'armée que les ennemis retranchez entre Montechiaro et Calcinato ne l'ont appris que par leur deffaite. Le poste avantageux qu'ils occupoient s[emblait] les mettre à couvert de toute attaque et il est comme incroyable qu'ils ayent pu y estre forcés. [*Quelques mots disparus*] du duc de Vendosme, la valeur de mes soldats [et la] confiance qu'ils ont en luy ont surmonté tous [les obstacles] ; après avoir esté obligez de se rompre, [*quelques mots disparus*] plusieurs fois sous un feu continuel pour [*quelques mots disparus*] au travers de plusieurs fossez et canaux, les ha [*mot disparu*] où les ennemis estoient retranchez, ils ont essuyé leur der-

---

(1) Cette lettre semble une circulaire envoyée à tous les lieutenants du Roi dans les provinces.

nière descharge à demy portée du pistolet, sans tirer un seul coup, et les ont ensuitte forcez l'épée à la main dans leurs postes. Comme la résistance a esté vigoureuse de la part des ennemis, leur perte est très considérable. Plus de trois mil des leurs sont restez sur le champ de bataille, plus de trois mil ont esté faits prisonniers, on leur a pris six pièces de canon, plus de mil chevaux, vingt-cinq drapeaux et douze étendarts. Le duc de Vendosme, profitant de sa victoire et de leur consternation, a marché sans perdre de temps à Salo et à Ganardo, où estoit le reste de leur armée. Mais à son approche, ils ont pris la fuite avec tant de précipitation vers les montagnes du Trentin que dans cette déroute générale ils ont abandonné leurs armes, leurs bagages et jetté dans le lac de Garde quatre pièces de leur plus gros canon. Une victoire si complette m'est d'autant plus sensible que je n'y ai perdu que très peu d'officiers et de soldats, et d'autant plus avantageuse que, ne laissant aux ennemis que les postes qu'ils occupaient sur l'Adige lorsqu'ils entrèrent, il y a cinq ans, en Italie, elle met le duc de Vendosme en estat d'y exécutter avec un pareil succez les autres projets que j'ay formez. Je ne veux pas différer de rendre graces à Dieu d'un si glorieux événement, ainsy je donne ordre aux évesques qui sont dans l'estenduc de vostre pouvoir de faire chanter le *Te Deum*. Et je vous escris en mesme temps pour vous dire que mon intention est que vous assistiez à celuy qui sera chanté au lieu où vous serez, et que vous donniez les ordres nécessaires aux maires et eschevins des villes et lieux de vostredit pouvoir pour faire allumer des feux, tirer le canon et donner les autres marques de réjouissances publiques et accoutumées en pareille occasion. Sur ce, je prie Dieu qu'il vous ayt, Monsieur le marquis de la Rochejaquelin, en sa sainte garde. Escrit à Versailles le 4e may 1706.

[*Signé :*] Louis.

324. — 1710-1730. — *Lieutenance de Philippe-Armand du Vergier* (6 pièces).

1714, 7 févr. — Lettres de provision de cette charge héréditaire vacante par la mort d'Armand-Fr., avec dispense de 3 ans et 8 mois d'âge (l'âge requis est 25 ans), aux appointements de 2666 l. 13 s. 4 d.

1722, 23 oct. — Lettre confidentielle de M. de Quincy, brigadier des armées du Roi, lieut. gén. de l'artillerie à l'Arsenal, à Ph.-A. du Vergier, en vue de faire abroger la nouvelle réduction des appointements des lieutenants de Roi.

D'abord que nous eumes apris, Monsieur, qu'on avoit réduit les apointemens de nos charges de lieutenans de Roy au denier cinquante, tout ce que nous nous trouvames a Paris pour lors firent un mémoire que nous eumes l'honneur de présenter à S. A. royalle pour la supplier de nous excepter des arrests des 25 aoust et 10 septembre 1720. On n'eut aucun égard à nos remontrances, et nous obtinmes seulement la réduction de notre capitation à 150 l.

Ayant apris depuis qu'on en avoit excepté les offices des trésoriers de France, des secrétaires du Roy et des Présidiaux créés depuis l'année 1688, nous fimmes des démarches auprès des ministres, qui nous conseillèrent d'attendre après la fin du visa.

Dans cet intervalle de temps, les commissaires des guerres qui avoient de leur costé des démarches par les voyes ordinaires furent aussi refusés, mais ayant pris le party de proposer une grosse somme à une personne de crédit, ils ont obtenu un arrest qui les remet dans leur premier estat...

Nous avons voulu prendre le même party, mais les ministres en ayant été instruits nous conseillèrent de prendre avant les voyes ordinaires, lesquelles ne nous ayant pas réussi, nous nous sommes déterminé à suivre la même route que les commissaires des guerres ; pour cet effet on s'est adressé à une personne de crédit qui, moyennant cinq cent cinquante livres chacun, a obtenu le rétablissement de nos gages sur l'ancien pied. Il s'agit présentement de rassembler cette somme ; pour cet effet, on est convenu d'un notaire chez lequel chacun de nous enverra ladite somme de 550 l...

Je me suis chargé avec plaisir, Monsieur, de vous faire savoir le résultat de toutes nos démarches.

Le notaire dont on est convenu est Mr Hachet, rue Sainte-Avoye...

Je vous suplie... de tenir la chose secrette pour que cette affaire ne manque point.

[*Annotation du marquis* :] Du 17 novembre 1722, j'ay fait réponse et envoyé à Mr Quincy une quittence de 550 l. à prendre sur les appointements de ma charge...

1730, 30 août. — Circulaire de Mr Hermenault, chargé des affaires des lieutenants de Roi de province à Paris, adressée à Ph.-A. du Vergier.

M., J'ai receu ordre de Messieurs les Lieutenants de Roy des provinces qui sont à Paris, entr'autres de ceux qui ont signé la délibération du 4 décembre 1727,... de vous écrire pour vous donner avis qu'ils sont dans le dessein de demander au Conseil le rétablissement de leurs appointemens sur le pied du denier vingt ou vingt-cinq... ; ils m'ont aussi chargé de vous marquer qu'il est nécessaire que vous envoyez une procuration à Paris... portant pouvoir de poursuivre conjointement ce rétablissement et pour y parvenir d'employer jusqu'à concurrence d'une année des appointements...

Impr.

325. — 1760-1763. — *Lieutenance d'Alexis-Armand-François du Vergier* (6 pièces).

Entre 1760 et 1763. — Mémoire relatif à la transmission de cette charge.

Le Roi créa par son édit de février 1692 des charges de lieutenant de Sa Majesté ; il en eut quatre pour la province de Poitou, héréditaires aux appointements de 2.000 l. ...Armand-François du Vergier... se fit recevoir dans une du Bas-Poitou par provision du 20 mars 1694, après avoir payé ...45.000 l. pour jouir des appointements de ...2.670 l. 13 s. 4 d. ..., augmentés par l'édit d'avril... 1692.

Ledit seigneur de la Rochejaquelein décéda en 1709. ...Philippe-Armand..., son fils aîné, se fit recevoir dans ladilte charge par provision du 7 février 1714, ayant pris dispense d'âge de trois ans et huit mois..., et qui lui coûtèrent 300 l.

.Le Roy, par son édit de 1709, prétendit assujetir ces charges au droit de Paullette... En conséquence de cet édit ledit
seigneur fut obligé de payer le double droit [de survivance],
et sans les frais des provisions il lui en coûta, ses dispenses
comprises, ...4.678 l. 18 s...

Les appointements furent quelque tems après réduits à
2.000 l... Par édit... de janvier 1716 lesdits appointements
ont été réduits à 1800 l... Par les arrêts... des 25 aoust et
10 septembre 1720 lesdits appointements ont été réduits
à 900 l., et encore depuis on n'en touche que 720 l. par an...

Par arrêt du Conseil du 16 décembre 1727, le Roi a dé-
chargé MM. les lieutenants... du droit de confirmation compris dans sa déclaration du 27 septembre 1723.

Monsieur le marquis de La Rochejaquelein, titulaire de
la charge..., laisse une veuve et cinq enfants. L'aîné est né
le 20 septembre 1744. Madame sa veuve voudroit le faire
recevoir dans laditte charge et se la conserver.

1763, 12 juill. — Lettres de provision en faveur d'Alexis-A.-F. du
Vergier.

326. — 1767-1779. — *Lieutenance d'Henri-L.-A. du Vergier* (8 pièces).

1779, 29 mai. — Questionnaire adressé à Mʳ de Pille, « procureur
aux comptes », sur les appointements.

Lesdits appointements sont de 900 l., sur lesquels 90 sont déduites
pour la capitation (1).

Hardouine-H.-S. de Granges, mère d'Henri-L.-A. du Vergier,
est décédée le 10 févr. 1779 : ce dernier, à cette date, a payé ses
droits de survivance, mais ne s'est pas encore fait recevoir dans sa
charge ; il est même « dans l'intention de s'en défaire pour éviter
les frais de réception » .

Il dut s'en défaire effectivement, car passé 1779 il cesse d'être
qualifié dans les actes lieutenant en Bas-Poitou. Les registres de
provisions d'offices conservés aux Archives de la Vienne ne men-
tionnent, du reste, aucun nouveau titulaire de la charge.

---

(1) La charge est estimée à 630 l. de revenu dans l'art. 135 ci-dessus.

E. — LES ALLIANCES DE LA FAMILLE DU VERGIER

327. — Famille Audoyer (alliance de Meulles, avant 1504). — 1365-1474 (2 pièces).

1365, 24 janv., cour de Vouvent. — Accord entre Guillaume Audoyer, d'une part, et Hugues Coutea, paroissien de Notre-Dame de Marcillé et tuteur de Jean Audoyer dit Le Rouher, fils de feu Emery Audoyer dit Le Rouher, d'autre part.

Objet indéterminable, à cause de l'illisibilité de la pièce.

1474, 27 déc. — Accord entre Jean Bouton, des Aubiers, et Louis Audoyer, éc., s^r du Fraigneau, au sujet de redevances dues par celui-ci sur son hôtel des Varennes, tenu à foi et hommage du s^r de Nueil.

328. — Famille Berland (alliance Viault, avant 1504). — 1442-1517 (5 pièces).

1442, 26 juillet. — Hommage par Mathurin Berland, fils de Jeanne Oriarde, pour le lieu de Devans.

1482, 27 nov. — Quittance donnée par Mathurin Berlant, éc., s^r des Places, et son fils aîné Julien, mari de Philippe de Sezay, à Colas de Sezay, frère de Philippe, de 200 écus d'or que Colas devait à sa sœur à l'occasion de son mariage.

1513, 4 oct. — Testament de Charles Berland, prêtre, fils de feus Mathurin et Isabeau de Byon.

1517, 9 juin. — Vente à Jean Berland, s^r des Places, de la septième partie d'une maison sise en la paroisse du Busseau.

329. — Famille de Caumont (alliances du Vergier, 1686, 1769). — 1708-1788 (17 pièces).

330. — Famille de Donnissan (alliance de Lescure, 1791). — 1772-1773 (2 pièces).

1772, 25 oct., au Louvre. — Ondoiement d'une fille de Guy-Joseph de Donnissant, m^ls de Citran, colonel du Languedoc-Infanterie, gentilh. d'honneur du Comte de Provence, et de Marie de Durfort-Civrac, née le même jour.

Extr. des reg. par. de Saint-Germain-l'Auxerrois de Paris, XIXᵉ s.

1773, 8 sept. — Bapt. de Marie-Louise-Victoire Donnissan de Citran, fille de Joseph et de Marie de Durfort-Civrac.

Extr. des reg. par. de Saint-Germain-l'Auxerrois de Paris, de l'an V.

331. — Famille de Durfort (alliance de Lescure, 1765).

1748, 13 oct. — Bapt. de Jeanne-Marie de Durfort, fille d'Emery-Joseph, comte de Civrac, et de Marie-Anne de La Force, née la veille.

Extr. des reg. par. de la Mothe-Montravel (Dordogne), de l'an VIII

332. — Famille Girard (alliance de Meulles, avant 1493).

Deux pièces fort mutilées du xvᵉ siècle relatives à la succession des sœurs Guillemette et Héliette Girard.

333. — Famille Girard (alliance Viault, avant 1598).

1606, 11 avril. — Titre de créance de Renée Girard, dame du Buignonnet, sur Louis de Montbron, s^r des Fontaines-Chalandray.

334. — Famille de Granges (alliance du Vergier, 1743). — 1600-1785 (28 pièces).

1666, 2 avril. — Enquête testimoniale sur la noblesse de Charles de Granges, fils de René, chev., s^r de Puyguyon, pour sa réception dans l'ordre de Malte (22 f.). Cette enquête est très importante et révèle des noms inconnus dans ce qui reste des archives de l'ordre.

1715, 2 juin. — Maintenue de noblesse en faveur de François de Granges de Surgères, marquis de Puyguion (10 f.).

1601, 23 mai. — Aveu de la s^te de la Flocellière rendu au Roi à cause de la Tour Maubergeon par Robinette Hamon, veuve de Claude de Maillé (100 f.).

335. — Famille de La Chastaigneraie (alliance de Rorthais, 1585). — 1588-1596 (2 pièces).

336.—Famille de La Forêt (alliance de Rorthais, 1587).
— 1455-1593 (6 pièces).

1487, 20 janv. — Contrat de mar. de Jean Banchereau, fils d'André, s^r de la Longueraire, avec Françoise de La Forest, fille de Guy, s^r de la Forest-de-Montpencier et de Vaudoré.

337. — Famille Landerneau (alliance du Vergier, 1674).
— Vers 1673 (factum impr.).

338. — Famille Le Mastin (alliance du Vergier, 1506).
— 1352-1540 (31 pièces).

1352, 21 févr. — Confirmation par Louis, vicomte de Thouars, du droit de Pierre Le Mastin à recevoir l'hommage d'un fief possédé par Emery Frouant.

1514, 23 janv. — Partage des biens meubles de feu Jacques Vernon, éc., entre Raoul Vernon, éc., s^r de Montreuil-Bonnin, son frère, d'une part, et Hardouin Le Mastin, Guy du Vergier et sa femme Renée Le Mastin, François, Marie et Antoinette Le Mastin, et Philippe Vernon, éc., s^r de Grassay, d'autre part.

Vers 1540. — Information dans le procès intenté par Guy du Vergier et Tristan des Nouhes et leurs femmes Renée et Marie Le Mastin contre René Le Mastin, frère de celles-ci, au sujet de la succession de leurs parents.

Le point litigieux est la sincérité de la profession religieuse de René (voir plus haut, art. 46).

Cah. incomplet ; 50 f. subsistent.

339. — Famille de Lescure (alliance du Vergier, 1802).

1º *Titres personnels.* — 1765-1796 (40 pièces).

2º *Titres domaniaux.* — Paroisses et communes de Boismé (1365-1799, 94 pièces), la Chapelle-Saint-Laurent (1655-1796, 14 pièces), Hérisson (1779-1797, 2 pièces), Neuvy (1779-1798, 2 pièces) et Pougne (1779-1813, 2 pièces).

1365, 28 juillet. — Hommage rendu par Nicolas Feye, à cause de sa femme Jeanne Bardonne, au baron de Bressuire pour le quart indivis de six borderies sises dans les villages de Corbin et de la Tribouère, par. de Boismé.

340. — Famille Massoteau (alliance du Vergier, 1364).

1383. — Quittance donnée à Philippe Massotea, prêtre.

341. — Famille de Meulles (1) (alliance du Vergier, 1673). — *Titres de famille.* — 1323-1704 (184 pièces).

1323, 17 déc. — Testament d'Alice Chandenier, femme de Renaud de Meules.

Exécuteurs testamentaires : son mari, son oncle Emery de Chandenier, ses cousins Geoffroy et Emery de Saint-Denis, valets.

1331, 11 juin, Bressuire. — Partage des biens de feu Jean Morea entre Jeanne, sa fille aînée, femme de Jean Maubert, valet, et Guillemette, sa puînée, femme de Perrot de Meulles.

« Lesdiz Jouhan Maubert et Jouhanne, sa fame..., comme fille aynnée..., hauront... en avantage le herbergement de la Roche-de-Cerezay, et pour soustenir ledit herbergement nouf sexters d'aveynne de rente... et l'estant de la Roche-de-Cerezay ; et ledit Perrot et ladite Guillemette... hauront... le herbergement du Fraigne contre le herbergement de Poillevoisin, lequel est... desja ausdiz Jouhan Maubert et... sa fame..., lequel herbergement de Poillevoisin tient... sou viagé Jouhanne, fame Jocelin de La Forest, valet, mère ausdites Jouhanne et Guillemette, pour cause de doayre ; et la juridiccion et l'aigue et la garenne du Fraigne sont... ausdiz Perrot et Guillemette... pour soustenir ledit harbergement du Fraigne. Et la terre est... devisée en quatre quars, c'est assavoir un quart entour la Roche-de-Cerezay et un quart entour le Fraigne et un quart a Saint-Varens et un quart a Nyoul ; desquelx quatre quars... les hers feues Jouhanne et Margarite, seurs dudit feu Jouhan Morea, hont... le quart de Saint-Varens, et les autres tres quars... sont... devisez entre lesdiz Jouhan Maubert et... sa fame... et ledit Perrot de Moulles et... sa fame... en la manère que s'en suit, c'est assavoir que lesdiz Jouhan Maubert et... sa fame... hont... le quart de la Roche de Cerezay... ; et ledit Perrot de Moulles et... sa fame... hont... le quart du Fraigne..., en lequel quart sont contenues les chouses qui s'enseguent, c'est assavoir : la gangnerie du Fraigne,... estimée... vint et cinq sexters de seylle a la mesure de Berssuyre ; toutes les deymes et les terrages appartenans audit harbergement, trente sexters de seylle ; sur le molin du Pas-Tibaut ouyt sexters de seylle ; au Marchays sex livres quatre souls ; a la Pollenère dez souls ; aus Pruners sex souls ; a la Mornesinère quatre chappons ; a la Brunelère doux chappons ; a la Petite-Huelinère doux chappons ; Birot un chappon ; la charrete de la Pollenere et quatre boux ;

(1) Pour l'origine de la plupart de ses biens, voir plus loin le dossier de l'alliance Moreau, article 344 ci-après.

la charrete du Fraigne et quatre boux ; les Biroz de l'Espineye une
charretée a doues semonses, c'est assavoir au foin et a la meoulle,
et montet bien tout ceu doues charretes garnies ; et les prez de·la
Marzelle et la rivère d'Audon se partiront en treis tiers, dont l'un
tiers sera... ausdiz Perrot et Guillemette..., et l'autre tiers... aus
hers desdites seurs dudit feu Jouhan Morea..., et ledit autre tierz...
o le quart de Nioul dessus dit. Lequel quart de Nioul et ledit tiers
desdiz prez... seront... devisez par moytié entre lesdiz Jouhan
Maubert et... sa fame... et ledit Perrot de Moulles et... sa fame... ;
en quel dit quart de Nyoul sont contenues les choses qui s'en se-
guent, c'est assavoir : a Saint-Clémentin vint sexters de seille a
ladite mesure de Berssuyre ; Babart un sexter... ; a la Sorinère et
a la Polleterie quatre sexters ; aus Marchais sept sexters ; Macé
Birot un sexter ; la Rajace treis mines, qui montet tout ceu dez
sexters de seille a la mesure de Berssuyre ; aus Bérardères et a Mon-
tornaut cinq sexters de seille a la mesure de Mauléon, qui sont pris
pour quatre a la mesure de Berssuyre ; a la Mornesinère, a Feyron
et a Puy-Harvé, dez sexters... ; la Terre-Baudoin doux sexters ;
le Plesseiz-Rousseau doux sexters et demy ; sur le molin du Pas-
Tibaut ouyt sexters ; a la Guygnonnère doux sexters ; la Terre-
Maucoil et la minée qui est souz le vergne de la rivière d'Audon,
quatre sexters ; a Saint-Clémentin trente souls de rente ; a Nyoul
quatre livres doux souls de rente ; a Migaudon sex souls ; a la Meur-
rière vint souls ; a Puy-Harvé onze souls ; a Estivaux ouyt chappons ; Gauterea un chappon ; aux Bérardères une charretée de
biaen a doux boux ; au Peyré-Bérart une charrete a doux boux ;
et hauront cestes doues charretes ouyt boux du Marchays. Lequel
dit quart de Nyoul et ledit tiers desdiz prés... se partiront par meytié entre lesdiz Jouhan Maubert et... sa fame... et lesditz Perrot
de Moulles et... sa fame... tant comme ladite mère desdictes Jouhanne et Guillemete vivra, et hauront lesdiz Perrot et... sa fame...
...lour meytié au plus près du Fraigne. Et ladicte Jouhanne mère...
morte tout ledit quart de Nyoul sera... auxdiz Perrot et Guillemete...,
o bayllant... auxdiz Jouhan Maubert et... sa fame... a la value de
la moytié dudit quart de Nyoul au plus près du harbergement de
Poilleveysin et sur les chouses que ladicte mère... tient pour cause
de doayre ; et le demorant dudit doayre... se partira entre lesdiz
Jouhan Maubert et... sa fame et Perrot de Moulles et... sa fame...
come entre seurs par moytié selon coustume... »

1395, 14 (nom de mois effacé). — Quittance donnée par Guillaume Lurochon, « rector de l'égleyse du Broil-sus-Argenton », à
Renaud de Meules, chev., de 100 s. pour le dernier terme échu de
la rente de 6 l. que lui doivent ledit Renaud et son frère André,
représentant leur feue mère Guillemette Morele, en vertu d'un legs
fait par sa sœur feue Jeanne Morele, dame de la Roche-de-Cerezay.

1407, 19 juillet. — Jean Pasquaut, éc., et Jeanne Barrotelle, sa femme, établissent une assiette à la rente de 60 l. qu'ils avaient constituée en faveur de leur fille aînée Guillemette, à l'occasion de son mariage avec Renaud de Meules.

1408, avril. — Les mêmes complètent leur donation en faveur de Guillemette, pour la rendre équivalente à celle qu'ils ont faite à leur fille cadette Marguerite lors de son mariage avec Sauvage Jousseaume.

1412, 18 oct. — Testament d'André de Meules, frère de Renaud.

Expéd. du 7 mai 1466.

1413, 22 janv. — Transaction entre Mathé dit Bracelot de Montours, chev., et Guillemette Pascaude, sa femme, veuve de Renaud de Meules (fils aîné de Pierre et de Guillemette Morelle), d'une part, et Jean de Meules, frère puîné de Renaud et s^r du Fraigne par droit de retour, d'autre part, au sujet de l'assiette du douaire de Guillemette Pascaude.

1456-1588. — Livre des contrats de la famille de Meulles (118 f.).

1487, 19 juillet. — Accord entre Renaud de Meulles, fils aîné d'Emery et de feue Jeanne Girard, d'une part, et Nicolas Girard, s^r du Plessis-Bastard, son oncle, d'autre part, au sujet des successions de Jean Girard et Françoise Jousseaume, père et mère de Jeanne et Nicolas.

1489, 28 févr. — Cession par Antoine de La Pastelière et Jeanne de Meules, sa femme, à Renaud de Meules, fils d'Emery, moyennant 30 l., d'une rente de 3 set. de seigle.

1491, 21 mars. — Cession par André de Meules, fils puîné de feus Renaud de Meules et Jeanne Fleurie, à Renaud de Meules, fils aîné d'Emery (son frère aîné) et de Jeanne Girard, du droit de viage qui pourra lui revenir à la mort d'Emery, moyennant une rente de 6 set. de seigle jusqu'à cette mort et, ensuite, la jouissance viagère de la gagnerie de la Roche-Graton, par. de Bréchaussée.

1494, 16 août. — Cession viagère de divers biens par Renaud de Meulles, fils aîné de feus Emery de Meulles et Jeanne Girard, à ses puînés Jacques, Marquis, Jean et Léonet, pour les remplir de la provision des 2/9 qui leur reviennent sur les immeubles laissés par leurs parents.

Grosse de 1534.

1494, 12 déc. — Cession par Guillaume Boedin et Nicole de La Gaubertière, sa femme, Colin, fils de Guillaume, et Louise Bétuzelle, sa femme, et Jean, autre fils de Guillaume, d'une part, à Marquis de Meulles, bach. ès lois, prêtre, d'autre part, moyennant 137 l., d'une rente de 6 l. 17 s. 6 d., faisant la moitié d'une rente consentie le même jour aux vendeurs par Jean, frère de Marquis.

1495 (1), *1er févr.* — Transaction entre Renaud, Jacques, Marquis, Françoise, Florette, Madeleine et Perrine de Meulles, enfants de feus Emery de Meulles et Jeanne Girard, d'une part, et Jean Girard, s^r du Plessis-Mahon, d'autre part, au sujet de la succession de feus Jean Girard et Françoise Jousseaume, père et mère de Jeanne et Jean, et d'Héliette Girard.

1495, 5 juillet. — Constitution par Renaud de Meulles d'une assiette à la provision qu'il doit à Jean, son frère puîné, sur les successions de feus Emery de Meulles et Jeanne Girard, leurs parents.

1498, 5 mars. — Amortissement, par droit de retrait lignager, par Marquis de Meulles, moyennant 80 l. 7 s. 2 d., d'une rente de 7 set. de seigle, mes. de Cerizay, qu'Emery, son père, avait constituée à Jean Guyot, curé de Cerizay.

Marquis permet en même temps à Renaud, son frère aîné, d'exercer à son tour le même droit dans un délai de neuf ans.

1501-1502. — Procès entre Renaud de Meulles, s^r du Fresne, et François de L'Esperonnière, s^r de la Sorinière, au sujet de violences commises par ce dernier sur Renaud et les siens (43 pièces).

1502, 20 juin. — Donation mutuelle entre Renaud de Meulles, s^r du Fraigne, et Marie Audoyer, sa femme.

Le conjoint survivant aura l'usufruit de tous les biens de l'autre ou le tiers en toute propriété.

1509, 27 juin. — Procès-verbal d'exhibition par-devant l'official de Maillezais du testament d'Etienne de Meulles, prêtre, par Jean et Marquis de Meulles, éc., ses exécuteurs testamentaires.

1512, 12 mars. — Cession viagère par Marie Audoyer, veuve Renaud de Meulles et tutrice de ses enfants, à Marquis de Meulles, prêtre, des hôtels nobles de la Rivière et de la Martinière et autres menus biens, moyennant l'abandon par Marquis de la provision que lui doit Marie, du droit de retour qui peut lui revenir par la mort de son frère Jean et de la rente de 10 l. attachée à « sa chappellenie... de la Roche-sur-Serizay desservie en l'église dud. lieu ».

1514, 11 juin. — Contrat de mariage de Jacquette de Meulles, fille de feu Renaud et de Marie Audoyer, avec Jacques de Nouzillac,

(1) Millésime lu par Gabard.

éc., s^r de Lynaut, fils de Jacques, s^r de l'Ayraudière, et de feue Jeanne Audebaude.

Copie contemp.

1523, 10 mai. — Remise par Jean de Meulles, s^r du Fraigne par retour, à son neveu René de Meulles, fils de feu Renaud et de Marie Audoyer, de 40 l. qu'il a reçues le 2 juin 1510 de Jacques Girard, s^r du Plessis-Bastard, pour amortir une rente de 2 set. de seigle constituée par celui-ci à Renaud.

1534, 26 juin. — Don par Jean de Meulles, s^r du Fresne, à son neveu René de Meulles, de tous ses biens meubles.

Copie contemp.

1546, 16 janv. — Double contrat de mar. de Jacques de Condé, éc., s^r de la Vérie, avec Louise Gaultron, fille de Jean, chev., et de Jacquette de Meulles, s^r et dame de l'Audebaudière et de la Bordellière ; et de Bonaventure de Condé, fille dudit Jacques et de feue Marie Regnon, avec Roland Gaultron, éc., fils aîné desdits Jean et Jacquette.

Not. : P. Menanteau et F. Bonnyn.

1546-1550. — Procès entre Jean Gaultron et Jacquette de Meulles, sa femme, d'une part, et Pierre de Meulles, frère de celle-ci, d'autre part, au sujet de la succession de leur mère Marie Audoyer (45 pièces).

1574, 28 févr. — Testament de Jean de Meulles, s^r du Fresne. Il lègue à sa femme Marie de La Forest la jouissance de ses meubles et acquêts immeubles.

Not. : Sappin, de la Forest-sur-Sèvre.

1575, 28 sept. — Compte de tutelle rendu par René de Sainte-More, éc., s^r de la Guyraire, et Françoise de Lesperonnière, sa femme, aux enfants de celle-ci et de Pierre de Meulles, Jean et Renée, représentée par son mari Pierre des Nouhes, s^r de Beaulmont (11 fol.).

1575, du 10 oct. au 15 déc. — Inventaire des titres domaniaux de la famille de Meulles (42 f.).

Le plus ancien acte analysé est de 1284. Les autres sont pour la plupart du XVIe siècle.

1284, 3 juin. — Geoffroy de La Flocellière, valet, s^r de Cerizay, donne à Jean Moreau, de Cerizay, « la ville et terrouer d'Orfousse... excepté haulte justice », et ratifie le don de droits divers fait jadis audit Jean par feu Jean Chasteigner, chev., s^r de Cerizay.

1595-1604. — Séparation de corps et de biens entre François de Verno, s^r de Chausseray, et Renée de Meulles, sa femme (3 pièces).

1600, 26 juillet. — Requête présentée au Conseil d'Etat par Renée de Meulles contre les parents de son feu mari Pierre des Nouhes, éc., s^r de Beaumont, pour le règlement de son douaire.

Le mariage eut lieu en 1570.

1602, 18 oct. — Contrat de mariage de Pierre de Meulles, éc., s^r du Fresne, fils aîné de feu Jean et de Marie de La Forest, avec Renée de Rortais, fille unique de feu François et de Jacqueline de La Chastegneraye (celle-ci remariée avec François Luillier, éc., s^r des Baschatelières).

Copie XVIIIe siècle.

1608, 21 juillet. — Partage de la succession de feue Renée de Meulles entre ses neveux Pierre de Meulles, s^r du Fresne, Jeanne de Meulles et Louis Suyrot, éc., s^r de Champeau, mari de Marguerite de Meulles.

1609, 12 sept. — Transaction entre Anne Poussard, veuve de Charles de La Forêt, s^r de Vaudoré, d'une part, et Louise de La Forêt, veuve de François de Brémont, Anne de La Forêt, veuve de Charles de Partenay, Pierre de Meulles, s^r du Fresne, Louis Suyrot, s^r de Champeaux, et Marguerite de Meulles, sa femme, Jeanne de Meulles, dame de la Roche-de-Cerizay, lesdits de Meulles enfants de Marie de La Forêt, d'autre part, pour le règlement du douaire d'Anne.

Copie par extraits, XVIIIe siècle.

1612, 17 janv. — Transaction entre Josué de Saint-Gelais, chev., s^r dudit lieu, et Anne Poussard, sa femme, demandeurs, d'une part, et François-Salomon de Bresmont, s^r de Balanzac, Anne de La Forest, Pierre de Meules, Louis Suirot et Marguerite de Meules, sa femme, et Jeanne de Meules, tous héritiers de Charles de La Forest, défendeurs, d'autre part, au sujet de la s^{te} de la Brossardière, cédée par ces derniers à Anne Poussard en vertu de la transaction du 12 sept. 1609.

Les demandeurs retirent leurs prétentions sur l'hôtel de la Brossardière, qui a été donné par Charles de La Forest et sa première femme Jeanne de La Brunetière à « ceulx de la religion réformée du bourg de la Chastaigneraie », qui y ont « le presche et exercice ».

1616, 27 juin. — Emancipation de Louis de Meulles, fils de Pierre et de Renée de Rorthais.

1639, 7 mai. — Contrat de mar. de Louis de Meulles, fils de Pierre et de feue Renée de Rortais, avec Madeleine de Girard, fille de feu Ancelin, s^r de Ballée, et de Claude de Charnacé.

Not. : Serezin, d'Angers.

1664-1665. — Maintenue de noblesse et preuves à l'appui (5 pièces).

A signaler la copie d'un mémoire généalogique rédigé en oct. 1599 par Françoise de L'Espronnière, dont j'extrais :

« Aimeri Moreau, seigneur du Fresne..., épousa... Brice Cherbonneau, fille du seigneur de l'Echasserie... Il en sortit Jean Moreau, qui épousa Jeanne de Coulogne, fille du s^r de Pugné nommé Mr Perceval de Coulogne ».

1704, 25 nov. — « Inventaire... des tiltres... concernant la famille de Messieurs de Roortais et de Meules... »

J'en extrais :

1279. — Transaction entre Guillaume de Meulles et Guyon Grimaud, valets.

1290. — Donation de Jean Aubin à Guillaume de Meulles.

1303. — Testament de Pierre de Rorthais.

1333. — Procuration de Pierre de Meulles, oncle de Jeanne, fille de Renaud de Meulles.

1335, Thouars. — « Enquête de la mort de Regnault de Meules ».

1337. — Contrat de mar. de Guyon Boulort avec Françoise de Meulles.

1339. — Accord entre Pierre de Meulles et Guyon de Velourt.

1373. — Transaction entre Guillemette Morelle, veuve Pierre de Meulles, et Guillaume Salbeuf.

1450. — Contrat de mar. de Mathurin de Cloistre avec Louise de Meulles, fille de Renaud et de Jeanne Fleury.

1475. — Contrat de mar. de Jeanne de Meulles, fille de Renaud, avec Antoine de La Pastelière.

1488. — Contrat de mar. de Jean de Meulles, fils d'Emery, avec Jeanne Pisonne.

1508. — Testament d'Etienne de Meulles.

1510, 6 avril. — Transaction entre Marie Audoyer et Nicole Bignon, veuve d'André de Meulles.

1515. — Contrat de mar. de Jean de Rortais avec Louise de Melin.

1526. — Contrat de mar. de Renée de Meulles, fille de Jacques et de Jeanne de Chézelle, avec Guillaume Lebrun, s^r de la Brosse.

1526. — Testament de Marquis de Meulles, prêtre.

1533. — Testament de Perrine Pison, veuve de Jean de Meulles.

1542. — Contrat de mar. de Marie Audoyer avec M. de Chateauper.

1545. — Testament de René de Meulles.

1571, 25 juin. — Contrat de mar. de René de Salles avec Claude de Rorthays.

1579, 25 nov. — Testament d'Antoinette d'Aubigné, femme de [Jean] de Rorthays.

1606, 29 oct. —Testament de Renée de Rorthays en faveur de Pierre de Meulles, son mari.

1632, 12 juin. — Contrat de mar. de Pierre de La Ville de Férolle avec Marie de Meulles.

1642, 2 oct. — Contrat de mar. de Charles de Montaigu, sr de la Rousselière, avec Marguerite de Meulles.

342. — FAMILLE DE MEULLES (suite). — *Titres domaniaux* (1).

Paroisses de Brétignolle (les Landes-Neuves, 1 p., 1511), de Breuil-Chaussée (les Barcleries ou Varellières, 1 p., 1516 ; Puytabard ou la Colle, 2 p., 1480-1494), de Montigny (1 p., 1530), de Moutiers (la Charpenterie, 31 p., 1483-1550), de Nueil-sous-les-Aubiers (la Sorinière, 1 p., 1450 ; les Vernières ou Varnières, 4 p., 1481-1504), de Saint-Aubin-de-Baubigné (les Renaudins, 2 p., 1543-1544), de Terves (l'Etanchet, 1 p., 1293) ; *mouvances* de Beaumont-en-Nueil (le Burlouer ou Brulouer, 1 p., 1554), de Bressuire (la Forêt-Mont-pensier, 1 p., 1662 ; la Roche-Mahon, 1 p., 1454), de Cerizay (la Roche-de-Cerizay, 4 p., |XIVe s.-1535), de Daillon (la Millassière, 1 p., 1575), du Fief-Fournet (les Vernières, la Souplatière, la Ser-vanterie ou la Sallonnière, l'Aubrière, le pré des Forges, 13 p., 1550-1616), du Fief-Frappier (la Châtaigneraie, la Tortière-Frappier, 1 p., 1603), de la Flocellière (le Coudray, 2 p., XVIe s.-1616), du Pin (rentes, 7 p., 1498-1547), de la Serronnière (prés de Ravay et de l'Isleau, 3 p., 1524-1526) ; *autres terres* (Appelvoisin, 1 p., ap. 1367 ; la Celle et la Martaugère, 1 p., 1517 ; les Brosses, 1 p., 1605).

1293, 6 août. — Don par Geoffroy Gale, valet, sr du Broil-Bernart et de la Barrotère, à Jean Morea, de Cerezei, des deux borderies d'Estanchet, par. de Terves, « a fei et a homage plain et a vint e cinc sols... por plait de morte main e por cheval quant li cas aven-dra ».

Après 1367. — Rôle des domaines et rentes « appartenant au her-bergement de Polevesin..., lesquelles choses soleit tenir... Brice Charbonnea, jadis feme... Aymeri Morea a cause de doyare... et emprès la mort d'elle... Johanne de Culoigne, feme de fehu Johan Morea, filz dudit... Aymeri et de ladite dame Brice... »
Jeanne mourut le 28 mai 1367.

Un rôle parch. de 2 m. 12.

(1) Il s'agit, bien entendu, de domaines qui ne sont pas entrés dans la fa-mille du Vergier.

343. — Famille de Meulles (suite). — *Obligalions envers divers.* — 1553-1685 (44 pièces).

344. — Famille Moreau (alliance de Meulles, av. 1331). — 1274-1342 (11 pièces).

1274, 7 janv. — Vente par Guy de Chemillé, s^r de Morteigne et de Brachesac, à Jean Moreau de Cerisay, son sénéchal, moyennant 30 l., des fruits de la terre de feu Guillaume de La Roche, chev., qui lui étaient dus pour droit de rachat.

1278, 22 sept. — Vente par André de Moules, valet, de la paroisse de Maacon, à Jean Moreau, de Ceresay, moyennant 70 l., de trois rentes de 16 (mes. du Pin), 5 (mes. des Aubiers) et 5 set. de seigle assises dans les par. du Pin, des Aubiers et de Saint-Aubin-du-Playn, le tout mouvant de Jean Chastenier, valet, s^r de Ceresay.

1278, nov. — Notice délivrée par Guy, vicomte de Thouars, de la vente faite par Jean Maucoil à Jean Goutedor, « de Serezayo », moyennant 12 l., de sa terre d'Espaillart, « in parrochia bⁱ Hylarii de Niolio, in feodo dicti Johannis Goutedor de Fraxino et in feodo Johannis Chaboz, domini de Torneloye ».

Lat.

1279, 1er avril. — Notice délivrée par Guy, vicomte de Thouars, et Robert de Senzay, chev., de la vente faite par Pierre Bodin, valet, à Jean Gote d'Or, de Cerezay, moyennant 25 l., d'une rente de 8 set. de seigle, mes. de la Forêt, sur la ville de la Bodinère, « en la parroyse de Seyn Joyn de Millé, en fe o en la seygnorie Monseignor Robert de Senzay, chevaler, e en fe au seignor de la Forest ».

1287, 30 août. — Vente par Renaud (nom de famille illisible) à Jean Morea, de Serezey, d'une rente d'un set. de seigle, mes. de Mauléon, assise sur la terre dudit Renaud à la Cumbe Birlohert.

1288, 21 août (samedi après la Notre-Dame). — Cession par le prieur des Frères-prêcheurs de la Rochelle et Mahé de Rohan, « estager en Agerne » près la Rochelle, exécuteurs testamentaires de feu Jean Turpineau, de Mauléon, « estager jadis en Agerne », à Emery Moreau, clerc, de la paroisse de Serezai, de tous les biens dudit Turpineau sis en la châtellenie de Mauléon, moyennant la rétrocession par Emery des biens sis au diocèse de Saintes et en la « ville » d'Agerne que lui avait donnés feue Laurence Yvée, femme de Jean Turpineau.

1289, 18 juin. — Confirmation par Bonne Grenetelle, fille de feu Nicolas Grenetea, de sa donation à Emery Moreau, clerc, de tout ce

qu'elle possédait « aus héritages e aus escheites de faue Agnès Tur-
pine e de Johan Turpinea, filz a ladite Agnès ». Témoins : Emery
de Roeteys, valet, et Guillaume Billet.

1292, 17 avril. — Donation par Jean Moreau à Jean (nom de famille illisible) de l'hébergement de la Veyerie et de ses autres biens
en la par. de Montygné, de ce qu'il possède à Foyron, par. de la
Forest-sur-Cèvre, et dans les villes de l'Audoygnère et des Bicho-
tères, par. de Corllé, de tout ce qu'il tient «en fiez et rerefiez » de
Jean de Monpencer, chev., et d'une rente sur le Playsseys-Rosseau,
par. de Breyl-Chaucé.

Si le donataire meurt sans descendance, ces biens passeront à sa
sœur Marguerite ; et si celle-ci meurt sans descendance, ils reviendront aux héritiers de Jean Moreau. En conséquence, lesdits Jean
et Marguerite ne pourront les aliéner ni obliger. Catherine, leur mère,
en aura la jouissance viagère, et le donateur après elle.

Fragment du sceau royal de la Roche-sur-Yon.

[*1301, 28 déc.* — Accord entre Jeanne, veuve de Jean Gotedor,
chev., et Emery Moreau, son fils, au sujet de son douaire.]

D'ap. la copie faite dans Font., t. VIII, p. 41.

1301, 30 déc. — Emery « dictus Guitoneas » promet d'acquérir,
puis constituer à Emery *Morelli*, clerc, une rente de 8 set. de seigle,
pour le paiement de la rente de 40 s. qu'il lui doit en raison de la
cession à lui consentie de la maison de feu Jean *Turpinelli*.

Lat.

1342. — Accord sur procès entre Jean de Claivelle, clerc, et sa
femme Marguerite, fille de feu Pierre Menanteau, d'une part, et
Guillaume Chauveau et sa femme Jeanne Morelle et les héritiers
d'Emery Moreau et de sa femme Brice Charbonnelle, d'autre part.

Témoins : Guillaume Sauge, prêtre, gouverneur de l'église du Pin,
et Guillaume de Maurains, chev.

345. — Famille Perrot (alliance de Goussé (1), 1705).
— 1682-1702 (7 pièces).

346. — Famille de Rorthais (alliance de Meulles, 1602).

1º *Titres personnels.* — 1291-1603 (13 pièces).
1291, 29 août. — L'abbé de Mauléon renonce à une rente d'un set.

(1) La famille de Goussé est alliée aux Caumont en 1742.

de seigle, mes. de Mauléon, que lui devait Guillaume de Rorteys, valet, moyennant renonciation par celui-ci à une rente d'une charretée de foin que l'abbé lui devait pour le curage de l'écluse des moulins de la Varanne, dépendant de l'abbaye.

Lat.

1364 (?) (1). — Accord entre Jean Aibreton, prieur de l'abbaye de Mauléon, et Emery Tapan, prieur de Raulteis, d'une part, et Germond de Raultais, d'autre part, au sujet de l'exécution d'une fondation faite par testament de feu Jean de Raulteis en l'église de Raulteis.

Germond donne une assiette territoriale à cette fondation et s'engage à faire bâtir pour les religieux de Mauléon une maison pour y faire leur vendange et y amasser leurs vins.

2º *Titres domaniaux* (par. des Brousses ?, de Faye-la-Vineuse et de Saint-Aubin-de-Baubigné). — 1459-1599 (7 pièces).

347. — Famille Sauvestre (alliance de Lescure, 1746). — 1550-1719 (3 pièces).

348. — Famille Viault (alliance du Vergier, 1598). — 1563-1611 (4 pièces).

1563, 4 oct. — Testament de Maurice Viault, sr du Buignonnet, mari de Louise Jaillard.

(1) Une procuration insérée est de déc. 1363.

TABLE ALPHABÉTIQUE

DES NOMS DE PERSONNES ET DE LIEUX (1)

RENVOYANT AUX PAGES

(1) A la suite des noms de personnes, les dates qui ne sont accompagnées d'aucune indication sont les dates extrêmes auxquelles mention de la personne a été trouvée dans le chartrier. Toutes dates et indications entre crochets sont puisées à d'autres sources. Les noms de communes des Deux-Sèvres sont suivis de l'indication du canton ; ceux des autres communes, de l'indication du département.

Les noms commençant par les particules *des* ou *du* ont été classés à ces derniers mots.

Aubert ? s^{te}, 17.

Aubiers (les) (c^{on} de Châtillon), 193, 227.

Aubigné (Antoinette d'), femme de Jean de Rorthais (1579), 225.

Aubigné (Françoise-Amable d'), fille de Charles, femme d'Adrien-M., duc de Noailles (1710), 84.

Aubigné, s^{te}, 117.

Aubigny (Charles d') (1685), 77.

Aubigny (Françoise d'), m^{ise} de Maintenon (1685, 1710), 77, 84.

Aubin (Jean) (1290), 225.

Aubin (Thibaud) (1414), 15.

Aubrière (l'), mét., 101, 226.

Aubrit (Jean), sous-fermier des Places (1777), 172.

Aucouin, nom d'homme (1467), 186.

Aucouin (Jean) (1523), 180.

Aucouin (Jeanne), fille de Mathurin, femme de René Bérauld (1556), 180.

Aucouin (Mathurin) (m. av. 1535), 180.

Aucouin (Pierre), lab. à bras, fils de Mathurin (1535, 1556), 180.

Aucouins (fief des). V. Noue-Froide.

Aucouyn, Aucoyn. V. Aucouin.

Audebaud, not. à St-Clémentin (1599), 197.

Audebaud, not. St-Aubin-du-Plain (1631), 203.

Audebaud (Claude), s^r de Montravers (1652, m. av. 1655), 183.

Audebaud (François), proc. fiscal de St-Clémentin (1619), 205.

Audebaud (François), meunier du Sablon (1633), 189.

Audebaud (Jeanne), femme de Jean Baraton (1443, 1449), 154.

Audebaud (Jeanne), femme de Jean de Nouzillac (m. av. 1514), 223.

Audebaud (Perrine) (1653, 1683), 149.

Audebaude. V. Audebaud.

Audebaudière (l') (c^{ne} de St-Aubin-du-Plain, c^{on} d'Argenton-Ch. ?), 197, 223.

Audebault. V. Audebaud.

Audoier. V. Audoyer.

Audon, moulin et pré sur l'Argent (c^{ne} de Nueil, c^{on} de Châtillon), 117, 124, 125, 141, 150, 155, 168, 219, 220.

Audonnière (l') (c^{ne} de Nueil, c^{on} de Châtillon), 158.

Audouer. V. Audoyer.

Audouinière (l') (c^{ne} de Courlay, c^{on} de Cerizay), 228.

Audouinière (l'), mét. (près les Herbiers, Vendée), 45.

Audouynière. V. Audouinière.

Audoyer (Emery), dit Le Rouher (1365), 216.

Audoyer (Guillaume) (1365), 216.

Audoyer (Jean), dit le Rouher, fils d'Emery (1365), 216.

Audoyer (Louis), s^r du Fraigneau (1474), 216.

Audoyer (Marie), épouse Renaud de Meulles, puis, en 1542, M. de Châteaupers (1502, 1544, m. av. 1546), 124, 137, 148, 159, 161, 163, 164, 165, 194, 196, 222, 223, 225.

Audoygnère. V. Audouinière.

Audoyn (famille), de Laureire (1340), 10.

Auffrayres. V. Plessis-Olivier.

Auffrey. V. Beaurepaire.

Augibaut (Guillaume), de Lugnet (xve s.), 122.

Aujart (Simon) (xve s.), 117.

Aulcoin. V. Aucouin.

Aulmond (Colas, Jean, Pierre et René) (1555), 140.

Aumale (siège d') en 1592, 50.

Auraire (l'), mét., 45.

Aurifolio (de). V. Orfeuille.

Auriolyère. V. Oriolière.

Auzance, comté (c^{ne} de Migné, Vienne), 178.

Auzay ou Auzé, s^{te} (c^{ne} de Maulais, c^{on} de Thouars), 122.

Avraillon ? s^{te}, 38.

Aygans (les), courtil (c^{ne} et c^{on} de Moncoutant), 9, 11.

Aygron (Jacques), charpentier à Chiché (1490), 198.

Ayraudeau (Etienne) (1301), 160.

Ayraudière (l'), lieu non identifié, 107, 223.

Ayré (Jean), de Breuil-Chaussée (1403), 130.

Ayrvau. V. Airvault.

Babart (famille), 220.

Bacard (Rachel), veuve en 1634 d'Antoine de Cormont, 63.

Baffère (la), bord. (c^{ne} de Nueil, c^{on} de Châtillon), 117.

Balanzac, s^{te}, 224.

Ballée, s^{te}, 224.

Balonières. V. Valonnière.

Banchereau (famille), appelée de La Longraire depuis le milieu du xvie s., 138.

Banchereau (André), s^r de la Longraire (1492, m. av. 1496), 161, 217.

Banchereau (François), s^r de la Longraire, mari d'Anne d'Appelvoisin (1482), 118, 120, 195.

Banchereau (Guillaume), s^r de la Longraire (xve s.), 126.

Banchereau (Jean), s^r de la Longraire, fils d'André, ép. en 1487 Françoise de La Forêt (1496, 1516), 137, 138, 161, 217.

Banchereau (Pierre), dit de La Longraire, mari de Colette Maynard (xve s.), 125.

Bandouille (*al.* Bandoulle), prieuré (c^{ne} de Chiché, c^{on} de Bressuire), 205.

Baranger, not. à Poitiers (1636), 138.

Baranger, not. à Vihiers (Maine-et-Loire) (1778), 178.

Barangère (Françoise), femme de Claude Le Roy (1692), 77.

Barangier (Bernard), tailleur du duc d'Orléans (1632), 206.

Baraton (Françoise), fille de Jean, ép. av. 1449 Guyon Malineau (1448, 1449), 116, 120, 154, 155.

Baraton (Jean), [fils de Thibaud] (1388, 1402, m. av. 1449), 124, 153, 154.

Baraton (Marie), fille de Jean, ép. av. 1449 Jean Malineau (1449), 154.

Baraton (Thibaud) (1388, m. av. 1402), 153, 169.

Baratonne. V. Baraton.

Barbez (famille) (1340), 10.

Barbezières (Gabriel de), chev., mari de Françoise de La Haye (1623, 1627), 188, 192.

Barbot (Drouet) (m. av. 1483), 115.

Barbot (Louis), s^r de la Petitière, av. au Parl., sénéchal du Frêne-Chabot (1683, 1687), 170.

Barbotinière (la) (c^{ne} de Brétignolle, c^{on} de Cerizay), 159.

Barbouinière (la), bord. (c^{ne} de Nueil, c^{on} de Châtillon), 118, 125, 168.

Barbouyn ou Barbouynne (Guillemette) (xve s.), 118, 125.

Barbouynnière. V. Barbouinière.

Bardon ou Bardonne (Jeanne), femme de Nicolas Feye (1365), 218.

Bardonneau, bord. (c^{ne} de Chiché, c^{on} de Bressuire), 199.

Barelerles. V. Varellières.

Barillière (la), s^{te}, 36.

Baritaut, Baritea. V. Bariteau.

Bariteau (François), m^d à Bressuire (1446, 1470), 200.

Bariteau (Guillaume) (xve s.), 110.

Bariteau (Jean) (1490, 1496), 130.

Bariteau (Thomas), boucher à Bressuire (1446), 200.

Barlot (Gabriel), s^r des Noues, mari de Gillette des Noues (m. av. 1501?), 164.

Barlot (Pierre, s^r de La Trambloye (xve s.), 129.

Baron (rente de) (c^{ne} de St-Généroux, c^{on} d'Airvault), 68.

Baronnière (la), s^{te}, 207.

Barottières (les), lieu non identifié, 107.

Barreau (pré), sur l'Argent (c^{ne} de Nueil, c^{on} de Châtillon ?), 140.

Barret (Jean), sénéchal de Thouars (1424), 16.

Barrion (Pierre), not. à Parthenay (1724), 184.

Barro (Louis de), s^r de La Frebaudière (1527), 38.

Barroteau ou Barrotelle (Jeanne), femme de Jean Pascaud (1407, 1408), 221.

Barrotière (la), s^{te}, 226.

Baschatelières (les), s^{te}, 224.

Basinière. V. Bazinière.

Basoges (Mme de) (1410), 200.

Basseville, s^{te} (c^{ne} de Voultegon, c^{on} d'Argenton), 170.

Baubereau (c^{ne} de Voultegon, c^{on} d'Argenton), 185.

Baudonnière, mét., 33.

Baudonnière (la), s^{te}, 209.

Baudouin (Pierre) (xve s.), 126.

Baudouine, bord., 75.

Baudran (Jean de), s^r de Paraberre, lieut. gén. en Poitou (1589, 1593), 204.

Baudu, not. au Busseau (1598), 53.

Baufreton, not. à St-Aubin-de-Baubigné (1683), 165.

Baufreton (Jacques), not. à Mauléon (1710), 84.

Baugé (M^r de), de la 1re c^{ie} des gentilshommes de Thouars (1674), 72.

Bauldry (J.) (1653), 163.

Bauldry (Pierre), laboureur (1629), 163.

Bauventre, s^{te} (c^{ne} de la Forêt-sur-Sèvre, c^{on} de Cerizay), 102, 170.

Bazinière (là), s^{te} (c^{ne} de St-Maixent, c^{on} de Coulonges), 111.

Bazoges, s^{te}, 119.

Bea. V. Beau.

Beareppayre. V. Beaurepaire.

Beau (Guillaume) (1565), 199.

Beau (Jeanne), fille de Nicolas et d'Agunour Guerraudeau, femme de Simon de La Forêt (1368), 197.

Beau (Jeanne), femme de Jean Legay (xve s.), 126.

Beau (Nicolas), mari d'Agunour Guerraudeau (m. av. 1340), 10, 197.

Beauchêne, s^{te} et église (c^{ne} et c^{on} de Cerizay), 173.

Beaufremont (Jacques-Antoine), m^{is} de l'Istenay, mari de Mme de Mailly, brigadier des armées (1710), 84.

Beaulieu (c^{on} de Bressuire), 29, 36.

Beaulieu, s^{te}, 148.

Beaulmont, Beaumond. V. Beaumont.

Beaumont (Hugues de) (m. av. 1402), 110, 114, 125, 182.

Beaumont (Jacques de), b^{on} de Bressuire (xve s.), 120.

Beaumont ou le Pressoir, hôtel noble (c^{ne} de St-Clémentin, c^{on} d'Argenton), 189.

Beaumont, s^{te} (c^{ne} de Nueil, c^{on} de Châtillon), 121, 124, 153, 158, 223, 224, 226.

Beauregard, s^{te} (près le Puy-N.-D., Maine-et-Loire), 27, 34.

chal du Frêne-Chabot (1629, 1653), 170.

Billeu (Michel), sénéchal du Frêne-Chabot (1601), 170.

Billet (Guillaume) (1289), 228.

Billouoire (la), s^te, 3.

Bironnière. V. Buronnière.

Birot (famille), 219, 220.

Birot (Colin) (1388), 153.

Birot (François) (1490, 1496), 147.

Birot (Macé) (1331), 220.

Birot (Maurice) (xve s.), 127.

Birot (Simon) (1388, m. av. 1483), 115, 153.

Biroz. V. Birot.

Blanc (Jean), de Fontenay-le-Comte veuf en 1474 de Marguerite Gasteau, 30.

Blanc (Louise), fille de Jean et de Marguerite Gasteau, ép. René Chiché, puis en 1474, Jacques du Vergier (1502, m. av. 1517), 3, 30, 32, 33, 36.

Blancharderies (les), maison (c^ne et c^on de Cerizay ?), 113.

Blanchardière (la) (c^ne et c^on de Cerizay ?), 112.

Blanche. V. Blanc.

Blandinière (la), s^te, 101.

Blinière (la) (al. la Bloinère) (c^ne de Courlay, c^on de Cerizay), 10, 11, 202, 203.

Blois (Nicole de), femme de Jean de Brosse (1492), 174.

Bloynère. V. Blinière.

Bodet (Adrien-Henri), s^r de la Forêt-Montpensier, fils de °François-V (1780), 181.

Bodet (François-Victor), s^r de la Forêt-Montpensier (1759), 181.

Bodet (Pierre), laboureur à la Sallonnière (1515), 142.

Bodettrie ou Bodeterie (la), mét. (c^ne de St-Aubin-de-Baubigné, c^on de Châtillon), 177.

Bodin (Antoine), s^r de Beaulieu, fermier de la Favrière (1681), 148.

Bodin (Bonaventure), s^r de Vallers, fils de René (1627), 62.

Bodin (Colin), fils de Guillaume, mari de Louise Bétuzeau (1494), 221.

Bodin (Guillaume), mari de Nicole de La Gaubretière (1494), 221.

Bodin (Jacques), s^r de Chaulnes, fils de René et de Catherine Guérin, ép. en 1627 Philippe de Villeneuve, 62.

Bodin (Jean), fils de Guillaume (1494), 221.

Bodin (Jean), fils de René, s^r de la Cornetière (1627), 62.

Bodin (Louis), prieur de Nueil (1676, 1688), 138, 139, 159.

Bodin (Pierre), valet (1279), 227.

Bodin (René), s^r de la Loge, mari de Catherine Guérin (m. av. 1627), 62.

Bodinière (la) (c^ne de St-Jouin-de-Milly, c^on de Cerizay), 227.

Boedin. V. Bodin.

Boerie (la), bord., 9,

Boessière. V. Boissière.

Boidanne. V. Boisdanne.

Boilland (Jean), de Bressuire (m. av. 1473), 29.

Bois (le), mét. (c^ne de St-Aubin-de-Baubigné, c^on de Châtillon), 177.

Bois (le G^d), mét. (près les Herbiers, Vendée), 40, 45.

Bois (le P^t), mét., 45.

Bois-Aujart (le) (c^ne de Brétignolle, c^on de Cerizay), 117.

Bois-Blanc, bord. (c^ne de Courlay, c^on de Cerizay), 10.

Boisbureau (M. de). V. Paillot.

Boisbureau, s^te, 148.

Boisdanne et Tillasson, bord. (c^ne de Brétignolle, c^on de Cerizay), 118, 123, 168.

Bois-Fichet, s^te (c^ne de St-Jouin, c^on de Châtillon), 170.

Boisgallard, s^te, 148.

Bois-Garnier, bord. (c^ne de Cirière, c^on de Cerizay), 110, 120, 123, 130, 171.

Bois-Marie, bois, 104.

Boismé (c^on de Bressuire), 10, 13, 218.

Bois-Morin (le), taillis (c^ne de Chiché, c^on de Bressuire), 46.

Boisnyart ou Boisniard (le), s^te (c^ne du Longeron, Maine-et-Loire), 40, 45.

Bois-Renaud ou Bois-Regnault (c^ne de Geay, c^on de St-Varent), 131.

Boissière ou la Boissière (c^ne de St-Aubin-de-Baubigné, c^on de Châtillon). — Bois, 176. — Sergentise féodale, 155, 176.

Boissière (la G^de), prieuré (c^ne de St-Aubin-de-Baubigné, c^on de Châtillon), 201.

Boissière (la G^de), moulin (c^ne de Nueil, c^on de Châtillon ?), 154.

Boisson (Jean) (1631), 203.

Bois-Tuffeau (le), taillis (c^ne de Chanteloup, c^on de Moncoutant), 46.

Bonauderie (la), mét. (c^ne de St-Aubin-de-Baubigné, c^on de Châtillon ?), 177.

Bonaudin (Pasquier), vic. gén. de l'év. de Poitiers (1405), 201.

Bonchamp de Maurepart (Pierre), s^r de la Baronnière (1703), 207.

Bonelaye (la) (c^ne de Cirière, c^on de Cerizay), 118, 123.

Bonneau (Marie-Louise), marraine de Louise-J. du Vergier (1780), 105.

Bonnefain (c^ne de Cirière, c^on de Cerizay), 186.

Bonnet (Renaud) (1388), 153.

Bonnevaux, s^te, 97.

Bonneville (M^r de), de la 1re c^ie des

gentilshommes de Thouars (1674), 72.

Bonnyn (F.), not. (1546), 223.

Bonnyn (Jean), mari de Jeanne de Legon (xv⁰ s.), 128.

Bordage Courtin (cⁿᵉ de St-Aubin-de-Baubigné, cᵒⁿ de Châtillon), 201.

Borde (la), mét. (cⁿᵉ de St-Aubin-du-Plain, cᵒⁿ d'Argenton), 45, 82, 134, 182, 188, 192.

Bordeaux, fief (cⁿᵉ de Geay, cᵒⁿ de St-Varent), 200.

Bordelière ou Bordellière (la) (cⁿᵉ de Nueil, cᵒⁿ de Châtillon ?), 115, 127, 147, 149, 223.

Bordenère (la), bord. (cⁿᵉ de Breuil-Chaussée, cᵒⁿ de Bressuire), 130.

Borderie (la) (cⁿᵉ de Nueil, cᵒⁿ de Châtillon ?), 195.

Borderie (la), sⁱᵉ (cⁿᵉ de la Verrie, Vendée ?), 12.

Borderies (les), bord. (cⁿᵉ de Breuil-Chaussée, cᵒⁿ de Bressuire), 150.

Bordes (champ des) (cⁿᵉ de Brétignolle, cᵒⁿ de Cerizay ?), 162.

Bornecalle. V. Bournigal.

Borrea (Geoffroy) (xv⁰ s.), 110.

Borrea (Jean), de Courlay (1370), 202.

Borrolières. V. Bourlières.

Borstel (Madeleine-Colombe de) (1755), 161.

Borstel (Marie de) (1755), 161.

Bory, fief (cⁿᵉ de St-Aubin-de-Baubigné, cᵒⁿ de Châtillon), 173.

Bosse (la Gᵈᵉ), sⁱᵉ (cⁿᵉ de Cirière, cᵒⁿ de Cerizay), 65.

Bouard, mét. (cⁿᵉ de St-Aubin-de-Baubigné, cᵒⁿ de Châtillon), 102.

Bouard (le Pᵗ), maison (cⁿᵉ de St-Aubin-de-Baubigné, cᵒⁿ de Châtillon), 102.

Bouchaud (le), lieu non identifié, 107.

Bouchets (bois aux) (al. bois aux Bouchez) (cⁿᵉ de Brétignolle, cᵒⁿ de Cerizay), 33, 44, 117.

Boucher (Geoffroy), sʳ de la Frogerie (1420), 182.

Bouhet (Jean) (1440, 1445), 190.

Bouillerot, prieuré (cⁿᵉ de la Gaubretière, Vendée).

Bouillé-St-Paul, sⁱᵉ (même cⁿᵉ, cᵒⁿ d'Argenton), 187.

Bouillon (le) (cⁿᵉ de Nueil, cᵒⁿ de Châtillon), 127, 147, 148.

Bouillon (le) (cⁿᵉ de Terves, cᵒⁿ de Bressuire), 171.

Bouillon (le) ou l'Arsolle, rivière, 188.

Bouju (Jacques), sʳ de la Menorlie, fils de Sauvestre et de Catherine du Vergier (1454), 2, 27.

Bouju (Jean), fils de Sauvestre et de Catherine du Verger (xv⁰ s.), 2.

Bouju (Jeanne), fille de Sauvestre et de Catherine du Vergier, femme de Jean de Nouzillac (1454), 2, 27.

Bouju (Sauvestre), mari de Catherine du Vergier (m. av. 1454), 2, 27.

Boulaie (la), mét. (cⁿᵉ de Cirière, cᵒⁿ de Cerizay), 143, 144.

Boulaie-Mignon ou Boulaye-Magon ? (la) (cⁿᵉ de Cirière, cᵒⁿ de Cerizay), 162.

Boulaye, Boulays, Boullay. V. Boulaie.

Boulort (Guyon), ép. en 1337 Françoise de Meulles (peut-être le même que Guyon de Velourt), 225.

Bouquin (Jean), sʳ de la Borderie, veuf en 1356 de Bienvenue de La Dérie, 12.

Bouquin (Jeanne), fille de Jean et de Bienvenue de La Dérie, ép. en 1356 Jean du Vergier (m. av. 1364), 1, 12.

Bourbeau, not. à Poitiers (1784), 178.

Bourdeaux. V. Bordeaux.

Bourgeois, not. à Bressuire (1553), 185.

Bourgeois, not. à St-Aubin-du-Plain (1612), 55.

Bourgeois (Robert), brodeur à Paris (1633), 206.

Bourgrinière. V. Faye.

Bourion (Jeanne), d'Argenton-Château, vᵛᵉ en 1630 de René Richaudeau (1617), 150.

Bourlière (la), bord. (cⁿᵉ de Chambroutet, cᵒⁿ de Bressuire), 192.

Bourlières (les) (ou le Butet dep. au moins 1629) (cⁿᵉ de Brétignolle, cᵒⁿ de Cerizay), 120, 128, 161.

Bourneau, sⁱᵉ, 89.

Bournigal, bord. (cⁿᵉ et cᵒⁿ de Cerizay), 111.

Bouschet. V. Bouchets.

Bousenière. V. Busenière.

Boussiron (Guillaume) (1365), 13.

Boussiron (Jean), sʳ d'Aubert ? (1424), 17, 18.

Boutelé (cⁿᵉ de Beaulieu, cᵒⁿ de Bressuire), 132, 188, 189.

Boutereau de La Lanfrairre (Joseph), garde du Roi (1762), 208.

Boutet (Claude), fils d'Etienne (1623), 189.

Boutet (Etienne), laboureur à bœufs (1581), 189.

Boutet (François) (1484), 129.

Boutinière (la), mét. (cⁿᵉ d'Antran, Vienne), 90.

Bouton (Jean), des Aubiers (1474), 216.

Bouxiron. V. Boussiron.

Bouzennière, Bouzenoire. V. Busenière.

Boy... V. Bois...

Boydoynières (les), bord. (cⁿᵉ de Cirière, cᵒⁿ de Cerizay), 118.

Boylesve (Marin), mari de Marie-J. de Mesnardeau, prem. prés. au Présidial d'Angers (m. av. 1700), 207.

Boys... V. Bois...

Champ-de-Fain (Marie de), femme de
Christophe du Vergier (fin xive s.),
2.
Champdeniers (Alice de), femme de
Renaud de Meulles (1323), 219.
Champdeniers (Emery de) (1323), 219.
Champeaux ou Champeau, ste, 224.
Champignettes (Jamet de), mari de
Marguerite Chomart (1439), 18.
Champigny, village (cne d'Argenton-
l'Eglise, c{on} d'Argenton-Château),
188, 192, 197.
Champ-Noir (le) (cne de Voultegon,
c{on} d'Argenton), 186.
Champ-Pimes, lieu non identifié, 11.
Champ-Prieur (le) (cne du Busseau,
c{on} de Coulonges), 173.
Champteloup. V. Chanteloup.
Champy (Guillaume), cons.- secr. du
Roi (1676), 206.
Chandellier (René), sr de Cirière
(xve s.), 118.
Chandenier. V. Champdeniers.
Chanonière (la), mét., 44.
Chanteloup, fief, 68.
Chanzé ou Chanzey, moulins sur
l'Argent (cne de Nueil, c{on} de Châ-
tillon), 140, 158.
Chapelle-Gaudin ou Chapelle-Gauldin
(la) (c{on} de St-Varent), 171.
Chapelle-Saint-Laurent (la) (c{on} de
Moncoutant), 218.
Chapelle-Saint-Martin (la), village (cne
de Chiché, c{on} de Bressuire), 199.
Chappelle. V. Chapelle.
Charantonnière (la), mét., 183.
Charbonneau ou Charbonnea (Brice),
femme d'Emery Moreau (xiiie s.),
225, 226, 228.
Charcellerie (la) (cne de Brétignolle,
c{on} de Cerizay ?), 120.
Chargé (François) (m. av. 1683), 165.
Chargé (Jacques) (1711, 1730), 165.
Charnacé (Mr de) (v. 1702), 81.
Charnacé (Claude de), v{ve} en 1639
d'Ancelin de Girard, 224.
Charnassé. V. Charnacé.
Charpenterie (la) (cne de Moutiers, c{on}
d'Argenton), 122, 124, 226.
Charrier (Jean), mari de Marguerite
Girard (m. av. 1522), 151.
Charrier (Jean) (1490, 1530), 147, 148.
Chassée (la), ste (cne des Aubiers, c{on}
de Châtillon), 173.
Chasseport ou Chassiport (forêt de)
(cne de Lavausseau, Vienne), 40.
Chastaigneraie. V. Châtaigneraie.
Chasteau. V. Château.
Chasteigner (Bonaventure), sr de
Beaurepaire, ép. av. 1570 Louise
de La Forêt. 3, 48.
Chasteigner (Jean), sr de Cerizay
(1278, m. av. 1284), 223, 227.

Chasteigner (Nicolas), sr de Tenesve
(1665), 65.
Chasteigner (le), ouche (cne et c{on} de
Cerizay), 123.
Chastelier, Chastellier, Chastellyer.
V. Châtellier.
Chastenay. V. Châtenay.
Chastenier. V. Chasteigner.
Chastrière, Chastryère. V. Châtrière.
Châtaigneraie (la) (Vendée), 224.
Châtaigneraie (la), lieu non identifié,
226.
Châteaubriand (Gabriel de), sr des
Roches-Baritault (1612), 55.
Châteaumur, ste (cne de Châtelliers-
Châteaumur, Vendée), 173.
Châteaupers ou Châteauper (Mr de),
ép. en 1542 Marie Audoyer, 225.
Châtellier (le) (cne de Cirière, c{on} de
Cerizay), 123, 130, 162.
Châtellier (le), bord. (cne de Nueil, c{on}
de Châtillon), 118, 123.
Châtellier (le) en Touraine, 45.
Châtellier-Aigreteau (le), mét. (cne
des Aubiers, c{on} de Châtillon), 45,
67.
Châtelliers (les), abbaye (cne de Font-
perron, c{on} de Ménigoute), 149.
Châtenay, mét. (cne de Nueil, c{on} de
Châtillon ?), 144.
Châtillon (Alexis, duc de), mari
d'Anne-Gabrielle Le Veneur (1744),
91, 194.
Châtillon (Amable-Emilie, duchesse
de), fille de Louis-G. (1765), 134.
Châtillon (Claude de), sr d'Argenton
(1529), 134.
Châtillon (Claude-Eléazar, comte de)
(1688), 138.
Châtillon (Tristan de), sr d'Argenton
(m. prob. en 1529), 134.
Châtillon-sur-Sèvre (ch.-l. de c{on});
Mauléon av. 1736, 58. — Abbaye,
125, 149, 201, 228, 229. — Duché,
109, 121, 132, 166 et s., 169, 174
et s. — Hôpital, 178. — Ligence de
la Durbelière, 133, 176.
Châtrière (la) (cne de Nueil, c{on} de
Châtillon), 151, 158. — Moulin,
140, 151, 158.
Chaudère (la), bord. (cne de Nueil,
c{on} de Châtillon ?), 117, 125.
Chaudeville, bord. (cne de St-Aubin-
de-Baubigné, c{on} de Châtillon), 178.
Chaulmes (les), ste, 62.
Chaumitière ou Chaumittière (la), cne
de Nueil, c{on} de Châtillon), 158.
Chaussée (la), ste, 57.
Chausseray ou la Chausserays, ste, 168,
223.
Chaussonnière (la), fief, 173.
Chauveau (Guillaume), mari de Jeanne
Moreau (1342), 228.
Chauveau (Louis), sr des Esmonnières,

Dopuy (Pierre), valet (1299).
Dorbelière. V. Durbelière.
Doré, not. à Poitiers (1618), 200.
Doublet (Jean) dit Molé, de Cirière (1335), 130.
Douesnau (François), sᵣ de la Crestinière (1665), 65.
Douesnau (François), sᵣ de la Morinière (1665), 65.
Douteaux, not. à Loudun (1692), 78.
Drake (amiral) (1588), 49.
Drelincourt, pasteur réformé (1622), 64.
Drouineau (Pierre), de St-Aubin-de-Baubigné (1788), 209.
Drys (les), fief (cⁿᵉ des Aubiers, cᵒⁿ de Châtillon), 173.
Duberic. V. Dubric.
Dubois (Catherine), de Paris (1643), 206.
Dubois (Claude) (1685), 207.
Du Bouchet (Charles), sᵣ de la Chassée, [fils de Jean] (1544), 173.
Du Bouchet (François), sᵣ de la Chassée (1482), 173.
Du Bouchet (Jean), sᵣ de la Chassée, [fils de François] (1495, 1503), 173.
Du Bouchet (René), sᵣ de la Chassée (1510), 173.
Dubric (la), mét. (cⁿᵉ de Nueil, cᵒⁿ de Châtillon), 155.
Dubric (la), sᵗᵉ (cⁿᵉ de Beaulieu, cᵒⁿ de Bressuire), 2, 62, 65, 180, 188.
Du Breuil (Jean) (ap. 1483), 113.
Du Burg (Giraud), fils de Guillaume, prés. au Parl. de Bordeaux (1673), 71, 75.
Du Burg (Guillaume) (m. av. 1677), 75.
Du Cambout de Coislin (Pierre), év. d'Orléans (1685), 77.
Du Chaffault (Catherine), fille de Jean et de Catherine Girard (1567), 48.
Du Chaffault (Jean), sᵣ de la Senardière, mari de Suzanne Girard (m. av. 1567), 48.
Duchastenier, not. à Poitiers (1783), 155.
Du Chillo (Chargaute) (1433), 200.
Du Fay (Françoise-Elisabeth), fille de Georges-G.-L. et de Françoise-A. du Vergier (1743), 91.
Du Fay (Georges-Guillaume-Louis), sᵣ de la Taillée, mari de Françoise-A. du Vergier (1706, 1745), 82, 84, 89, 91.
Du Fay (Louis-Marc), sᵣ de la Taillée, fils de Georges-G.-L. et de Françoise A. du Vergier, prêtre (1743), 91.
Du Fay (Marie-Françoise et Marie-Jeanne-Radegonde), filles de Georges-G.-L. et de Françoise-A. du Vergier (1745), 91.

Du Frêne (Mᵐᵉ). V. Du Vergier (Marie-Anne).
Du Fresne (baron), de la 1ʳᵉ cⁱᵉ des gentilshommes de Thouars (1674), 72.
Dujon ? (Pierre), de Nueil-sous-les-Aubiers (1348), 157.
Du Payrac (Jourdain), curé du Puy-N.-D. (xvᵉ s.), 121.
Du Petitpuy (Mᵣ), de la 1ʳᵉ cⁱᵉ des gentilshommes de Thouars (1674), 72.
Du Pin (Guillaume (1300), 160.
Du Pin (Jean), valet (1300), 160.
Du Plaisseys. V. Du Plessis.
Du Plessis (Anne), vᵛᵉ en 1681 de Jean Paillot, 148.
Du Plessis (Armand-Jean), duc de Richelieu (1665, 1710), 66, 74, 77, 84.
Du Plessis (Louis-François-Armand), duc de Richelieu, mar. de Fr. (1761, 1762), 93.
Du Plessis, V. aussi Richelieu.
Du Plessis-Olivier (Mᵣ), de la 1ʳᵉ cⁱᵉ des gentilshommes de Thouars (1674), 72.
Du Plessis-Rousseau (Hilairet) (1329), 160.
Du Pont (Emery), sᵣ de la Roulière (1448), 20.
Du Pont (Marie), vᵛᵉ en 1634 d'André d'Halbert, 63.
Durbelière (la), sᵗᵉ (cⁿᵉ de St-Aubin-de-Baubigné, cᵒⁿ de Châtillon), 71, 75, 76, 79, 81, 86, 89, 92, 100, 101, 104, 105, 136, 174 et s., 179.
Durbelière (ligence de la). V. Châtillon.
Durbellière. V. Durbelière.
Durfort (Emery-Joseph de), comte de Civrac, mari de Marie-A. de La Force (1748), 217.
Durfort (Jeanne-Marie de), fille d'Emery-J. et de Marie-A. de La Force (n. 1748), 217.
Durfort (Marie de), femme de Guy-J. de Donnissan (1772, 1773), 217.
Du Tail de Lugné (Mᵣ), de la 1ʳᵉ cⁱᵉ des gentilshommes de Thouars (1674), 72.
Du Teil (Mᵣ), cap. de vaiss. (1682), 3.
Du Tiers (Mᵣ), cap. au rég. de Dauphiné (1699), 79.
Du Tranchet (Jean), sᵣ du Plessis (1681), 175.
Du Tronchay (Guillaume), cons. au Parl. de Paris (1665), 66.
Du Verger (Mᵣ), de la 1ʳᵉ cⁱᵉ des gentilshommes de Thouars (1674), 72.
Du Verger. V. Du Vergier.
Du Vergier (Alexis-Armand-François), mⁱˢ de la Rochejaquelein, fils de Philippe-A. et d'Hardouine de Granges, lieut. du Roi en Bas-

Poitou (n. 1744, m. 1767), 91, 93, 94, 101, 214.

Du Vergier (Anne), fille de Georges et de Louise de L'Esperonnière, femme d'Olivier Gendronneau (1487, 1516), 3, 33, 36.

Du Vergier (Anne), fille de Louis et d'Anne Viault, ép. en 1625 François Gentet (1612, m. en 1664 ou 1665), 4, 55 à 58, 199.

Du Vergier (Anne). V. Du Vergier (Marie-Anne).

Du Vergier (Anne-Henriette) de La Rochejaquelein, fille de Philippe-A. et d'Hardouine de Granges (1774, 1788), 99, 100, 209.

Du Vergier (Anne-Louise) de La Rochejaquelein, fille d'Henri-L.-A. et de Lucie de Caumont (n. 1774, 1788), 99, 107.

Du Vergier (Armand-François), m¹ˢ de la Rochejaquelein, fils de René et de Jacqueline Menant, ép. en 1674 Catherine Landerneau, en 1679 Madeleine Richeteau et en 1686 Marie-E. de Caumont, lieut. du Roi en Bas-Poitou (1664, m. 1709), 4, 65, 67, 70 à 73, 76, 78 à 83, 88, 207, 210, 214.

Du Vergier (Armand-François-Alexis). V. Du Vergier (Alexis-Armand-François).

Du Vergier (Armand-Philippe). V. Du Vergier (Philippe-Armand).

Du Vergier (Auguste) de La Rochejaquelein, fils d'Henri-L.-A. et de Lucie de Caumont (n. 1784), 106.

Du Vergier (Catherine), fille de Jean II et d'Euslasse, femme d'Emery Marvilleau (1340), 9.

Du Vergier (Catherine), fille de Christophe et de Marie de Champ-de-Fain, femme de Sauvestre Bouju (m. av. 1454), 2, 27.

Du Vergier (Charles), sʳ du Vergier, fils de Guy (1575, 1582), 49, 171.

Du Vergier (Charles), fils de Louis et d'Anne Viault, cap. de galères (1613, m. 1660), 4, 55.

Du Vergier (Charles-Henri-Jacques-Armand-André) de La Rochejaquelein (m. 1763), 93, 94, 101.

Du Vergier (Christophe), fils de Jean III et de Jeanne Massoteau, mari de Marie de Champ-de-Fain (1392, 1410, m. av. 1437), 1, 2, 15, 20, 21, 29, 200.

Du Vergier (Christophe), fils de Guy et de Renée Le Mastin, mari de Louise de La Forêt (n. vers 1511, 1564, m. av. 1570), 3, 38, 39, 41, 42, 48, 182.

Du Vergier (Christophe), fils de François et de Renée de La Forêt (m. en bas-âge av. 1600), 4, 53.

Du Vergier (Claude), fille de Guy et de Renée Le Mastin (n. 1526, m. av. 1534), 38, 43.

Du Vergier (Claude-Alexis-Armand-François). V. Du Vergier (Alexis-Armand-François).

Du Vergier (Constance-Henriette-Louise) de La Rochejaquelein, fille d'Henri-L.-A. et de Lucie de Caumont (n. 1770, 1784), 98, 106.

Du Vergier (Emery), chev. (1249, 1275), 5, 7, 8.

Du Vergier (Esmond), fils de Guy et de Louise de La Haye (1571, m. v. 1575), 49.

Du Vergier (Esther), vᵛᵉ en 1627 d'Alexandre de Villeneuve, 62.

Du Vergier (François), fils de Georges et de Louise de L'Esperonnière (1487, 1548), 3, 33, 36 à 39, 45, 131.

Du Vergier (François), sʳ de Boisnyard et de la Rochejaquelein, fils de Guy et de Renée Le Mastin, mari de Renée de La Forêt (n. v. 1514, m. 1566 ou 1567), 3, 38, 39, 42, 46 à 48.

Du Vergier (François-Armand). V. Du Vergier (Armand-François).

Du Vergier (Françoise), fille de Guy et de Renée Le Mastin (n. v. 1512, m. av. 1534), 38, 43.

Du Vergier (Françoise), fille de Louis et d'Anne Viault (1612, 1617), 4, 55 à 57.

Du Vergier (Françoise), fille de René et de Jacqueline Menant, religieuse à Bressuire (1665, 1682), 4, 65, 67, 70.

Du Vergier (Françoise-Armande), fille d'Armand-F. et de Marie de Caumont, ép. av. 1706 Georges du Fay (n. 1687, 1721).

Du Vergier (Georges), sʳ de Ridejeu, fils de Pierre et de Jeanne de La Forêt, ép. en 1479 Louise de L'Esperonnière (1473, m. 1485 ou 1486), 3, 29 à 32, 34, 36, 117, 128.

Du Vergier (Georges-Armand), fils de Philippe-A. et de Marie Taveau (1720, m. av. 1734), 85.

Du Vergier (Guillaume), fils de Nicolas et d'Isabeau Routart (1392, m. av. 1422), 2, 14, 27.

Du Vergier (Guy ou Guyard), sʳ de Ridejeu, fils de Georges et de Louise de L'Esperonnière, ép. en 1506 Renée Le Mastin, lic. en droit (1487, m. prob. en 1534), 3, 33, 35 à 40, 44, 131, 217.

Du Vergier (Guy), sʳ du Vergier, fils de Hardy et de Louise de La Haye (1544, 1552, m. av. 1571), 42, 46, 49, 192.

Du Vergier (Hardy), sʳ du Vergier, fils de Louis et d'Hardouine Carrion, ép. en 1491 Anne de La Jarrie (1469, 1494, m. av. 1544), 28, 35, 42, 46.

Du Vergier (Henri), commandeur de *Dompuho* (1261), 6.

Du Vergier (Henri) de La Rochejaquelein, le héros vendéen, fils d'Henri-L.-A. et de Lucie de Caumont, sous-lieut. de cavalerie dans la Garde royale (n. 1772, 1791) [tué en 1794 au combat de Trémentines], 99, 100, 107.

Du Vergier (Henri-Jean-Armand), fils de Philippe-A. et de Marie Taveau, exempt des gardes du corps (1720, tué en 1743 à la bataille de Dettingen), 85, 89, 90, 93.

Du Vergier (Henri-Louis-Auguste), m^{is} de la Rochejaquelein, fils de Philippe-A. et d'Henriette de Granges, ép. en 1769 Lucie de Caumont, mar. de camp (n. 1749, m. 1802), 91 à 95, 98 à 100, 105 à 107, 209, 215.

Du Vergier (Innocent), s^r de Béchignon (m. av. 1461), 28.

Du Vergier (Jacques), s^r de Ridejeu, fils de Pierre et de Jacquette de La Forêt, ép. en 1474 Louise Blanc (1473, 1518, m. v. 1518), 3, 29 à 37, 39, 43, 170.

Du Vergier (Jacques), fils de Georges et de Louise de L'Esperonnière (fin xve s.), 3.

Du Vergier (Jacques), s^r de Ridejeu et de la Rochejaquelein, fils de Guy et de Renée Le Mastin (n. v. 1507, m. v. 1563), 3, 38, 39, 41, 42, 180, 189, 192, 195.

Du Vergier (Jacques), s^r de Béchignon (1461), 28.

Du Vergier (Jacquette), fille de Georges et de Louise de L'Esperonnière (1487), 3, 33, 34.

Du Vergier (Jean I), valet, mari d'Agnès Chabot (1275, m. av. 1330), 7, 9.

Du Vergier (Jean II), valet, de Beaulieu, fils de Jean I et d'Agnès Chabot, mari d'Eustasse, clerc (n. ap. 1254, 1275, 1351, m. av. 1365), 1, 8, 9, 11, 20, 192.

Du Vergier (Jean III), s^r du Vergier, fils de Jean II et d'Eustasse, ép. en 1356 Jeanne Bouquin et en 1364 Jeanne Massoteau, lic. ès lois (m. 1406), 1, 12, 14, 15, 20, 25, 197, 201, 202.

Du Vergier (Jean IV), s^r du Vergier, fils de Nicolas et d'Isabeau Routart (1392, 1409, m. av. 1422), 2, 14 à 16, 21, 22, 27.

Du Vergier (Jean), fils de Jean III et de Jeanne Massoteau, curé de St-

Nicolas de Bressuire (1392, m. 1448), 1, 2, 15, 16, 20 à 22, 201.

Du Vergier (Jean), mari de Jeanne Rivière (m. av. 1456), 27.

Du Vergier (Jean), fils de Pierre et de Jacquette de La Forêt, curé de St-Nicolas de Bressuire (1473, 1487, m. av. 1502), 3, 29, 31, 32, 34.

Du Vergier (Jean), fils de Georges et de Louise de L'Esperonnière (1487), 3, 33.

Du Vergier (Jean), s^r de Béchignon, fils d'Innocent, ép. en 1461 Flaive de Pennevayre (1485), 28, 33.

Du Vergier (Jean-Baptiste), s^r de la Pilière, fils de René et de Jacqueline Menant, ép. en 1692 Marguerite Le Roy, capit. au rég. de Navarre (1660, 1702, m. av. 1707), 4, 65, 67, 71, 77 à 79, 206.

Du Vergier (Jean-Baptiste-Jacques), chev. de La Rochejaquelein, fils d'Armand-F. et de Marie de Caumont, capit. de grenadiers (n. 1695, 1761, m. prob. av. 1779), 83 à 85, 88, 91 à 93, 101, 208.

Du Vergier (Jean-Baptiste-Joseph), fils de René et de Jacqueline Menant (m. av. 1671), 71.

Du Vergier (Jeanne), fille de Jean II et d'Eustasse, femme de Jean Daviet (m. av. 1351), 12.

Du Vergier (Jeanne), fille de Pierre et de Jacquette de La Forêt, ép. en 1450 Louis de Terves (1490, m. av. 1527), 2, 27, 34, 39.

Du Vergier (Jeanne), fille de Georges et de Louise de L'Esperonnière (fin xve s.), 3.

Du Vergier (Jeanne), fille de Guy et de Renée Le Mastin (n. 1523, m. av. 1534), 38, 43.

Du Vergier (Joachim), s^r de Béchignon, fils de Guillaume, ép. en 1535 Jacquette de Préhec (m. av. 1567), 41, 48.

Du Vergier (Louis), s^r du Vergier, fils de Thibaud et de Marguerite Chomart, mari d'Hardouine Carrion (n. ap. 1418, 1439, 1462, m. av. 1469), 2, 18, 20, 26 à 28.

Du Vergier (Louis), s^r de la Rochejaquelein, fils de François et de Renée de La Forêt, ép.... Masson, puis, en 1598, Anne Viault, compagnon d'Henri IV, blessé à Arques (1578, m. 1625), 2, 4, 49 à 51, 53, 55, 58, 59, 105, 180, 204.

Du Vergier (Louis), fils de Louis et d'Anne Viault, chev. de Malte (1613, 1625), 4, 55, 58.

Du Vergier (Louis), m^{is} de la Rochejaquelein, fils d'Henri-L.-A. et de Lucie de Caumont, chev. de Malte, [ép. en 1802 la veuve de Lescure,

Escoubleau (Pierre), de Mauléon (1276), 160.

Escoublelière (l') (cᵉ de Cirière, cᵒⁿ de Cerizay ?), 118.

Esmonnières (les), sᵗᵉ, 179.

Espaillard ou Espaillart (cⁿᵉ de Nueil, cᵒⁿ de Châtillon), 227. — Gué sur l'Argent, 139, 140, 154.

Espau (l'), sᵗᵉ, 28.

Espinaye, Espineye. V. Epinay.

Essards (les) (cⁿᵉ de Nueil, cᵒⁿ de Châtillon ?), 117, 124, 143.

Essards-aux-Naveaux (les), bord. (cⁿᵉ de Nueil, cᵒⁿ de Châtillon ?), 117, 124.

Estable (Guillaume) (1488), 34.

Estanchet. V. Etanchet.

Estivaux (cⁿᵉ de Nueil, cᵒⁿ de Châtillon ?), 220.

Estorière. V. Étorière.

Estrie, sᵗᵉ (cⁿᵉ de Chanteloup, cᵒⁿ de Moncoutant), 65, 199.

Estrie (Mʳ d'). V. Gentet.

Estrye. V. Estrie.

Etanchet (l') (par. de Terves, cᵒⁿ de Bressuire), 226.

Etoile (l'), sᵗᵉ, 111, 180.

Etorière (l') (cⁿᵉ de l'Absie, cᵒⁿ de Moncoutant), 107.

Eustasse ou Eustesse ou Eutesse, fille de Pernelle Manceau, femme de Jean II du Vergier (1340, 1365), 1, 9, 12.

Exars. V. Essards.

Ezenay, marquisat, 208.

Fachet (Colas), de Cerizay (xvᵉ s.), 123.

Fame (Jean) (v. 1482), 116.

Faulchon (Jean) (1565), 199.

Faulleteries (les), lieu non identifié, 43.

Favereau. V. Favreau.

Favreau (Brethoumée) (1550), 195.

Favreau (Michéau), laboureur (1533), 159.

Favrière (la), sᵗᵉ (cⁿᵉ de Nueil, cᵒⁿ de Châtillon), 38, 125, 138, 144, 148.

Faye (la), sᵗᵉ (cⁿᵉ de Brétignolle, cᵒⁿ de Cerizay), 181.

Faye (la) ou la Bourgrynière, bois (cⁿᵉ de Brétignolle, cᵒⁿ de Cerizay), 27, 44, 117, 143, 167, 168, 181.

Faye-Banchereau (la), bord. (cⁿᵉ de Brétignolle, cᵒⁿ de Cerizay), 117, 128, 129, 168, 188.

Faye-Garreau (la) (al. la Faye-Garous ou Faye-Garrot), mét. (cⁿᵉ de Boismé, cᵒⁿ de Bressuire), 53, 65, 184, 199.

Faye-l'Abbesse (cᵒⁿ de Bressuire), 180.

Faye-la-Vineuse (Indre-et-Loire), 229.

Féron (al. Fayron ou le Gᵈ-Féron) (cⁿᵉ de Nueil, cᵒⁿ de Châtillon). —

Bord. 117, 125, 153. — Moulin, 117, 124, 125, 154, 220.

Ferrand (Jacques), not. à Bressuire (1473), 30.

Ferrand (Jean), not. à Bressuire (1401), 15.

Ferré (Guillaume), de Mauléon (1340), 10.

Ferrebuère (la) (cⁿᵉ de Voultegon, cᵒⁿ d'Argenton), 186.

Ferretière (la), sᵗᵉ, 130.

Ferrière (la), sᵗᵉ, 70.

Fesron. V. Féron.

Feye (Nicolas), mari de Jeanne Bardon (1365), 218.

Feyron. V. Féron.

Fief-Charruyau (le), lieu non identifié, 122.

Fief-de-l'Estoille. V. Etoile.

Fief-Fournet (le), sᵗᵉ, 101, 102, 206.

Fief-Frappier (le), sᵗᵉ, 226.

Fief-Gaultier (le), sᵗᵉ, 181.

Fief-Gauverd (Mʳ de), de Fontenay (1666), 69.

Fief-Noulleau (le) (cⁿᵉ de St-Aubin-du-Plain, cᵒⁿ d'Argenton), 180.

Finault, nom d'homme (1467), 186.

Finault (Jean), de Bressuire (m. av. 1484), 32.

Flacono (Ant. de) (1249), 6.

Flapart (Jean-B.), prieur de Nueil-sous-les-Aubiers (1778), 139.

Flazes. V. Clazay.

Fleurie. V. Fleury.

Fleury (Isabeau), fille de Pierre et de Françoise de Meulles, femme de Jean de L'Esperonnière (m. av. 1479), 31, 116.

Fleury (Jeanne), femme de Renaud II de Meulles (1448, m. av. 1491), 155, 221, 225.

Fleury (Pierre), sʳ de Bouillé-St-Paul, mari de Françoise de Meulles (1448, 1450, m. av. 1484), 32, 150, 155, 187.

Flocellière ou Flocelière (la), marquisat (même cⁿᵉ, Vendée), 91, 101, 217, 226.

Florenceau (Jean), curé d'Aubepère (xvᵉ s.), 126.

Florie. V. Fleury.

Floulièvre (Mʳ de), de la 1ᵉ cⁱᵉ des gentilshommes de Thouars (1674), 72.

Floury. V. Fleury.

Folie (pré de la), sur l'Argent (cⁿᵉ de Nueil, cᵒⁿ de Châtillon), 115, 147, 148, 151.

Follye (la), sᵗᵉ, 206.

Fontaine (Pierre de), mari de Renée David, puis de Françoise de La Pommerais, agent d'affaires de la fam. de Meulles (1639, 1653, m. av. 1678), 148, 149, 152.

Fontaines-Chalandray (les), sᵗᵉ, 217.

Girardières (les) ou la Girardière, vigne (c^{ne} et c^{on} de St-Varent), 199.
Girardon, sculpteur (1675), 74.
Girart. V. Girard.
Giraud (Jean), habite au chât. de Puyguyon (1771, 1785), 209.
Giraudières. V. Brardières.
Givrans, s^{ie}, 152.
Glahet (Antoine), éc. (1600), 192.
Glande (M^r de), de la 1re c^{ie} des gentilshommes de Thouars (1674), 72.
Glénay (c^{on} de St-Varent), 118.
Godefroy, not. aux Aubiers (1752, 1778), 139, 184.
Godrelière (la), bord. (c^{ne} et c^{on} de Cerizay), 111, 121, 123, 124.
Goibault (Philippe), s^r de Basseville (1612), 170.
Gorbeiller (Jean) (v. 1482), 116.
Gordet (Guillaume), de Cerizay (xve s.), 113.
Gorrini (Jean), curé de Sauves (1405), 201.
Gote-d'Or ou Gotedour. V. Moreau (Jean).
Gouffier (Anne), veuve en 1527 de Raoul Vernon, gouvernante du duc d'Angoulême, 38.
Goullard (Jean), s^r de la Vernière (1619), 205.
Goupil (Marie), veuve en 1653 de René Bréchard, 161.
Goupil (Mathurin (m. av. 1565), 161.
Goupil (Milet), fils de Mathurin (1565), 161.
Goupil (Pierre), mari d'Antoinette Lyot (m. av. 1629), 161.
Gouppil. V. Goupil.
Gourbeiller (Geoffroy), s^r de la Coussaye-du-Pin (1529, 1543), 163.
Gourbeiller (René), s^r de la Gourbeillerie (1495, 1502), 182.
Gourbeillerie (la), s^{ie} (c^{ne} de Clessé, c^{on} de Moncoutant), 182.
Gourbellier. V. Gourbeiller.
Gourbeillières (les), fief (c^{ne} et c^{on} de St-Varent), 199.
Goussé (famille de), 228.
Goussé de La Roche-Allard (Angélique de), femme d'Alexandre-T. de Caumont (m. av. 1769), 98, 99.
Goussé de La Roche-Allard (Marguerite-Charlotte de) (1771), 99.
Goutedor. V. Moreau (Jean).
Grange. V. Granges.
Grange (la), fief (c^{ne} de St-Aubin-du-Plain, c^{on} d'Argenton), 134, 182.
Grange (la), mét., 43.
Grange (la), s^{ie}, 172.
Granges (Louis de), s^r de la Pilière, mari d'Antoinette Berland (1558, m. av. 1582), 184.
Granges de Surgères (Anne-Françoise

de), fille de Gilles-Charles, femme d'Hardy Petit (1743), 91.
Granges de Surgères (Charles de), s^r de Puyguyon, fils de René, chev. de Malte (1666), 217.
Granges de Surgères (François de), m^{is} de Puyguyon (1715), 217.
Granges de Surgères (Gilles-Charles de), m^{is} de la Flocellière, mari de Jeanne-Françoise de Granges (m. av. 1743), 91.
Granges de Surgères (Hardouine-Henriette-Sidrac de), fille de Gilles-C. et de Jeanne de Granges, ép. en 1743 Philippe-A. du Vergier (m. 1779), 91 à 95, 99, 208.
Granges de Surgères (Henriette-Elisabeth de), m^{ise} de Lescure (1749, 1770), 92, 98.
Granges de Surgères (Jeanne-Françoise de), femme de Gilles-C. de Granges (1743, m. 1763), 91, 95.
Granges de Surgères (René de), 1666, 217.
Granges (les), s^{ie}, 46.
Grant Rivère. V. Rivière.
Grassay, s^{ie}, 38, 217.
Greffer (Guillaume) (1340), 11.
Grenetea. V. Greneteau.
Greneteau ou Grenetelle (Bonne), fille de Nicolas (1289), 227.
Greneteau (Nicolas) (m. av. 1289), 227.
Grenoillière (la), s^{ie}, 62.
Grenon (Hilaire), not. à Bressuire (1502), 33.
Grepie (Jeanne de), veuve en 1335 de Jean Maubert de La Roche, 130.
Grimaud (Guyon), valet (1279), 225.
Grimouard (Jacques-Claude-René), s^r du Pérô (1785), 96.
Grimouard (Nicolas-René-Henri), enseigne de vaisseau (1775), 209.
Grimouard (Philippe) (v. 1610), 189.
Groleau (Joseph), parrain de Louise-J. du Vergier (1780), 105.
Groleries ou Grolères (les), tènement (c^{ne} de St-Porchaire, c^{on} de Bressuire), 31, 200.
Grolière (la), village (c^{ne} de St-Amand, c^{on} de Châtillon), 201.
Gros-Bois. V. Moulière.
Grosleau (Mathurin), prêtre, receveur du Boisnyart (1537), 40.
Grossinière (la) (c^{ne} de St-Aubin-de-Baubigné, c^{on} de Châtillon), 196.
Grugerie (la), mét. (c^{ne} de la Ferrière, c^{on} de Thénezay), 84.
Gueffrie (la), s^{ie}, 205.
Guémadeuc (Françoise de), femme de François Vignerot (1634), 63.
Guerche (la), s^{ie}, 174.
Guérin, not. à Bressuire (1604), 159.

Guérin (Catherine), femme de René Bodin (1627), 62.

Guérin (Jacques), marchand à Bressuire (1591, 1599), 204.

Guérineau, not. à Niort (1745), 91.

Guérineau (Tanneguy) (1503), 141.

Guerraudeau (Agunour), femme de Nicolas Beau (1368). Très probablement la même famille que Guerrondeau, 197.

Guerrineau. V. Guérineau.

Guerrondeau ou Guerrondelle (Catherine), femme de Nicolas de Brachechien (1389), 185. V. aussi Guerraudeau.

Gueygnon. V. Guignon.

Gueygnonère. V. Guignonnière.

Guignon (Lucas) (1340), 10.

Guignonnière (la), mét. (cⁿᵉ de Courlay, cᵒⁿ de Cerizay), 10, 68, 82, 103, 105, 184, 220.

Guilbertière ou Guilbretière (la), mét. (cⁿᵉ de St-Aubin-de-Baubigné, cᵒⁿ de Châtillon), 101.

Guillebault (René), sʳ des Landes (1609), 205.

Guillemère. V. Papaudière.

Guilleterie (la), vigne (cⁿᵉ et cᵒⁿ de St-Varent), 194.

Guillonnière (la), mét. (cⁿᵉ de Nueil, cᵒⁿ de Châtillon), 117, 124, 168.

Guinesandière (la), fief, 173.

Guinoyseau, not. à Châtillon (1743), 91.

Guionnère. V. Guyonnière.

Guiraud (François), licencié en médecine (1617), 57.

Guirère (la), sⁱᵉ, 65, 223.

Guise (la duchesse de) (1558), 47.

Guitardière (la) ou Guitart (cⁿᵉ de Nueil, cᵒⁿ de Châtillon ?), 117, 125.

Guitoneas (Emery) (1301), 228.

Gusteau (André-Jacob), sʳ de la Gerbaudière, mari de Perrine Roulleau (1781), 159, 187, 197.

Gusteau (André-Jean), sʳ de la Gerbaudière, fils d'André-J. et de Perrine Roulleau, proc. en l'élection de Châtillon (1781), 197.

Guy, sʳ d'Argenton (1369), 135.

Guy (Guye ou Perrette), femme de Macé de La Gaubretière (1449, 1484), 161.

Guygnet (Colin), d'Avanlon (1340), 11.

Guygnonnère. V. Guignonnière.

Guymonnière (la), sⁱᵉ, 126.

Guyonnière (la), sⁱᵉ, 19.

Guyot (Jean), curé de Cerizay (1498), 222.

Guyraire. V. Guirère.

Guyraud. V. Guiraud.

Guyrementières (les) (cⁿᵉ de Geay, cᵒⁿ de St-Varent), 131.

Guyse. V. Guise.

Hachet, not. à Paris (1722), 213.

Halbert (André d'), sʳ de Comballet, mari de Marie du Pont (m. av. 1634), 63.

Hamon (Robinette), veuve de Claude de Maillé (1601), 217.

Hardouinière, Hardouynière. V. Ardouinière.

Haut-Bois ou Haultbois (le), ancᵗ Moulière, sⁱᵉ (cⁿᵉ de la Chapelle-Moulière, Vienne), 57.

Haye (bois de la) (cⁿᵉ de St-Mesmin, Vendée), 119.

Hennor, veuve entre 1301 et 1308 d'Emery de Chaligné, 160.

Henri IV, roi de France (1578, 1589), 49, 50.

Herbaudière. V. Erbordière.

Herbiers (les), vignes, 45.

Herbordière. V. Erbordière.

Herce (pré de la), sur l'Argent (cⁿᵉ de Nueil, cᵒⁿ de Châtillon ?), 140.

Hérisson (cⁿᵉ de Pougne-Hérisson, cᵒⁿ de Secondigny), 218.

Héritière (l'), mét. (cⁿᵉ de la Ferrière, cᵒⁿ de Thénezay), 68.

Hermenault, chargé des affaires des lieutenants du Roi à Paris (1730), 214.

Heutaysse. V. Eustasse.

Hiers (Charente-Inf.), 74.

Houtesse. V. Eustasse.

Hozier (Mʳ d') (v. 1705, v. 1780), 82, 105.

Huilinière, Huelinère, Huslinière (la Pᵗᵉ) (cⁿᵉ de Cirière, cᵒⁿ de Cerizay), 118, 168, 219.

Husson, av. au Parl. de Paris (1675), 74.

Huylinière. V. Huilinière.

Ingrandes (Vienne), 90.

Isabeau. V. Quarteron-Isabeau.

Isleau (pré de l') (cⁿᵉ de Nueil, cᵒⁿ de Châtillon), 226.

Italie (campagne d'), en 1706, 211.

Jacquelinière (la) ou Mocque-Souris, village (cⁿᵉ de St-Porchaire, cᵒⁿ de Bressuire), 31, 44, 200.

Jahan (Jean) (v. 1482), 115.

Jaillard (François), sʳ de St-Juire, mari de Renée Viault (1611, m. av. 1618), 57.

Jaillard (Louis), sʳ de St-Juire, fils de François et de Renée Viault (n. ap. 1597, 1611, 1650), 57, 62.

Jaillard (Louise), femme de Maurice Viault (1563), 229.

Jalcaü (bois) (cⁿᵉ de St-Amand, cᵒⁿ de Châtillon), 201.

Jalet (Pierre), laboureur à Chiché (1498, 1499), 198.

Janneau ou Jannelle (Jacquette), fille de Pierre, femme de Guillaume Clochard (1507, 1508), 165.

Janneau (Pierre) (1501, m. av. 1507), 165.

Janousseau (Guillaume) (1424), 18.

Jarnigant (Guyon), mari de Jeanne de Soyvre (xvᵉ s.), 127.

Jarnigant (Jean) (v. 1482), 115.

Jarnigant (terrages) (cⁿᵉ de Nueil, cᵒⁿ de Châtillon), 149, 151.

Jarno (Marc), sʳ du Pont, proc. au Présidial de Poitiers (1665, 1675), 68.

Jarrie (la), sᵗᵉ, 171.

Jarsonnière (la), fief (cⁿᵉ du Beugnon, cᵒⁿ de Coulonges), 57.

Jaudonnet (Louis), sʳ de la Gueffrie, mari de Marie Letellier (m. av. 1630), 205.

Jaudonnière (la), sᵗᵉ (même cⁿᵉ, Vendée), 182.

Jauzelière (la), village (cⁿᵉ de Brétignolle, cᵒⁿ de Cerizay), 27.

Jay (Jean), garde de la juridiction du châtelain de Bressuire (1401), 15.

Jean de Bretagne, comte de Penthièvre, sʳ de Châteaumur (1492), 173.

Jollivet (Robert), bourgeois de Paris, mᵈ de draps de soie (1630, 1635), 206.

Jolly (Baptiste) (1592), 204.

Jonzeau, nom d'homme (1541), 164.

Josseaume, Jouceaume. V. Jousseaume.

Joullard, sʳ de Fontmort, prés. au siège royal de Niort (m. av. 1720), 88.

Joullonnière (la) (cⁿᵉ de Cirière, cᵒⁿ de Cerizay ?), 118.

Joussandière (la), sᵗᵉ, 37.

Jousseaume (Françoise), femme de Jean Girard (1430, m. av. 1487), 152, 221.

Jousseaume (Gilbert). sʳ de la Rainerie (1631), 57.

Jousseaume (Jean) (m. av. 1402), 125.

Jousseaume (Marquis) (v. 1482), 116.

Jousseaume (Renaud), bourgeois de Mauléon (1275), 135.

Jousseaume (Sauvage), mari de Marguerite Pascaud (1408), 221.

Joussemeau (Bertrand), laboureur à Chiché (1490), 198.

Julyot. V. La Gaubretière (Jean de).

La Bourdilière (Mʳ de), de la 1ʳᵉ cⁱᵉ des gentishommes de Thouars (1674), 72.

La Brosse (Jacques de) (xvᵉ s.), 126.

La Brosse (Jean de), sʳ du Poiron (1449, 1486), 187.

La Brosse (Louis de), sʳ du Poiron (1432), 187.

La Brosse-Ligault (Mʳ de), de la 1ʳᵉ cⁱᵉ des gentilshommes de Thouars (1674), 72.

La Brousse. V. La Brosse.

La Brunetière (Jeanne de), femme de Charles de La Forêt (m. av. 1609), 224.

La Caillerie (Mʳ de) (1666), 69.

La Cassagne (Louis-Charles de), sʳ de St-Laurent (1774), 99.

La Chappelle (Andrée de), prieure de la Fougereuse (1494), 190.

La Chastaigneraie (famille de), 217.

La Chastaigneraie (Jacqueline de), femme de François de Rorthais, puis de François Luillier (1602), 224.

La Chastegneraye. V. La Chastaigneraie.

La Chaussée (Jeanne de), femme de Pierre du Vergier (m. av. 1440), 2, 19.

La Chèze (Joseph de), mari de Marguerite Le Roux, trés. de France à Bordeaux (1673, m. av. 1677), 71, 75.

La Cordinière (Mʳ de), de la 1ʳᵉ cⁱᵉ des gentilshommes de Thouars (1674), 72.

La Court (Artus de), sʳ de la Grise, mar. de camp (1665), 65.

La Dérie (Bienvenue de), femme de Jean Bouquin (m. av. 1356), 12.

La Dubrie (Mʳ, Mᵐᵉ de), V. La Haye-Montbault.

La Fenestre (Mʳ de), de la 1ʳᵉ cⁱᵉ des gentilshommes de Thouars (1674), 72.

La Flocelière. V. La Flocellière.

La Flocellière (Geoffroy de), sʳ de Cerizay (1284), 223.

La Flocellière (René de) (xvᵉ s.), 122.

La Flocellière (la mⁱˢᵉ de) (1682), 4.

La Force (Marie-Anne de), femme d'Emery-J. de Durfort (1748), 217.

La Forest. V. La Forêt.

La Forest-Laudouinière (Mʳ de), de la 1ʳᵉ cⁱᵉ des gentilshommes de Thouars (1674), 72.

La Forêt (famille de), 138.

La Forêt (Anne de), femme de Charles de Parthenay (1609, 1612), 224.

La Forêt (Bonaventure de), sʳ de Beaurepaire, fils de Nicolas et d'Aubine Marvilleau (1620), 58.

La Forêt (Charles de), sʳ de Vaudoré, mari de Jeanne de La Brunetière, puis d'Anne Poussard (1598, m. av. 1609), 53, 224.

La Forêt (Françoise de), fille de Guy, ép. en 1487 Jean Banchereau, 138, 217.

La Forêt (Gauvain de), sʳ de la Ferretière (1490), 130.
La Forêt (Guy de), sʳ de la Forêt-
Montpensier et de Vaudoré (1490),
181, 217.
La Forêt (Jacques de) (1443), 19.
La Forêt (Jacques de), éc. (m. av.
1600), 53.
La Forêt (Jacquette de), fille de Jean,
femme de Pierre du Vergier (1440,
1450, m. av. 1474), 2, 19, 27, 30,
32, 186.
La Forêt (Jean de), sʳ de la Guyonnière (1441), 2, 3, 19.
La Forêt (Jocelin de), valet, mari de
Jeanne de Coloigne (1331), 120,
219.
La Forêt (Louise de), ép. Christophe
du Vergier, puis (av. 1570) Bonaventure Chasteigner, 3, 48.
La Forêt (Louise de), veuve en 1609
de François de Brémond, 224.
La Forêt (Marie de), femme de Jean
de Meulles, puis de Pierre de Ror-
thais (1571, 1604), 138, 159, 167,
223, 224.
Là Forêt (Nicolas de), sʳ de Beaure-
paire, mari d'Aubine Marvilleau
(m. av. 1620), 58.
La Forêt (Renée de), ép. en 1560
François Vignerot, puis François
du Vergier (1568, m. av. 1570).
Son portrait est au Rabot (cⁿᵉ de
St-Aubin-de-Baubigné), 4, 48, 53,
58, 182.
La Forêt (Simon de), mari de Jeanne
Beau (1368), 197.
La Forêt-Montpensier (Mˡˡᵉ de). V.
Meulles de La F.-M.
La Fourest. V. La Forêt.
La Gaubertère. V. La Gaubretière.
La Gaubretière (François de), fils de
Macé et de Perrette Guy (1451),
161.
La Gaubretière (Jean de), *alias* Jean
Julyot, sʳ de l'Epinay, fils de Macé
(1496, 1516), 161.
La Gaubretière (Macé de), mari de
Perrette Guy (1449), 161.
La Gaubretière (Nicole de), femme de
Guillaume Bodin (1494), 221.
La Guerrivière (Mʳ de) (1791 ?), 175.
La Guibretière, La Guybretière. V.
Brethé.
La Hay. V. La Haye.
La Haye (Françoise de), femme de
Gabriel de Barbezières (1623, 1627),
188, 192.
La Haye (Jean de), maréchal au Châ-
tellier, par. de Cirière (1480, 1493),
130.
La Haye (Louise de), fille d'Olivier,
ép. en 1544 Guy du Vergier (1571),
42, 49.

La Haye (Olivier de), chev. (1544),
42.
La Haye (René de), sʳ de la Dubrie
(1578, 1625), 180.
La Haye (baron de), sʳ de la Chassée
(1787, 1789), 173.
La Haye-Monbaut. V. La Haye-Montbault.
La Haye-Montbault (famille de), 2, 3,
132.
La Haye-Montbault (Gabriel de), sʳ
de la Dubrie (1665, m. 1669 ou
1670), 2, 65.
La Haye-Montbault (Gabriel-René
de), sʳ de St-Aubin-du-Plain (1763,
1764), 188, 192.
La Haye-Montbault (Jean-François-
Antoine de), sʳ de Bourneau, mari
de Catherine Martel (1734, 1735),
89.
La Haye-Montbault (Louise de), veuve
en 1430 de Thibaud de Rorthais,
106.
La Haye-Montbault (René-Gabriel
de). V. La Haye-M. (Gabriel-R.).
La Hutière (Mʳ de), de la 1ʳᵉ cⁱᵉ des
gentilshommes de Thouars (1674),
72.
Lairault (Geoffroy), mari d'Ambroise Gaschère (xvᵉ s.), 111.
La Jarrie (Anne de), fille de François,
ép. en 1491 Hardy du Vergier, 35.
La Jarrie (François de) (1491), 35.
La Lande (Mʳ de), de la 1ʳᵉ cⁱᵉ des
gentilshommes de Thouars (1674),
72.
La Lanfraire. V. Boutereau.
La Laurencie (Jean-Henri de), com-
mandeur de l'Ancien Temple d'An-
gers (1786), 100.
La Longraire (de), nom de la famille
Banchereau depuis le milieu du
xvıᵉ siècle.
La Longraire (Gasparde de), femme de
Salomon de Brémond (1636), 137.
La Longraire (Hardy de), sʳ de la
Longraire (1527), 162.
La Longraire (René de) (1565), 162.
La Longueraire. V. La Longraire.
La Mothe (Marie-Guyonne de), mⁱˢᵉ
de Castelnau (1677), 75.
La Mothe-Houdancourt (Philippe de),
mari de Louise de Prie (m. av.
1685), 77.
Landerneau (famille), 217.
Landerneau (Artus), sʳ de la Caillerie
(m. av. 1674), 73.
Landerneau (Catherine), fille de
Pierre et d'Elisabeth Brunet, ép.
en 1674 François-A. du Vergier
(m. en couches en 1676), 5, 72.
Landerneau (Pierre), sʳ du Vergier de
Basoge, mari d'Elisabeth Brunet
(m. av. 1674), 5, 72.

Liners. V. Liniers.

Lingendre (Nicolas de), cons. du Roi (1643), 64.

Lingouner (frère Guillaume) (1399), 14.

.Liniers (Gilles de), b⁰ⁿ d'Airvault (1527), 38.

· Liniers (Louis de) (1527), 38.

Liniers (Périnelle de), femme de Jacques Vernon (m. av. 1506),.35.

Liniers, sˡᵉ (cⁿᵉ de Moutiers, cᵒⁿ d'Argenton ?), 182.

Linyers. V. Liniers.

Livrault-Jousseaume (le), sˡᵉ (cⁿᵉ de Nueil, cᵒⁿ de Châtillon), 134, 182.

Loge (la), sˡᵉ, 62.

Logerie (bois de) (cⁿᵉ de St-Aubin-de-Baubigné, cᵒⁿ de Châtillon ?), 176.

Longlée, mét. (cⁿᵉ de St-Aubin-du-Plain, cᵒⁿ d'Argenton), 134, 182.

Longraire (Mʳ de), de la 1ʳᵉ cˡᵉ des gentilshommes de Thouars (1674), 72.

Longraire (la) (al. la Longueraière, la Longueraire), sˡᵉ (cⁿᵉ de Nueil, cᵒⁿ de Châtillon), 118, 125, 126, 137, 138, 161, 217.

Lory, not. à Thouars (1698), 78.

Loudun (Vienne), 77.

Louis XIII, roi de France (1625), 58.

Louis XIV, roi de France (1686), 76.

Louvron (cⁿᵉ de Montournais, Vendée), 65.

Loyau (Jean), sʳ de la Baudonnière (1773), 209.

Luguet (cⁿᵉ de Missé, cᵒⁿ de Thouars), 122, 145.

Luigné. V. Leugny.

Luillier (François), sʳ des Baschatelières, mari de Jacqueline de La Chastaigneraie, 224.

Lunéville (Meurthe-et-Mos.), 105.

Lurochon (Guillaume), curé de Breuil-sous-Argenton (1395), 220.

Lussault (Mathurin), laboureur à Voultegon (1507), 202.

Luygné, hôtel noble, 19.

Luzay (cᵒⁿ de St-Varent), 33, 44.

Lynaut, sˡᵉ, 223.

Lyot (Antoinette), veuve en 1629 de Pierre Goupil, 161.

L'Ysle (Guillaume de), prieur du Pin (xvᵉ s.), 128.

Madeleine (la) (al. la Madelaine), mét. (cⁿᵉ de Nueil, cᵒⁿ de Châtillon), 102, 143 à 149, 167, 168, 179, 194.

Maengoti (Guillelmus), chev. (1249), 6.

Magdalleyne, Magdeleine. V. Madeleine.

Magné (cⁿᵉ et cᵒⁿ de Coulonges), 83.

Magné, sˡᵉ, 76.

Magny (le Gᵈ et le Pᵗ), mét., 45.

Maigretière (la), mét. (cⁿᵉ de St-Aubin-de-Baubigné, cᵒⁿ de Châtillon), 101.

Maillé (Claude de), mari de Robinette Hamon (m. av. 1601), 217.

Maillé (Mʳ de), de la 1ʳᵉ cˡᵉ des gentilshommes de Thouars (1674), 72.

Maillezais, abbaye (même cⁿᵉ, Vendée), 8.

Mailly (Mᵐᵉ de), femme de Jacques-A. de Beaufremont (1710), 84.

Mailly (Mᵐᵉ de), femme de Louis Phelipeaux (1710), 84.

Mailly (comtesse de) (v. 1720), 88.

Maintenon (mˡˢᵉ de). V. Aubigny.

Mairé, sˡᵉ, 200.

Mairé. V. Méré.

Maison-Neuve, mét. (cⁿᵉ de St-Aubin-de-Baubigné, cᵒⁿ de Châtillon), 101.

Maison-Neuve (la), sˡᵉ, 206.

Malidor (prés des Gᵈ et Pᵗ), sur l'Argent (cⁿᵉ de Nueil, cᵒⁿ de Châtillon ?), 140.

Maligneau. V. Malineau.

Malineau (Christophe), sʳ de Tournelay (1559), 140.

Malineau (Guyon), mari de Françoise Baraton (1449), 120, 154, 155.

Malineau (Jacques) (1448), 155.

Malineau (Jean), mari de Marie Baraton (1449), 154, 155.

Malleacensis. V. Maillezais.

Mallemouche (Jeanne de), femme de René Viault (1595), 189.

Mallet, not. à Bressuire (1600), 53.

Mallet (Anne), de Bressuire (1601), 205.

Malvielle (Isabeau) (1448), 155.

Manceau ou Mancelle (Pernelle) (1340), 11.

Manoufle (cabane de), dans les marais de St-Louis, 99.

Marais (pré des), sur l'Argent (cⁿᵉ de Nueil, cᵒⁿ de Châtillon ?), 142.

Marans (al. Maraans, Maraantum) (Char.-Inf.), 8.

Marbœuf (comte de), (m. av. 1743), 91.

Marchais (le) (al. le Gᵈ M., les M., les Gᵈᵉˢ M., les M. de Niolays, les M. de Nueloys, les Marchaix, les Marchays); groupe de 7 borderies (cⁿᵉ de Nueil, cᵒⁿ de Châtillon), 102, 110, 119, 125 à 127, 143, 145 à 149, 167, 179, 194, 195, 219, 220.

Marche (la), lieu non identifié, 45.

Marchès, Marchet. V. Marchais.

Marcillac. V. Marsillac.

Marcusson (le), sˡᵉ, 164.

Marie, femme d'Etienne Ayraudeau (1301), 160.

Marière (la), mét. (cⁿᵉ de Nueil, cᵒⁿ de Châtillon), 102, 113, 117, 124, 143, 144, 146, 147, 149, 151, 167.

Marietea. V. Marieteau.

Orry (Catherine), femme de François de Préhec (m. av. 1535), 41.
Ouche (l'), s‍ᵗᵉ, 65.
Oudres (les) (cⁿᵉ des Aubiers, cᵒⁿ de Châtillon), 184.
Oulleries (les), village (cⁿᵉ de St-Aubin-de-Baubigné, cᵒⁿ de Châtillon), 102, 201.

Pagerie (la), mét., 45.
Paillard, Paillart. V. Espaillard.
Paillot (Jean), sʳ de Boisbureau, mari d'Anne du Plessis, fermier judiciaire de la Rochejaquelein (1666, m. av. 1681), 67, 69, 148.
Pairé (le Pᵗ) (al. le Pairé-Bérart (cⁿᵉ de Nueil, cᵒⁿ de Châtillon), 103, 111, 143, 144, 146 à 149, 168, 179, 195, 220.
Pairon. V. Poiron.
Palaine (la) (al. la Palayne, la Palaynne, la Palenne), bord. (cⁿᵉ de Nueil, cᵒⁿ de Châtillon), 113, 116, 126, 147, 149, 152, 168.
Palleys ou Pallys (les), sᵗᵉ, 40, 151.
Pancia (Odi), banquier (1249), 5, 6.
Papaudière ou Guillemère (la), tènement (cⁿᵉ de Chiché, cᵒⁿ de Bressuire), 198.
Papelièvre (la) (al. la Papelinèvre), bord. ((cⁿᵉ de Nueil, cᵒⁿ de Châtillon), 102, 113, 115, 127, 146 à 149, 152, 168.
Papinière (la), bord. (cⁿᵉ de Nueil, cᵒⁿ de Châtillon ?), 117, 124.
Papinière (la), sᵗᵉ, 161.
Pappelièvre. V. Papelièvre.
Pappinerre. V. Papinière.
Paraberre, sᵗᵉ, 204.
Pardaillant (Mʳ de), lieut.-gén. en Bas-Poitou (1694), 210.
Paris. — Eglise St-Gervais, 80.
Partenay. V. Parthenay.
Parthenay (André de) (xvᵉ s.), 120.
Parthenay (Artus de), sʳ de Genoillé, mari de Renée Girard (m. av. 1635), 62.
Parthenay (Charles de), mari d'Anne de La Forêt (m. av. 1609), 224.
Parthenay (Charlotte de), fille d'Artus, femme de Jean-J. de Ponts (1635), 62.
Pascaud (Guillemette), fille de Jean et de Jeanne Barroteau, femme de Renaud de Meulles, puis de Mathé de Montours (1407, 1413), 221.
Pascaud (Jean), éc., mari de Jeanne Barroteau (1407, 1408), 221.
Pascaud (Marguerite), fille de Jean et de Jeanne Barroteau, femme de Sauvage Jousseaume (1408), 221.
Pascaude. V. Pascaud.
Pasgerie. V. Pagerie.
Pasquaut. V. Pascaud.

Pastelière (la), sᵗᵉ (cᵃᵉ de Combrand, cᵒⁿ de Cerizay), 125, 162.
Pas-Thibaud ou Pastibault ou Pastibaut (le), mét. et moulin banal (cⁿᵉ de Nueil, cᵒⁿ de Châtillon), 102, 113, 143, 144, 146, 157, 167, 219, 220.
Pasturault (abbé), curé de la Chapelle-St-Laurent (1820), 1.
Pasty... V. Pâtis...
Patibeau. V. Pas-Thibaud.
Pâtis-de-Malle (le) (cⁿᵉ de Nueil, cᵒⁿ de Châtillon ?), 103, 104, 146, 200.
Paulinairie (la) (cᵃᵉ de Chiché, cᵒⁿ de Bressuire), 202.
Paynaud, nom d'homme (1544), 145.
Paynaud (Jean) (xvᵉ s.), 110.
Paynaud (Pierre-Marie) (1773), 149.
Paynea, Paynneau. V. Paynaud.
Payré. V. Pairé.
Payron. V. Poiron.
Pégerie (la), sᵗᵉ (cᵃᵉ et cᵒⁿ de Cerizay?), 121, 124.
Pellegrole (al. Pois-le-Grolle, la Borde) (cⁿᵉ de St-Aubin-du-Plain, cᵒⁿ d'Argenton ?), 132.
Pellevoisin. V. Appelvoisin.
Pennevaire (Flaive de), fille de Léonet et de Marguerite de Vivonne, ép. en 1461 Jean du Vergier, 28.
Pennevaire (François de), fils de Léonet (1485), 33.
Pennevaire (Jean de), fils de Léonet (1485), 33.
Pennevaire (Léonet de), sʳ de St-Martin-Lars, mari de Marguerite de Vivonne (1461), 28.
Pennevayre. V. Pennevaire.
Penthièvre (comte de) (xvᵉ s.), 121.
Pépinière (la), hôtel, 34.
Péré (le), sᵗᵉ (cⁿᵉ et cᵒⁿ de Coulonges), 96.
Périé, Perré. V. Pairé.
Perres. V. Pierres.
Perraudière V. Priaudière.
Perrinière (la), sᵗᵉ, 205.
Perronnière (la), sᵗᵉ (cⁿᵉ des Aubiers, cᵒⁿ de Châtillon), 184.
Perrot (famille), 228.
Petit (Hardy), mⁱˢ de la Guierche, mari d'Anne-F. de Granges (1743), 91.
Petit (Jean), sʳ de Bois-Fichet (1491), 170.
Peux (le), sᵗᵉ, 65.
Peyré. V. Pairé.
Phelipeaux (Louis), mⁱˢ de la Vrillière, mari de Mᵐᵉ de Mailly, cons. du Roi (1710), 84.
Phelipon (Mathurin), mari d'Antoinette Alard, chapelier à Chiché (1502), 202.
Phelippe (Guillaume), de Paris (1665), 66.

de La Forêt, puis de Josué de St-Gelais (1609, 1612), 224.

Poupetière (la), mét. (c°ⁿ de St-Aubin-de-Baubigné, c°ⁿ de Châtillon), 101.

Pouvereau (*al.* Povreau), bord. (cⁿᵉ de Nueil, c°ⁿ de Châtillon ?), 117, 125.

Poyne-Perdue, pré (cⁿᵉ et c°ⁿ de Cerizay ?), 122.

Poyré. V. Pairé.

Poyron. V. Poiron.

Prailles (*al.* Praigles), commanderie (cⁿᵉ de St-Martin-de-Sanzay, c°ⁿ de Thouars), 185.

Praslin (maréchal de) (1625), 58.

Pré-Chauvet (le) (cⁿᵉ de Nueil, c°ⁿ de Châtillon ?), 117, 124.

Pré-de-la-Ville (le) (cⁿᵉ de Voultegon, c°ⁿ d'Argenton), 186.

Prée (pré de la), 121.

Pré-Ervé. V. Pré-Hervé.

Préhec (François de), sʳ de Quéray, mari de Catherine Orry (m. av. 1535), 41.

Préhec (Jacquette de), fille de François et de Catherine Orry, ép. en 1535 Joachim du Vergier (1567), 41, 48.

Pré-Hervé (cⁿᵉ de Nueil, c°ⁿ de Châtillon), 148.

Présac (Jean), métayer de la Sauzaie-Raguit (1420), 182.

Pressoir (le), tènement (cⁿᵉ de St-Porchaire, c°ⁿ de Bressuire), 31, 200.

Pressoir. V. Beaumont.

Pressoir-Bachelier (le), sᵗᵉ (cⁿᵉ de Mauzé, c°ⁿ de Thouars), 185.

Pressours. V. Pressoir.

Prévost (Louis), éc. (1505), 148.

Prévost (Mathurin), éc. (1517, 1522), 148, 151.

Prévost (Pierre), éc. (1495), 147.

Priaudière (la), vigne (cⁿᵉ de Chiché, c°ⁿ de Bressuire), 33.

Prie (Louise de), veuve en 1685 de Philippe de La Mothe-Houdancourt, gouvernante des enfants de France, 77.

Priganereau (?), prêtre (1414), 15.

Primaudière (la), sᵗᵉ, 152.

Prisset (François) (1769), 165.

Proust (Pierre) (1684), 165.

Pruniers (les), bord. (cⁿᵉ de Nueil, c°ⁿ de Châtillon ?), 114, 115, 127, 147 à 149, 152, 179, 219.

Puant, not. au Châtelet (1666), 70.

Pugny (*al.* Pugné), sᵗᵉ (même cⁿᵉ, c°ⁿ de Moncoutant), 225.

Puichaud, fille de Pierre, femme d'Emery Turpault (1559), 163.

Puichaud (Colas), héritier de François (1482, m. av. 1493), 128, 163.

Puichaud (Etienne) (1391), 163.

Puichaud (François), fils de Colas (1493, 1511, m. av. 1524), 120, 163.

Puichaud (Mathurin), fils de François (1524), 163.

Puichaud (Pierre) (1541, m. av. 1559), 163.

Puichaut. V. Puichaud.

Puigaillart. V. Puygaillard.

Puiguyon. V. Puyguyon.

Puilot (Philippe), prieur de Ste-Catherine, près Bressuire (1448), 20.

Puischant, Puschault. V. Puichaud.

Puy-Aguyllon, bois (cⁿᵉ de Boismé, c°ⁿ de Bressuire), 13.

Puy-au-Maître (le), sᵗᵉ (cⁿᵉ de Terves, c°ⁿ de Bressuire), 185.

Puybabin. V. Puyvalin.

Puychault, Puychaut. V. Puichaud.

Puycortier (?), étang, 45.

Puygaillard, fief (cⁿᵉ et c°ⁿ de Bressuire), 186.

Puyguyon, sᵗᵉ et château (cⁿᵉ et c°ⁿ de Cerizay), 209, 217.

Puyguyon. V. Granges.

Puy-Hervé (*al.* Puy-Harvé) (cⁿᵉ de Nueil, c°ⁿ de Châtillon), 113, 114, 148, 168, 220.

Puymorin, bord. (cⁿᵉ de Nueil, c°ⁿ de Châtillon ?), 117, 125.

Puy-Notre-Dame (le) (Maine-et-Loire) 32, 121.

Puyraveau (Mʳ de), de la 1ʳᵉ cᵗᵉ des gentilshommes de Thouars (1674), 72.

Puy-Souanet (cⁿᵉ de Terves, c°ⁿ de Bressuire), 10.

Puytabart (le) ou la Colle (cⁿᵉ de Breuil-Chaussée, c°ⁿ de Bressuire), 226.

Puyvalin ou Puyvaslin (le) (cⁿᵉ de Brétignolle, c°ⁿ de Cerizay), 120, 128, 161, 162, 168.

Pynault (pré de), sur l'Argent (cⁿᵉ de Nueil, c°ⁿ de Châtillon ?), 154.

Quarteron-aux-Moines ou Q.-au-Moine (le) (cⁿᵉ de Nueil, c°ⁿ de Châtillon ?), 119, 127, 145, 147, 194, 195.

Quarteron-Cailleau ou Q.-Caillaud (le) (cⁿᵉ de Nueil, c°ⁿ de Châtillon ?), 119, 179, 194, 195.

Quarteron-des-Hommes (le) (cⁿᵉ de Nueil, c°ⁿ de Châtillon ?), 117, 125.

Quarteron-Isabeau (le) (cⁿᵉ de Nueil, c°ⁿ de Châtillon ?), 114.

Quarteron Meschin (le), bord. (cⁿᵉ de Nueil, c°ⁿ de Châtillon ?), 119, 127, 179, 194, 195.

Quarteron-Salleau (le) (cⁿᵉ de Nueil, c°ⁿ de Châtillon), 168.

Quarteron-Tailleau (le) (cⁿᵉ de Nueil, c°ⁿ de Châtillon), 127.

Quarterons-Meschins. V. Quarteron-
Meschin.
Quartron. V. Quarteron.
Quéray, s¹ᵉ, 41.
Quetraye (la), s¹ᵉ, 149.
Quincy (Mʳ de), lieut.-gén. de l'Ar-
tillerie (1722), 213.

Raballe (champ de la) (cⁿᵉ de St-Au-
bin-de-Baubigné, cᵒⁿ de Châtillon),
201.
Rabanerie (la) ou les Rabanères (cⁿᵉ
de Nueil, cᵒⁿ de Châtillon), 127,
147, 148, 159, 179.
Rabart (Drouin) (m. av. 1483), 115.
Rabasnères, Rabasnerie. V. Raba-
nerie.
Rabasnier (Jean) (m. av. 1508), 159.
Rabot. V. St-Aubin-de-Baubigné.
Rabote (la), 45.
Racappé (Augustin de), sʳ de Laubi-
nière (1685), 207.
Racaud, not. à Bressuire (1517), 36.
Racaud (François), prêtre (1517), 36.
Raffineries ou Raffinières (les), bord.
(cⁿᵉ de Nueil, cᵒⁿ de Châtillon), 110,
117, 121, 123, 125.
Ragotière (la) (cⁿᵉ et cᵒⁿ de Cerizay ?),
113, 123.
Rainerie (la), s¹ᵉ, 57.
Rajace (la) (cⁿᵉ de Nueil, cᵒⁿ de Châ-
tillon), 220.
Rambaud (Germond) (1490), 164.
Raoul, abbé de Maillezais (1275), 8.
Raultais, Raulteis. V. Rorthais.
Ravay (pré de), sur l'Argent (cⁿᵉ de
Nueil, cᵒⁿ de Châtillon ?), 226.
Ravoys (pré du), dépendance de la
Durbelière, 101.
Ravry (le), gué sur l'Argent (cⁿᵉ de
Nueil, cᵒⁿ de Châtillon), 158.
Raygnart. V. Renard.
Raynardière. V. Renardières.
Razelière (la) (cⁿᵉ de Brie, cᵒⁿ de
Thouars), 183.
Razes (Charles-Alexis-Marie de), c¹ᵉ
d'Auzances (1783), 155.
Réaumur (fam. de), 4.
Rechignée (la), vigne, 10.
Regitardière (la) (cⁿᵉ de Brétignolle,
cᵒⁿ de Cerizay ?), 129.
Regnaudin, not. de la cour du Def-
fand (1501 ?), 164.
Regnon (Marie), femme de Jacques de
Condé (m. av. 1456), 223.
Regnou, not. à Bressuire (1517), 36.
Reheautoy. V. Rorthais.
Relusière (la), mét. (cⁿᵉ de Faymo-
reau, Vendée), 103.
Remeneuil, s¹ᵉ (cⁿᵉ d'Usseau, Vienne),
90.
Renard (Jean), mari de Guillemette
Bernard (1429, m. av. 1483), 162,
164.

Renardières (les) ou la Renardière
(cⁿᵉ de Brétignolle, cᵒⁿ de Cerizay),
120, 162, 164, 168.
Renaud, bâtard de Jean Banchereau
(1516), 137.
Renaudin (les) (cⁿᵉ de St-Aubin-de-
Baubigné, cᵒⁿ de Châtillon), 226.
Renou (Mᵘᵉ) (1700), 207.
Reslin (le), bord. (cⁿᵉ de Brétignolle,
cᵒⁿ de Cerizay. Peut-être la même
que le Respin, 168.
Resmonnère (la), village (cⁿᵉ de St-
Amand, cᵒⁿ de Châtillon), 201.
Respin (le), bord. (cⁿᵉ de Brétignolle,
cᵒⁿ de Cerizay). Peut-être la même
que le Reslin, 120.
Reynart. V. Renard.
Ribardière (la), fief (cⁿᵉ des Aubiers,
cᵒⁿ de Châtillon), 173.
Richardière (la) (cⁿᵉ et cᵒⁿ de Cerizay?)
123.
Richaudeau (René), mari de Jeanne
Bourion (m. av. 1630), 150.
Richelieu. V. Du Plessis.
Richelieu (Mᵘᵉ de) (1692). Il s'agit
soit de Catherine-Armande du Ples-
sis, soit de sa sœur Elisabeth-Mar-
guerite-Armande, 78.
Richeteau (François), chapelain de
Saint-Yves à N.-D. de Bressuire
(1610), 189.
Richeteau (Françoise), fille de Jean,
ursuline à Poitiers (1679), 76.
Richeteau (Jean), sʳ de l'Epinay, [fils
de Pierre], mari de Françoise Clabat, doyen des conseillers au Présidial de Poitiers (1679), 5, 76.
Richeteau (Louis), chapelain de St-
Yves à N.-D. de Bressuire (1630),
189.
Richeteau (Madeleine-Thérèse), fille
de Jean et de Françoise Clabat, ép.
en 1679 Armand-François du Vergier, 5, 76.
Richeteau (Pierre), sʳ de l'Epinay,
élu de Thouars (1613, 1626), 187,
205.
Richetteau. V. Richeteau.
Rideau, not. de la cour de Montaigu
(1567), 48.
Ridejeu, s¹ᵉ (cⁿᵉ de Beaulieu, cᵒⁿ de
Bressuire), 2, 19, 28, 30 à 36, 38, 41,
44, 162, 192.
Rigalle (cⁿᵉ de Nueil, cᵒⁿ de Châtillon),
117, 125.
Rigault (François), sʳ de Millepied
(1633), 140.
Rigault (Gilles), éc. (1527, 1528), 38,
39.
Rignay (Mʳ de), de la 1ʳᵉ c¹ᵉ des gentilshommes de Thouars (1674), 72.
Riou (?), s¹ᵉ, 110.
Rivière (Jean), métayer du Boisnyart
(1537), 40.

V.-aux-Burotz. V. Vergnaie-Bureau.

Vergnaie-Barbereau (la), tènement (c^ne de Nueil, c^on de Châtillon), 25, 31, 33, 44.

Vergnaie-Bureau ou V.-Birot (la), mét. (c^ne de Nueil, c^on de Châtillon), 103, 113 à 115, 127, 143, 144, 146 à 149, 152, 167, 168, 179.

Vergnaie-Sorin (la) (c^ne de Nueil, c^on de Châtillon), 113, 114, 116, 126, 133, 143, 144, 146, 147, 149, 167, 179, 201.

Vergnais (M^r des). V. Gentet.

Vergnais, Vergnaye. V. Vergnaie.

Vergne (la) (Char.-Inf.), 202.

Vergne (la), s^ie, 62.

Vergne-Chabot (le), bord. (c^ne de Nueil, c^on de Châtillon ?), 117, 124.

Vergne-d'Audon (le) (c^ne de Nueil, c^on de Châtillon), 114, 115.

Vergnère, Vergnoye. V. Vergnaie.

Vérie (la), s^ie, 223.

Vernay (le P^t) (c^ne de l'Absie, c^on de Moncoutant), 107.

Vernaye. V. Vergnaie.

Vernhe. V. Vergne.

Vernière (la), s^ie, 205.

Vernières (les), mét. (c^ne de Nueil, c^on de Châtillon), 102, 124, 146, 159, 226.

Verno (François de), s^r de Chausseray, mari de Renée de Meulles, 159, 168, 223.

Vernon (Catherine), fille de Jacques et de Périnelle de Liniers, femme de Jacques Le Maslin (m. av. 1506), 35.

Vernon (Jacques), s^r de Montreuil-Bonnin, mari de Périnelle de Liniers (m. av. 1506), 35, 217.

Vernon (Jeanne), femme de Pierre des Loges (1472, 1483), 116, 126, 147, 151, 152.

Vernon (Maurice) (1527), 38.

Vernon (Philippe), [fils de Jacques], mari de Louise de Beauvau (1513, m. av. 1527), 38, 217.

Vernon (Raoul), s^r de Montreuil-Bonnin [fils de Jacques], mari d'Anne Gouffier (1513, 1514, m. av. 1527), 38, 217.

Vernon (Yves), docteur en droit (1527), 38.

Vernone. V. Vernon.

Verrie (la) (c^ne de Montigny, c^on de Cerizay), 228.

Verrollière (la) (c^ne de Nueil, c^on de Châtillon), 175.

Verronnière (la), s^ie, 188.

Vétoux. V. Vautour.

Veyerie. V. Verrie.

Viault (famille), 107, 229.

Viault (Anne), fille de Louis et de Renée Girard, ép. en 1598 Louis du Vergier (1661), 4, 53 à 58, 62, 63, 80, 184, 205.

Viault (Charles), fils de René et de Jeanne de Mallemouche (n. entre 1574 et 1595), 189.

Viault (Louis), fils de Maurice, s^r du Beugnonet, ép. Antoinette Berland, puis Renée Girard (1582, 1598, m. av. 1612), 53, 54, 56, 57.

Viault (Louise), fille de Louis, religieuse (m. av. 1631), 58.

Viault (Maurice), s^r du Beugnonet, mari de Louise Jaillard (1563, m. av. 1631), 57, 229.

Viault (Pierre), commandeur d'Amboise (1614), 56.

Viault (René), mari de Jeanne de Mallemouche (m. av. 1595), 189.

Viault (René), s^r de Breuillac, mari de Renée Thibaud de La Carte, 65.

Viault (Renée), fille de Louis et de Renée Girard, femme de François Jaillard (1598, m. av. 1611), 53, 57.

Vigier ou Vigière (Héliette), femme de Pierre de Brachechien (xve s.), 125.

Vignaut (le) (c^ne de Nueil, c^on de Châtillon ?), 117, 124, 125.

Vignerod. V. Vignerot.

Vignerot (François), s^r du Pont, mari de Renée de La Forêt (m. av. 1570), 48.

Vignerot (François), fils de François et de Renée de La Forêt (n. entre 1549 et 1570), 48.

Vignerot (François), m^is du Pont-de-Courlay, fils de René, mari de Françoise de Guémadeuc (1634), 63.

Vignerot (Marie), duchesse d'Aiguillon, [fille de René], 66, 70 à 73, 75.

Vignerot (René), s^r du Pont-de-Courlay, fils de François et de Renée de La Forêt (1600, 1619), 53, 196.

Vignerot (de). V. Vignerot.

Ville (pré de la), 45.

Villebertier. V. Villebretiers.

Villebranche (Jean de), éc. (xve s.), 121.

Villebretiers, s^ie (c^ne de Courlay, c^on de Cerizay), 131, 196.

Villeneufve. V. Villeneuve.

Villeneuve (Alexandre de), s^r de la Dubrie, mari d'Esther du Vergier (m. av. 1627), 62.

Villeneuve (Marguerite de), fille d'Alexandre et d'Esther du Vergier (1627), 62.

Villeneuve (Philippe de), fille d'Alexandre et d'Esther du Vergier, ép. en 1627 Jacques Bodin, 62.

Villeneuve (René de), fils d'Alexandre et d'Esther du Vergier (1627), 62.

Villeneuve, s^ie (c^ne de St-Aubin-du-Plain, c^on de Châtillon ?), 164, 197.

Villette-Charnacé, s^ie (1673), 72.

Vincent (M^r), de Poitiers (1666), 69.

Viridario (de). V. Du Vergier.

Vivonne (Marguerite de), femme de Léonet de Pennevaire (1448, 1461), 28.

Vivonne (Marie de), femme de Jean de Chourches (entre 1482 et 1493), 117.

Volbine, gué (cne de Luzay, con de St-Varent), 10.

Voultegon (con d'Argenton), 58, 132, 171, 181, 190.

Voultour, Voustour, Voutour. V. Vautour.

Voutegon. V. Voultegon.

Vouvant (Petit Château de), ste (cne de Vouvant, Vendée), 172.

Vreillé. V. Vrillé.

Vriglé, bord., 43.

Vriglé. V. Vrillé.

Vrignauld, not. à Bressuire (1613), 55.

Vrignault (Laurent et Marie), de Chiché (1499), 198.

Vrillé, bord. (cne de Voultegon, con d'Argenton), 44, 82, 111, 189, 190.

Vrillé (le Haut), mét. (cne de Voultegon, con d'Argenton), 66, 181, 192.

Vrilly (cve de Beaulieu, con de Bressuire), 181.

Vris. V. Vritz.

Vritz (abbé de). V. L'Esperonnière (Augustin-F. de).

Vritz (baron de). V. L'Esperonnière (François de).

Vry. V. Vritz.

Vuignerod, Wignerod. V. Vignerot.

Yvéc (Laurence), femme de Jean Turpineau (xiiie s.), 227.

Zucha (L. de), chev. (1249), 6.

GLOSSAIRE DES MOTS RARES

Affesterie. Lieu où l'on apprête ou répare quelque chose (en particulier sellerie, tannerie, etc.).

Aigue, ayve. Eau, ruisseau.

Bailliage. Redevance due par ceux qui s'approvisionnent ou font pâturer sur le territoire d'un fief ? (V. p. 114.)

Bancher. Housse ou coussin.

Biain, bien. Corvée.

Cherve. Chanvre.

Ciel. Tenture.

Coustaut. Terrain en pente ? (V. p. 125.)

Deguerpie. Veuve.

Dîme gitaise ; d. gitaisse ; d. des bêtes gisant et couchant ; d. des bêtes gisant et regisant ; d. des bêtes naissantes, croissantes et gisantes ; d. des bêtes regisant. Dîme d'animaux. (V. art. 147.)

Estager. Habitant.

Gaignable. Labourable.

Gaignerie. Terre labourable.

Gaigneur. Laboureur.

Gorron. Cochon de lait.

Hongreline. Justaucorps à grandes basques.

Meoulle. Mouture.

Mulon. Tas (de foin).

Nourrin. Bétail (ce sens doit être tout particulier à la région envisagée. V. art. 168).

Panetan. Nom d'une fourrure ? (V. p. 61.)

Poupée. Botte (de lin).

Pourceau. Troupeau de porcs.

Roys. Orge.

Sanzée. Saussaie.

Sciel. V. *ciel.*

Seille. Seigle.

Soustre. L'herbe que la fourche a laissée sur le sol après la fenaison.

Taillée. Taillis.

Touaille. Serviette.

Vérolie. Droit de moulin banal.

Viquerie. Bail à plusieurs vies ? (V. p. 145 ; cf. *vicarie* dans le sens d'usufruit, dans Godefroy, *Dict. de l'anc. langue française.*)

TABLE DES MATIÈRES

IMP. MODERNE - NICOLAS, RENAULT & Cie, POITIERS